趋新 革新 续新

新旧相交下中学历史教学一线沉思

主　编　陈　鑫

编委会　杨　磊　曹东旭　周兴媛
　　　　王瀚巍　金诚至

复旦大学出版社

PREFACE 序

上海交通大学附属中学(以下简称"交大附中")陈鑫老师率领的团队终于把自己的成果结集出版了,这是一个长期坚持走个性化之路、不断创新探索的中学历史教学团队,许多教育教学成果引人瞩目。此次出版,算是撷取她们近年来的部分精思和实践成果,在教学改革大潮中呈现出一簇璀璨夺目的浪花。

中学历史教学的起点在哪儿?陈鑫老师的团队一致认为在历史教学目标。教育应该建基于学生作为人的完整性,把学生的成长、进步、发展作为教育的核心,并坚定不移地指向学生作为人的"健全性"。教育应该帮助学生成为有智慧的人,唤醒学生真实的智力,去发现恒久不灭的价值,去捕捉瞬息万变的人与世界的关联细节,从而实现人之为人的价值,而不至于让学生依附于陈旧的所谓人生公式和不断重复的精神口号。教育应该帮助学生拆除竖立在心理上的种种栅栏,使学生能放弃偏执的对立、恐惧的卑微、丧失自我的机械化模仿,让学生做到独立思考,公正自由探讨,发自内心自我觉悟,不断认识真相,不断靠近真理。在陈鑫老师看来,教学目标是历史教师专业活动的核心,是判断历史课堂是否有效的直接依据,是学生有效发展的反映,是老师到底让学生的行为、心理、思想发生怎样变化的确定,这一定是宏大与细微合理融通的结果。教师的个性品质、博学专识、智慧和人生态度不仅决定历史教师的教学目标追求,也是吸引学生学习历史学科、影响并塑造学生的关键要素。同时,历史教学情感目标的实现十分重要,这更取决于教师教学过程的人性化创造,依赖于教师自身丰盈的情感和强大的精神力量。本书以中学历史教学目标的精心雕刻谋划教学过程,制订教学设计,总结教学经验,让人能迅速领略中学历史教学的清晰脉络。

中学历史教学不断创新的力量从哪里来？陈鑫老师的团队给出了答案。其一，思接千载，视通万里。历史学从时空、知识、材料上的包罗万象让教师能恣意徜徉，她们在实践中充分展示专业知识的力量，创造了多重有效的中学历史教学路径。其二，技术加持，链接八方。中学历史课程是这一次中学教育课程改革张力最大的一门课程。一时之间，在信息技术加持下的交流互鉴变革创新态势空前活跃，全国各地中学历史教师的线上线下交流活动十分频繁，各种教师学习交流共同体不断涌现，大学教师躬身走向中学历史教育教学中，许多大学创建了基础教育集团，许多中学学科教师发现与历史学在知识、文化、能力、素养方面千丝万缕的联系并创建跨学科融合教学团体，全国同行开展线上线下培训，中学历史教学进入一个真正的百花齐放时代。在交大附中历史团队的课堂里，常常能看到许多同行专家的身影，如切如磋，一系列课堂经受了一次次锻冶重铸，许多成果饱经考验，意义非凡。其三，成就名师，走向高远。在百花齐放的时代，中学历史教学名师如浪潮般迅速涌现，引领中学历史教学的发展。在一些共性的基础之上，陈鑫老师的团队发现，这些历史名师大概有三个方向的侧重从而成就了独特的范式引领历史教学。一部分名师注重运用教育理论成果指导教学，从教育本身的宏阔高远处俯视中学历史学科教学内容，建构独特的教学过程，吸引学生学习历史学科，塑造学生心灵。一部分名师注意从人类优秀的思想观念入手，对历史材料凝练捶打，孕育历史气象，建构教学过程，激发学生历史学科思维，孕育学生智慧。还有一部分名师一头扎进历史学专业的汪洋大海中，从历史史实和历史见识的高度融合沉思衔接，带领学生像历史学家一样发现历史问题、解释历史问题、升华历史智慧。陈鑫老师率领团队从这些发现中重新认识自我，通过漫漫探索层层提升，凝练出了极具特色的成果。

中学历史教学之路如何持续走下去？陈鑫老师的团队总结出两条：一要走向世界，放宽眼界；二要立足于本民族的优秀传统，发现各种可能的力量。陈鑫老师的团队关注国内外教与学、历史学前沿，直接从课程标准、教科书、交大附中历史教学传统三者的融合研究入手，把文本解读理论研究形成的理性认识迅速与教学实践紧密结合，走出了一条独具特色的研究之路。更可贵的探索在于，她们不为个别已有成果、模式、范式、经验所限，以教学实践的高端创新为牵引，逢山开路，遇河架桥，使得细节各异的教学包含着丰富的、熟练的教学变革智慧，呈现出独特的变革意识和特色。

　　中学历史教学的追求与学生成长究竟是怎样关联的呢？一次与陈鑫老师团队的聊天让我心生感慨，当时聊到了《西游记》里孙悟空的出场：山石爆炸，生一石卵，山风劲吹，石卵生成石猴，孙悟空出生了！之后，他的第一套动作是望天看地确定自己的位置，第二套动作是舒展身姿观察感觉自己的身心，第三套动作是冲向天空，廓清云霾，奔向花果山，开启孙悟空的传奇经历。中学历史教学无非让人确定时空位置，认识自己，运用自我能力处理各种信息，认清世界，找到生存发展、造福人类与社会的素养。这三重境界与以人学为核心的历史学科要达成的目标是这样一致。陈鑫老师团队的成果体现了这种情怀、感悟和教学实操。

　　书山无路只有读和悟，学海无涯只有学与思，陈鑫老师率领的这支中学历史教师队伍充满青年才俊，英姿勃发，正值当打之年，可以预见还有更好的成果呈现。我们面向未来，静待花开。

复旦大学附属复兴中学　付文治

二〇二五年一月

CONTENTS 目录

第一章 绪论 ···001
 一、研究背景 ···003
  （一）发展新诉求：新时代教育变革下学生核心素养的发展 ···········003
  （二）新教材的特点、挑战及教育转型意义 ································004
  （三）"双新"背景下教学设计调整与优化的体系化构建 ················005
  （四）结论与展望：深化研究与实践，推动历史教学发展 ···············007
 二、研究综述 ···008
 三、研究目的 ···010
  （一）深入探索高中历史教学设计的精髓：历史学科核心素养在课堂
     实践中的有效实现路径 ···010
  （二）基于学科核心素养的历史教学设计实践：最大化历史学科的
     育人价值，塑造学生高品质思维与关键能力 ·····················011
  （三）构建基于学科核心素养的历史教学设计与实践案例库：为历史
     教学提供丰富的借鉴与参照 ···011
 四、研究意义 ···012
  （一）理论深化与体系构建 ···012
  （二）实践创新与能力提升 ···012
  （三）案例积累与经验推广 ···013
  （四）教育转型与未来发展 ···013

第二章　基于新课程标准的教学目标精细化设计……………………………015

一、基于"唯物史观"素养的目标设计………………………………018
（一）基本概念………………………………………………………018
（二）层次要求………………………………………………………022
（三）注意要素………………………………………………………024
（四）案例与分析……………………………………………………026

二、基于"时空观念"素养的目标设计………………………………029
（一）基本概念………………………………………………………029
（二）层次要求………………………………………………………031
（三）注意要素………………………………………………………032
（四）案例与分析……………………………………………………033

三、基于"史料实证"素养的目标设计………………………………036
（一）基本概念………………………………………………………036
（二）层次要求………………………………………………………039
（三）注意要素………………………………………………………046
（四）案例与分析……………………………………………………048

四、基于"历史解释"素养的目标设计………………………………059
（一）基本概念………………………………………………………059
（二）层次要求………………………………………………………063
（三）注意要素………………………………………………………065
（四）案例与分析……………………………………………………067

五、基于"家国情怀"素养的目标设计………………………………069
（一）基本概念………………………………………………………069
（二）层次要求………………………………………………………073
（三）注意要素………………………………………………………078
（四）案例与分析……………………………………………………081

第三章　单元结构化框架下的教学实践探索……………………………085
一、单元基本概念……………………………………………………087
（一）单元设置的基本原则…………………………………………087

（二）单元内核心素养的归纳工作 ·· 089

二、单元重点内容 ··· 095
　　（一）"重点内容"的概念 ·· 095
　　（二）"重点内容"的确立依据 ·· 096
　　（三）单元重点内容的把握与突破列举 ···································· 099

三、单元核心问题 ··· 103
　　（一）"核心问题"的概念 ·· 103
　　（二）"核心问题"与核心素养的结合 ···································· 105
　　（三）"核心问题"的教学实施思路——以必修上册第三单元"辽宋夏金多民族政权的并立与元朝的统一"为例 ·································· 106
　　（四）单元教学策略——以必修下册第五单元"工业革命与马克思主义诞生"为例 ·· 110

第四章　主题导向下的教学设计与实施探究 ································· 113

一、政治与制度 ··· 117
　　（一）必修教材中对政治史主题的梳理 ···································· 117
　　（二）"和而不同，发现当代中国道路"——选择性必修1教材整体设计 ··· 118
　　（三）学生互动活动设计 ·· 125

二、经济与生活 ··· 127
　　（一）必修教材中对经济史主题的梳理 ···································· 127
　　（二）"日新月异，理解物质生产发展"——选择性必修2教材整体设计 ··· 127
　　（三）学生互动活动设计 ·· 131

三、文化与思想 ··· 133
　　（一）必修教材中对文化史主题的梳理 ···································· 133
　　（二）"美美与共，认同民族文化特色"——选择性必修3教材整体设计 ··· 133
　　（三）学生互动活动设计 ·· 139

四、主题导向下的教材整合……………………………………………140
　（一）主题导向下的必修教材整合 …………………………………141
　（二）主题牵引下的必修与选择性必修教材整合 …………………223
　（三）选修教材之间及其内部的比较与联系 ………………………234

第五章　学生评价设计和学生使用手册……………………………237
　一、学生评价设计………………………………………………………239
　　（一）基本概念与意义 ………………………………………………240
　　（二）历史教学中学生群体的特点 …………………………………240
　　（三）课堂引导与历史学习能力的培养 ……………………………241
　　（四）学生评价设计的具体实施 ……………………………………247
　二、学生使用手册………………………………………………………248
　　（一）手册的特点与价值 ……………………………………………248
　　（二）针对使用方法的训练 …………………………………………249
　　（三）具体操作与实践案例 …………………………………………253

第一章
绪 论

一、研究背景

（一）发展新诉求：新时代教育变革下学生核心素养的发展

随着2017年教育部制订和颁布的《普通高中历史课程标准》的出台，高中历史学科的核心素养成为当下中学历史学科教学研究的核心问题。这些核心素养包括唯物史观、时空观念、史料实证、历史解释、家国情怀五个方面，它们构成了学生在学习历史过程中逐步形成的具有历史学科特征的价值观念、必备品格与关键能力（图1）。然而，目前的研究存在理论与实践两极分化的现象，一线教师们更多还在个案中吸收和实践核心素养，缺乏系统的反思与总结。在《普通高中历史课程标准》（2017年版2020年修订）中，基于历史学科的特性，课程标准明确提出了五大学科核心素养，分别是唯物史观、时空观念、历史解释、史料实证和家国情怀。五种学科核心素养相互有着密切的内在逻辑关系，高中历史核心素养是一个多维度、综合性的体系，深刻体现了对学生历史学科能力全面发展的追求。这一体系由唯物史观、时空观念、史料实证、历史解释以及家国情怀五大核心要素构成，它们之间紧密相连，互为支撑，共同构筑了学生深入探究和理解历史的基石。

唯物史观作为历史学科的理论基石，为其他核心素养提供了世界观和方法论的指导。它强调历史发展的客观规律性和社会存在决定社会意识的原理，为理解和评价历史事件、人物及文明成果提供了科学的理论支撑。在这一理论框架下，时空观念得以确立，它要求将历史事件置于特定的时间和空间背景中进行考察，从而揭示其发生、发展和影响的内在逻辑。历史解释则是在唯物史观和时空观念的基础上，对历史事件进行深入分析和理性评判的过程。它强调依据可靠的史料和科学的理论，对历史事件进行合乎逻辑的解释和说明，以形成对历史现象的全面认知。历史解释不仅要求具备扎实的史料基础和理论知识，更需具备独立思考和批判性思维的能力。史料实证则是历史解释的基础和前提。它强调对史料的搜集、辨析和运用，以确保历史解释的准确性和可靠性。通过史料的实证，可以重现历史真实,为历史解释提供坚实的证据支持。家国情怀则是历史学科在培养学生情感态度和价值观方面的独特贡献。它强调对祖国的认同感和责任感,以及对优秀传统文化的传承和弘扬。家国情怀的培养不仅有助于形成积极向上的历史观和价值观,更能激发学生的民族自豪感和爱国情怀。这五大核心素养相互交融、相互促进,共同推动学生历史学科素养的全面提升,为他们的终身学习和未来发展奠定坚实的基础。

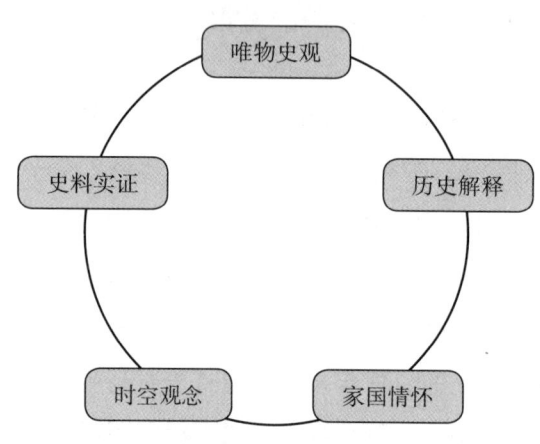

图1 历史学科五大核心素养

唯物史观:作为科学揭示人类社会历史客观基础及其发展规律的历史观,唯物史观是历史学科其他核心素养得以实现的重要基础和保障。它要求学生能够了解唯物史观的基本观点和方法,正确认识人类历史发展的总趋势,并将唯物史观运用于历史的学习与探究中。

时空观念:历史事物总是在特定的时间和空间相联系,时空观念要求学生能够知道特定史事与时间、空间的联系,能识别运用地图,按照时序和区域范围建构历史事件、人物、现象的关联性,并对史事作出合理的解释。

史料实证:史料是史学研究的基础,史料实证要求学生具备阅读史料和分析运用史料的能力,通过史料的搜集、整理和辨析,辩证、客观地理解历史事物。

历史解释:历史解释是指以史料为依据,对历史事物进行理性分析和客观评价的态度、能力与方法。它要求学生能够区分历史叙述中的史实与解释,对同一历史事物能够作出不同的解释,并进行价值判断。

家国情怀:家国情怀要求学生能够同情和理解被殖民国家的历史苦难,加深悲悯之情,并在理解历史的基础上思考国与国之间合理的相处方式,理解人类命运共同体的价值观。

(二) 新教材的特点、挑战及教育转型意义

2019年9月,人教版高中历史统编教材《中外历史纲要》(上)正式在北京、上海

等六大省市的高一年级投入使用,这一举措标志着我国高中历史教育迈入了一个全新的历史阶段,开启了高中历史教育现代化转型的新篇章。该教材的启用不仅是对高中历史教育内容的全面革新,更是对教学理念、方法及其实践的一次深刻变革。

新教材在编排体例上相较于前版教材,尤其是上海地区的老教材,呈现出显著的差异。它不仅在内容上更为丰富,涵盖了更为广泛的历史事件和人物,更在结构上实现了系统性的优化,注重历史事件之间的内在联系和整体性呈现。这一变革旨在通过历史的学习,不仅让学生掌握具体的历史知识点,更重要的是培养他们的历史思维和人文素养,使他能够从更广阔的视角去审视和理解历史。新教材在教学目标上也有着明确而深刻的定位。它不再仅仅满足于知识点的罗列和传授,而是更加注重引导学生通过历史的学习,形成自己的历史观和价值观。这要求教师在教学过程中,不仅要传授知识,更要注重培养学生的批判性思维和独立思考能力,鼓励他们通过自主学习、合作学习等方式,主动探索历史知识,形成自己对历史的独特见解。

然而,新教材的实施也带来了诸多挑战。一方面,教师需要重新整合核心素养与教学环节,以适应新教材的教学要求。这要求教师不仅要具备扎实的专业知识,还要具备灵活多样的教学方法和良好的教学设计能力。他们需要重新审视自己的教学理念,从传统的知识传授者转变为学生学习过程的引导者和促进者。另一方面,学生也需要适应新教材的教学方式和内容,学会独立思考和自主学习。这对于部分学生来说,可能存在一定的困难和挑战,需要他们在学习过程中不断调整自己的学习方法和策略,以适应新教材的要求。

在此背景下,高中历史教育的现代化转型显得尤为重要。这要求教育部门和学校不仅要加强对新教材的研究和推广,还要加强对教师的培训和指导,提升他们的专业素养和教学能力。同时,还需要加强对学生的学习指导和心理辅导,帮助他们更好地适应新教材的教学方式和内容,实现全面发展。

(三)"双新"背景下教学设计调整与优化的体系化构建

在新课程标准的引领下,鉴于当前教育领域的"双新"背景——新课程与新教材的全面实施,高中历史教学正迎来一场深刻的变革。为了构建由点到线、由线到面的整体、系统、宏观的教学设计,并有效对接历史核心素养目标,我们需要从多个维度进行深入的调整与优化。

1. 当前"双新"背景解读

"双新"背景指的是新课程与新教材的结合与实施。新课程带来了教学内容和结构的更新与优化,而新教材则是继义务教育课程标准、学科课程标准颁布后的最后一个环节,是校本化实施国家课程的载体,也是挖掘和发挥所有学科育人价值的工具。这一变革的核心是以学习者为中心,聚焦核心素养的培育,从发展核心素养到学科核心素养、学科课程标准,再到单元、课时的教学目标,层层细化落实立德树人的根本任务。

2. 单元设计的体系化构建

在"双新"背景下,单元设计作为一种高效的教学策略,对于打破学科知识点的碎片化现状、实现知识的有机整合具有重要意义。我们应明确单元核心问题,将单元内的重点内容紧密串联起来,形成一个逻辑清晰、结构完整的教学整体。这不仅能够提升学生的学科素养,还能培养他们的历史思维和人文素养。

3. 史料的深度运用与史料实证能力的培养

新教材在史料的运用上更加广泛和深入,这为培养学生的史料实证能力提供了丰富的素材。我们应教会学生如何正确地阅读、理解和分析史料,引导他们从史料的字里行间挖掘出历史事件的真相和人物的内心世界。通过史料的深度运用,学生能够更加深入地了解历史事件和人物,形成更为客观和全面的历史观。

4. 历史解释能力的培养与情境教学的应用

历史解释是历史学科核心素养的重要组成部分。在"双新"背景下,我们更应注重通过设计问题、创设情境等方式,引导学生对历史事件和人物进行深入的思考和探讨。这不仅能够培养学生的历史思维能力,还能提升他们的批判性思维和创新能力。情境教学的应用能够使学生更加直观地感受到历史事件的背景和氛围,从而更加深入地理解历史事件的本质和意义。

5. 家国情怀的融入与深化

家国情怀的培养是高中历史教学的重要任务之一。在"双新"背景下,我们应通过讲述历史事件、分析历史人物等方式,加深学生对国家、民族和文化的认同感。通过讲述历史上的英雄人物和伟大事迹,学生能够更加深刻地感受到中华民族的伟大精神和文化传统。同时,我们还应引导学生关注现实生活中的国家大事和民族命运,培养他们的爱国主义精神和文化自信。

6. 教学方式的创新与技术的融合

在"双新"背景下，教学方式的创新与技术的融合也是必不可少的。我们应充分利用现代科技手段，如多媒体教学、网络教学等，丰富教学手段和形式，提高教学效果。同时，我们还应鼓励学生利用网络资源进行自主学习和探究学习，培养他们的信息素养和自主学习能力。

综上所述，新课程标准下高中历史教学设计的整体优化与素养培育是一个复杂而系统的过程。在"双新"背景下，我们需要从单元设计的体系化构建、史料的深度运用与史料实证能力的培养、历史解释能力的培养与情境教学的应用、家国情怀的融入与深化以及教学方式的创新与技术的融合等多个方面入手，全面提升学生的历史思维能力和人文素养。只有这样，我们才能培养出更多具有深厚历史底蕴和广阔国际视野的优秀人才。

（四）结论与展望：深化研究与实践，推动历史教学发展

通过对高中历史学科核心素养与新教材教学设计的综合分析，我们可以发现，新教材的实施对教师的教学提出了更高的要求。为了适应新教材的要求，我们需要不断地调整和优化教学设计，加强理论与实践的结合，提升学生的学科素养和综合能力。

同时，我们也应该看到，当前的研究和实践还存在一定的不足和空白。因此，未来我们需要进一步加强相关研究和实践经验的总结与分享，推动中学历史学科教学的不断发展和进步。具体而言，我们可以通过开展教学研讨会、组织教学观摩活动等方式，促进教师之间的交流与合作，共同探索更为有效的教学方法和策略。

此外，我们还应该注重学生的主体性和个性化发展，尊重他们的学习需求和兴趣爱好，为他们提供更为丰富和多元的学习资源和机会。通过学生的积极参与和主动学习，我们可以更好地培养他们的历史思维和人文素养，为他们的未来发展奠定坚实的基础。

综上所述，《趋新 革新 续新：新旧相交下中学历史教学一线沉思》这一课题对于一线教师而言具有重要的指导意义和实践价值。它不仅有助于教师适应新的课程结构和教学内容，更有助于提升学生的学科能力和素养。同时，该课题的研究和实践也为中学历史学科教学的未来发展提供了新的思路和方向。

二 研究综述

高中历史学科的核心素养,是指2017年版教育部制订的《普通高中历史课程标准》中所提出的唯物史观、时空观念、史料实证、历史解释、家国情怀五个方面,是学生在学习历史过程中逐步形成的具有历史学科特征的价值观念、必备品格与关键能力。

自2013年起,新课程标准开始了修订工作,2014年教育部在《关于全面深化课程改革,落实立德树人根本任务的意见》中提出了制订发展学生核心素养体系的要求,掀起了学界对核心素养研究的新热潮。在此期间,有的学者对尚未明确的学科核心素养提出了自己的见解和意见,如何成刚的《历史核心素养的提炼与培养》等。对于学科核心素养内容,很多学者的认识与现行版本略有出入(时空观念、史料实证、历史理解、历史解释、历史价值观),陈超的《历史学科核心素养的构成与培养》、马少伟的《基于核心素养培养的高中历史教学初探》等文章中对核心素养的认识和讨论也是基于这一版本进行的。也有部分学者在这一时期已经明确了尚未出台的学科核心素养的内容,如张华冕的《高中历史课堂教学环节要素设计探析——例谈历史核心素养的培养》等。郑林在2017年编著的《基于学生核心素养的历史学科能力研究》一书虽在标题中点明"核心素养",但在内容中却规避了关于核心素养内容的讨论。以上这些成果体现了这一时期核心素养的具体内容尚处于探究、酝酿阶段,但没有官方定论无碍于学界对核心素养的研究和讨论,贺千红的《历史学科素养及培养途径初探》、单高速的《浅谈高中历史学科素养及培养途径》等文章从宏观理论到具体实践,开始深入浅出地思考核心素养的培养方法。

在新课标正式出台后,核心素养更是成为当下中学历史学科教学研究的核心问题,研究成果层出不穷。这些研究从内容上来看可以分为四个方面。

(1) 政策研究:这些研究从宏观的角度解读了新课标,阐释了核心素养体系的价值和进步性等内容。这些研究主要由高校中的学者,尤其是参与学科课程标准制定的专家们开展。如朱汉国的《普通高中历史课程标准的修订及主要变化》与《历史学科核心素养释义》、徐蓝的《关于历史学科核心素养的几个问题》、叶小兵的《简论基于核心素养培养的历史教学特征》等几篇文章,很好地对核心素养的内涵进行了解读与分析,便于教学一线在实施过程中的理解与把握。也有部分学者关注到了学科要求的演变规律以及在考试等环节中的体现,如李稚勇的《简论我国中学历史学科教育目标之发展——聚焦"三维目标"到"核心素养"的探讨》、冯一下等人撰写的《试谈高中历史新课标的亮点与实施意义》。另有一部分学者,针对学科素养的评价问题,提出了自己的观点与意见,如何成刚的《优化历史解释素养水平划分的思考》、徐奉先、刘芃的《基于核心素养的学业质量评价》,刘晖龙的《例析新课程高考对历史学科核心素养目标的创新考查——以2017年全国普通高考文科综合历史试题为例》等文章。

(2) 理论研究:在政策与实践不断结合的过程中,着眼于整体的理论研究具有先导性的意义。这些研究既有高校、教育研究单位中的学者从历史学或教育学专业角度进行的分析,如张汉林的《从历史学谈历史学科的核心素养》、郝瑞庭的《中学历史学科能力的特征与结构探析》,这些成果进一步拓展了对核心素养的培育如何体现学科性与科学性的研究;也有一线教师和学者们结合实践做出思考,如郑林的《历史学科素养在"做历史"的过程中落地》、孙建军的《提炼历史教学主题,解决教学关键问题——基于培养学生历史学科核心素养的思考》等,在实践中进行核心素养培育的理论探讨。

(3) 实践研究:规模最大、讨论内容最广泛的是主要来自一线教师的实践研究,在实践中摸索如何发展学生核心素养的有效路径。这些研究既有将核心素养作为一个整体性概念来进行的,如高凯的《指向核心素养的高中历史教学设计——以"罗马法的体系"为例》、赵士祥的《指向历史学科核心素养的表现性评价探讨——以〈俄国十月革命胜利〉一课为例》等;也有从核心素养中的某一种或多种入手,探究如何在教学中体现这种学科素养,如何成钢的《"史料实证"与"历史解释"关系初探》、胡文根的《提升课堂立意,培养家国情怀——以〈罗斯福新政〉为例》、孙春勇的《关山难越,谁悲失路之人?——基于时空观念的〈辛亥革命〉教学设计》等。

(4) 上海地区研究:上海市作为新课改的先行者,对历史学科核心素养问题的研究成果已是层出不穷,其中既有高屋建瓴的理论研究,如华东师范大学第二附属中学周靖老师的《历史学科核心素养的基本特征》、七宝中学逯成武老师的

《求真向善　经世致用——从历史学的属性和功能看历史学科的核心素养》；也有针对各项核心素养要求在实践中的体现的实践成果，在历史解释方面有黄浦区教育学院的汪德武老师的《追本溯源　释史求通　渗透方法——以中国近代外交史教学为例谈教材处理》等，在史料实证问题上有静安区教育学院徐洁老师的《"史料实证"素养的养成探究》等，对唯物史观的思考上有复兴中学付文治老师的《对中学历史教学中唯物史观的一些认识》等，关于家国情怀的理解有上海外国语大学附属大境中学邵清老师的《学科核心素养之"家国情怀"的认识与实践》等，关注时空观念问题的有嘉定区教育学院檀新林老师的《历史"时空观念"学科内涵与教学实践》等研究。总而言之，上海中学历史教育学界对此问题的研究成果丰硕，但从内容上来看这些研究尚处于起步阶段，相信在新课程改革进一步推广之后，会有更多的一线课程教学实践案例涌现出来，实践研究以及结合实践的理论探讨仍大有可为。

综上，目前针对高中历史学科核心素养的研究，有问题新、成果多、角度繁的特点。但从核心素养的明确至今，时间较短，尚有许多问题值得思考、发掘。目前已有的研究成果，呈现理论与实践两极分化的现象，理论研究中的实际案例略显不足，实践中如何融入理论的研究也多在探索阶段，一线教师们更多还在个案中吸收和实践核心素养，很少有系统的反思与总结。鉴于此，本研究希望能够从整体的教学设计环节把握核心素养的养成，在教学实践中反思、总结经验，在已有研究的基础上寻求突破。

三　研究目的

（一）深入探索高中历史教学设计的精髓：历史学科核心素养在课堂实践中的有效实现路径

通过对高中历史教学设计的全面研究，我们旨在挖掘并验证历史学科核心素养如何在日常课堂教学活动中得以有效落实的具体路径。这一研究过程不仅要求我们对历史学科核心素养的内涵与外延有深刻的理解，还需将其与高中历史教学的实际情况紧密结合，从而探索出既能提升学生历史知识掌握程度，又能培养其历史思维能力、批判性思维及人文素养的教学模式。具体而言，我们将关注如何将历史学科的核心素养，如史料实证、历史解释、时空观念、家国情怀等，通过具体的教学活动、教学方法和教学资源，如历史故事讲述、史料分析、历史辩论等，巧妙地融入课堂，使学生在学习历史知识的同时，能够独立思考、批判分析，形成自己独特的历史观和价值观。

（二）基于学科核心素养的历史教学设计实践：最大化历史学科的育人价值，塑造学生高品质思维与关键能力

借助基于学科核心素养的历史教学设计实践，我们致力于充分展现历史学科在教育学生、塑造人格方面的独特价值。历史学科不仅承载着传授历史知识的重任，更肩负着培养学生思维能力、人文素养和社会责任感的使命。通过精心设计的教学活动，如历史角色扮演、历史情境模拟、历史主题研究项目等，我们旨在激发学生对历史的兴趣，引导他们主动探索历史事件的背景、原因和影响，从而培养他们的批判性思维、逻辑推理、问题解决等关键能力。同时，通过深入剖析历史人物的抉择与行动，我们可以帮助学生形成正确的道德观念和价值判断，增强他们的家国情怀和社会责任感。

（三）构建基于学科核心素养的历史教学设计与实践案例库：为历史教学提供丰富的借鉴与参照

为了更广泛地推广基于学科核心素养的历史教学设计理念，我们计划积累并整理一系列成功的教学设计与实践案例。这些案例将涵盖不同历史阶段、不同主题和不同类型的教学活动，旨在为教师提供丰富多样的教学资源和灵感来源。通过对这些案例的深入分析和总结，我们可以提炼出成功的教学策略和方法，为其他教师在设计历史教学活动时提供有益的参考和借鉴。同时，这些案例也将成为我们进一步研究和改进历史教学设计的宝贵资源，推动历史学科教学的不断创新和发展。特别需要指出的是，本书所引用的图例，尤其是相关地图均来自历史必修课、选修课教材以及正式出版的教辅，文中不再一一说明。

四 研究意义

(一) 理论深化与体系构建

深化对历史学科核心素养的理解：本研究通过全面剖析历史学科核心素养的内涵与外延，包括唯物史观、时空观念、史料实证、历史解释和家国情怀五大方面，旨在深化对教育部《普通高中历史课程标准》中核心素养要求的理解。通过系统的理论梳理和案例分析，本研究有助于形成一套完整、科学的历史学科核心素养理论体系，为历史教育的理论研究提供新的视角和思路。

构建基于核心素养的教学设计框架：本研究致力于构建一个基于历史学科核心素养的教学设计框架，该框架将教学设计环节与核心素养的养成紧密结合，形成由点到线、由线到面的整体、系统、宏观的教学设计思路。这不仅有助于解决当前历史教学中存在的理论与实践脱节问题，还能为历史教学设计提供一套可操作性强、适应性广的理论指导。

(二) 实践创新与能力提升

推动历史教学方法的创新：本研究通过实践探索，将历史学科核心素养融入具体的教学活动中，如历史故事讲述、史料分析、历史辩论等，旨在推动历史教学方法的创新。这些教学方法不仅有助于提升学生的历史知识掌握程度，还能培养他们的历史思维能力、批判性思维及人文素养，为历史教育的实践教学提供新的路径和策略。提升学生高品质思维与关键能力：本研究借助基于学科核心素养的历史教学设计实践，致力于充分展现历史学科在教育学生、塑造人格方面的独特价值。通过精心设计的教学活动，如历史角色扮演、历史情境模拟、历史主题研究项目等，本研究旨在培养学生的批判性思维、逻辑推理、问题解决等关键能力，以及正确的道德观念和价值判断，为学生的全面发展提供有力支持。

(三) 案例积累与经验推广

构建教学设计与实践案例库：本研究计划积累并整理一系列成功的教学设计与实践案例，这些案例将涵盖不同历史阶段、不同主题和不同类型的教学活动。通过对这些案例的深入分析和总结，本研究可以提炼出成功的教学策略和方法，为其他教师在设计历史教学活动时提供有益的参考和借鉴。推动历史教育的经验交流与推广：本研究通过构建教学设计与实践案例库，有助于促进历史教师之间的交流与合作，共同探索更为有效的教学方法和策略。同时，这些案例也将成为进一步研究和改进历史教学设计的宝贵资源，推动历史学科教学的不断创新和发展，为历史教育的经验交流与推广提供有力支持。

(四) 教育转型与未来发展

促进历史教育的现代化转型：本研究通过深入探索高中历史教学设计的精髓，以及基于学科核心素养的历史教学设计实践，有助于推动历史教育的现代化转型。这一转型不仅体现在教学内容和方法的更新上，更体现在教育理念和育人目标的转变上，为历史教育的未来发展奠定坚实基础。为历史教育研究提供新方向：本研究通过构建基于学科核心素养的历史教学设计框架和实践案例库，为历史教育研究提供了新的方向和思路。未来的历史教育研究可以在此基础上进一步拓展和深化，形成更加丰富和完善的历史教育理论体系和实践模式。

综上所述，本研究在学术化、体系化的框架下，具有深远的研究意义和实践价值。它不仅有助于深化对历史学科核心素养的理解，构建基于核心素养的教学设计框架，还能推动历史教学方法的创新，提升学生高品质思维与关键能力，构建教学设计与实践案例库，促进历史教育的现代化转型和未来发展。

第二章
基于新课程标准的教学目标精细化设计

在教育创新与变革之中,课程标准为各学科的教学实践提供了明确的方向与框架。对于高中历史学科而言,遵循课程标准的指导原则,精心策划并科学设定教学目标,不仅是提升教学质量、促进学生核心素养发展的关键路径,也是实现历史教育现代化、培养具有深厚人文素养与时代责任感的未来公民的重要基石。历史,作为人类文明的记忆库与智慧的源泉,不仅承载着丰富的知识与深刻的哲理,更是培育学生人文素养、批判性思维能力、时空认知、史料分析技能以及家国情怀不可或缺的平台。

因此,在历史教学目标的设计与实践中,我们必须深刻认识到高中历史学科五大核心素养——唯物史观、时空观念、史料实证、历史解释能力及家国情怀的核心价值,并以此为轴心,展开分层论述与实践探索的深度剖析。这五大核心素养不仅构成了历史学科教学的内在逻辑体系,也是衡量学生历史学习成效的关键指标。本文旨在通过系统的理论阐述与生动的案例分析,深入挖掘这五大核心素养的内涵与教育价值,展现它们在高中历史教学实践中的多维度应用。

具体而言,我们将从唯物史观的科学培养谈起,探讨其如何帮助学生树立客观、全面的历史认识框架;进而转向时空观念的构建,解析如何通过时间轴与空间图的运用,增强学生的历史定位与事件关联能力;接着,聚焦于史料实证的训练,展示如何通过原始文献的解读与分析,培养学生的批判性思维与证据意识;随后,深化历史解释能力的培养,引导学生学会从多角度、多层次解读历史事件,形成独立的历史见解;最后,融入家国情怀的熏陶,强化学生的民族认同与文化自信,为其成长为有担当、有情怀的社会成员奠定坚实的情感基础。

通过这一系列循序渐进、层层深入的论述与实践探索,我们旨在为学生构建一个全面、系统的历史学习体系,不仅提升其历史思维能力,更促进其综合素质的全面发展,为其终身学习与社会参与奠定坚实的基础。

一　基于"唯物史观"素养的目标设计

（一）基本概念

19世纪40年代，马克思和恩格斯创立了唯物史观；它是揭示人类社会历史客观基础及其发展规律的科学的历史观和方法论。以往的历史观往往从意识出发来揭示人类活动的动因和社会发展的动力，往往只看到少数人作用的英雄史观；而唯物史观从物质经济根源来揭示人类历史活动的动因和社会发展的动力，克服了以往史观的思想动机理论；唯物史观还注意到人民群众在历史发展中的决定作用。恩格斯对马克思的唯物史观给予了高度赞扬："就像达尔文发现自然界的客观发展规律一样，马克思发现了人类社会历史的客观发展规律，即历来被纷繁复杂的意识形态所遮蔽着的一个简单事实：人们必须首先要满足吃、喝、穿的需求，其次才可以从事政治、科学、艺术、宗教等活动。所以，直接的物质生活资料的生产，构成了社会存在的基础，人们的国家、制度、法律、文化等，正是在这个基础上建立和发展起来的。"①唯物史观凝聚了马克思、恩格斯的智慧结晶；之后，列宁结合俄国革命与社会主义建设的实践，在历史理论和研究方法论等方面进一步论述了唯物史观的理论价值；在我国，毛泽东和邓小平等人也在新时代背景下，结合中国新民主主义革命和社会主义建设道路的实践对唯物史观做了进一步阐释。马克思主义唯物史观是一个内涵丰富，与时俱进的理论体系，这一博大精深和开放包容的理论体系被学界誉为"迄今为止最为科学的历史观"。②

中华人民共和国教育部最新修订的《普通高中历史课程标准》（2017年版2020年修订）凝练了历史学科五大核心素养，即"唯物史观、时空观念、史料实证、历史解释、家国情怀"，这是高中生在学习历史课程后应达成必备品格、关键能力和正确价值观念。其中，唯物史观是科学揭示人类社会历史客观基础及

---

① 中共中央马克思恩格斯列宁斯大林著作编译局编译：《马克思恩格斯选集》（第三卷），人民出版社1995年版，第378页。
② 瞿林东、邹兆辰：《唯物史观与中国历史学》，上海人民出版社2013年版，第1页。

其发展规律的历史观,其基本观点以及方法不仅是历史学习与探究的指导思想和理论依据,也引领着中学历史教学的价值判断,在历史学科诸素养中,起着重要的统领作用。新课标明确要求"历史课程要以唯物史观为指导,对人类历史发展进行科学的阐释,将正确的思想导向和价值判断融入对历史的叙述和评述中"。[1]在历史学科五大核心素养中,唯物史观位居首位,是中学历史课程教学的核心理论和指导思想,是历史学科其他核心素养得以实现的重要基础和保障,是历史学科核心素养的灵魂。

人类对历史的认识是由表及里、逐渐深化的,要透过历史的纷杂表象认识历史的本质,科学的历史观和方法论是非常重要的。唯物史观使历史学成为一门科学,只有运用唯物史观的立场、观点和方法,才能对历史有全面、客观的认识。[2]唯物史观是一个博大精深且开放包容的理论体系,科学地揭示了社会结构是由生产力、生产关系(经济基础)和上层建筑三个层次的因素组成的,阐明了三者之间的辩证关系,既重视生产力对生产关系、经济基础和上层建筑的决定性作用,同时也承认上层建筑对经济基础、生产关系和生产力的能动的反作用。唯物史观还论述了物质生产与精神生产、物质生活与精神生活、社会存在和社会意识之间的辩证关系。它使人类的认识能力发生了根本性变化,使历史学领域发生了革命性变革。

唯物史观的基本观点如下。

(1)社会存在和社会意识的辩证关系。社会存在属于社会生活的物质方面,是社会实践和物质生活条件的总和,包括物质生活资料的生产以及生产方式、地理环境和人口因素;而社会意识是社会生活的精神方面,它包括社会意识的各种形式,以及社会心理和风俗习惯。社会存在决定社会意识,社会意识是社会存在的反映并反作用于社会存在,社会意识具有独立性,有其特有的发展形式和规律。

社会存在与社会意识的辩证关系,是人类认识自身社会的历史演进的科学的理论基石。一切历史事件和历史现象都是由人的行为造成的,而人们的行为是由他们的动机、目的和意志所支配的。支配人们行动的意识、动机、目的和意志受到社会存在的支配和决定。考察历史活动者个人的意识、动机、目的和

---

[1] 中华人民共和国教育部制定:《普通高中历史课程标准》(2017年版2020年修订),人民教育出版社2020年版,第2页。
[2] 同上书,第4页。

意志的发展变化，要从他们个人的生活实践和实际生活体验着手；考察一个阶级、阶层，乃至整个民族共有的意识、动机、目的和意志，要从那个阶级、阶层，乃至整个民族共同经历的生活实践过程和实际生活体验中找到规律。这一规律能够使人们在学习和研究历史上各种观念形态的文化现象中找出其产生、发展和演变的规律性，从而能够比较清楚地看到它们当前的发展趋势和未来的发展方向。①

（2）生产力与生产关系的辩证关系。生产力是人们解决社会同自然矛盾的实际能力，是人类改造自然使其适应社会需要的物质力量，其包括三要素：劳动资料、劳动对象及劳动者；科学技术是第一生产力，是先进生产力的集中体现和主要标志。而生产关系是人们在物质生产过程中形成的不以人的意志为转移的经济关系，是社会关系中最基本的关系，其包括三要素：生产资料所有制形式（最基本的、决定性的）、人们在生产中的地位和相互关系、产品分配关系和消费关系。生产力决定生产关系。生产力的产生、性质、水平和发展要求决定生产关系的产生、性质和状况（发展变化）；生产力的发展决定生产关系的变革，有什么样的生产力就有什么样的生产关系与它相适应，不相适应的生产关系迟早要变化的。生产关系对生产力具有反作用。生产关系适合生产力发展要求，就会推动生产关系的发展；当生产关系不适合生产力发展的要求时，它就会阻碍生产力的发展。这条规律是不依人的意志为转移的普遍的客观规律，是历史发展的根本规律。生产是一切社会进步的尺度，社会生产力的发展水平，决定人类社会的进程。与生产力发展相适应的生产关系，构成一定的社会形态和经济结构的现实基础，它规定着社会形态的主要特征。这一观点能够帮助我们更深入地理解人类社会纵向发展、横向发展以及两者之间的辩证关系。②

（3）经济基础与上层建筑的辩证关系。经济基础是指由社会一定发展阶段的生产力所决定的生产关系的总和。上层建筑是指建立在一定经济基础之上的意识形态以及相应的制度、组织和设施；其包括政治上层建筑和思想上层建筑两个基本部分。经济基础决定上层建筑，经济基础产生、性质和变化决定上层建筑的产生、性质、变化发展及其方向，上层建筑又服务和反作用于经济基础。生产力

---

① 徐蓝、朱汉国：《普通高中历史课程标准（2017版）解读》，高等教育出版社2018年版，第53页。
② 同上书，第54页。

的发展引起生产关系,也就是经济基础的变化,随着经济基础的变化,上层建筑也会发生变革。同一社会形态内经济基础的量变或质变,决定了上层建筑要发生相应的量变或质变。一种性质的经济基础被另一种性质的经济基础所替代,这一根本质变,决定了全国庞大的上层建筑根本变革。①

(4) 社会形态更替的前进性与曲折性的统一。社会形态是关于社会运动的具体形式、发展阶段和不同形态的范畴,是同生产力发展一定阶段相适应的经济基础与上层建筑的统一体。社会形态是全面的、具体的、历史的。马克思把实践中的人看作社会形态的中心,确认人是历史的创造者,即人民群众是社会建设和社会变革的基本力量。人类历史是一个不以人的主观意志为转移的从低级到高级发展的自然历史过程。生产力的发展必然推动生产关系,进而推动经济基础、上层建筑和整个社会形态从低级到高级发展,也就是,从原始社会经过阶级社会再发展到无阶级的共产主义社会。人类历史经历了不同生产方式的演变和由此引起的不同社会形态的更迭,即从原始社会、奴隶社会、封建社会、资本主义社会发展到共产主义社会。尽管并不是所有民族、国家和地区的历史都无一例外地按照这个序列向前发展,有的没有经历某一阶段,有的长期停滞于某一阶段,但是这个人类社会从低级社会到高级社会发展的总趋势仍然具有普遍的、规律性的意义。例如,西藏自治区是由封建农奴制直接过渡到社会主义社会;在新中国成立前,云南省的纳西族还处在原始母系社会,之后直接进入社会主义。

(5) 阶级斗争是阶级社会发展的直接动力。社会基本矛盾是社会发展的根本动力。生产力和生产关系、经济基础和上层建筑的矛盾是社会基本矛盾。社会基本矛盾在社会发展中的作用。首先,生产力是社会基本矛盾运动中最基本的动力因素,是人类社会发展和进步的最终决定力量。其次,社会基本矛盾特别是生产力和生产关系的矛盾,是一切历史冲突的根源,决定着社会中其他矛盾的存在和发展。最后,社会基本矛盾有着不同的表现形式和解决方式,并从根本上影响和促进社会形态的变化和发展。唯物史观的阶级斗争学说批判继承了以往的阶级斗争理论,用生产的发展来解释阶级的起源和阶级关系的变化。正确运用阶级分析法就是要把人类社会的历史当作一个按照一定规律不断发展变化的客观过程,在观察、分析和研究任何历史事件和历史人物时,都要有发展的观点,并且把

---

① 徐蓝、朱汉国:《普通高中历史课程标准(2017版)解读》,高等教育出版社2018年版,第54页。

问题提到一定的范围之内,联系具体条件进行具体分析。也就是说,要实事求是,尊重历史的辩证发展,把阶级分析和历史主义有机地结合起来。①唯物史观让我们认识只有在生产高度发达的前提下,才能消除阶级、避免阶级斗争。因此,"人类自阶级社会以来的历史都充满着阶级的活动,那么,阶级学说和阶级斗争学说就具有存在的价值"。②

(6)人民群众是历史的主体和历史的创造者。人民群众是构成人类社会的主体,是社会的大多数。人民群众是构成人类历史活动的主要担当者和体现者。生产方式是社会发展的决定力量,生产力是最终决定力量,而人民群众是生产力的体现者。人民群众是社会物质财富的创造者,为社会发展提供了最基本的条件。人民群众是精神财富的创造者,它们的实践经验是精神财富的源泉,同时,人民群众也参加了精神财富的创造活动。人民群众是社会变革的决定力量,是推动社会历史由低级向高级发展的决定力量。人民群众是先进生产力和先进文化的创造主体,是实现自身利益的根本力量。尊重社会发展规律与尊重人民历史主体地位是一致的。同时,唯物史观也非常重视杰出人物在历史发展中的作用。杰出人物是指那些对历史发展起过重大推动作用的代表人物,主要是指政治上的领袖人物在历史上的作用。杰出人物是实现一定历史任务的发起者、策划者、组织者;对某些具体事件不仅有深刻影响,能加速或延缓历史任务的解决,但他们对历史发展起重大作用,只能是对历史的发展起加速或延缓作用,而不能决定历史发展的趋势。

唯物史观是科学的历史观、世界观和方法论,作为历史学科核心素养的重要内容,对提升高中历史课程的教育水平和完善学生的自身素质,完成立德树人的根本任务,具有重要的意义。

(二) 层次要求

2017年课程标准指出,唯物史观核心素养的课程目标如下。

(1)了解唯物史观的基本观点和方法,包括人类社会形态从低级到高级的发

---

① 徐蓝、朱汉国:《普通高中历史课程标准(2017版)解读》,高等教育出版社2018年版,第56页。
② 张庆海:《中学历史教学中的史学理论问题》,长春出版社2012年版,第143页。

展、生产力和生产关系之间的辩证关系、经济基础和上层建筑之间的相互作用、人民群众在社会发展中的重要作用等，理解唯物史观是科学的历史观。

（2）能够正确认识人类历史发展的总趋势。

（3）能够将唯物史观运用于历史的学习与探究中，并将唯物史观作为认识和解决现实问题的指导思想。

想要将唯物史观核心素养的要求在教学实践中落实，首先要根据课程标准的目标进行详细的水平层次划分，具体层次要求如下。

第一层次，即水平1和2，能够了解和掌握唯物史观的基本观点和方法，理解唯物史观是科学的历史观。

第二层次，即水平3和4，能够将唯物史观运用于历史学习、探究中，并将其作为认识和解决现实问题的指导思想。

根据以上2017年新课程标准的课程目标和唯物史观学科核心素养水平层次的划分我们可以看出有两种不同的要求。

一方面是在认识的层面上，通过高中历史课程的学习，学生了解唯物史观的基本观点和方法，并能够正确认识人类历史发展的总趋势。在第一个认识的层面上，应了解唯物史观哪些基本观点、理论、方法？"唯物史观是一个博大精深的理论体系，科学揭示了人类社会形态由低级到高级的发展，揭示了社会结构中生产力与生产关系、经济基础与上层建筑的辩证关系。唯物史观既重视生产力对生产关系、经济基础对上层建筑的决定性作用，同时，也承认上层建筑对经济基础、生产关系对生产力的能动的反作用。唯物史观还论述了物质生产与精神生产、物质生活与精神生活、社会存在和社会意识之间的辩证关系。唯物史观还强调了人民群众的历史作用。这样的思想认识，是以往的历史学家和哲学家所未曾达到的，使人们认识历史发生了根本性的变化，使历史学领域发生了革命性的变革。"正是因为唯物史观是一个博大精深的理论体系，因此，在高中阶段，学生需要做到的就是了解了解唯物史观的基本观点和方法，知道社会存在决定社会意识、生产力决定生产关系、经济基础决定上层建筑、正确运用阶级分析法、人民群众是历史的创造者、人类社会形态经历了从低级阶段向高级阶段的发展等理论和方法。当然，在具体的教学设计与培养学科核心素养中，并非让学生单纯地对这些观点和方法死记硬背，而是通过历史课程的学习，在了解唯物史观的基本观点和方法的基础上，能够将理论运用于历史的学习与探究的实践中。

另一方面是在实践的层面上，通过高中历史课程的学习，学生能够将唯物史观运用于历史的学习与探究中，并将唯物史观作为认识和解决现实问题的指导思想。实践是唯物史观的内在本质特征，也是唯物史观能够与时俱进的不竭动力。正是在与实践的结合中，唯物史观不断丰富和发展，不断提高自身的生命力。这一点，不仅体现在唯物史观的形成与发展中，也体现在唯物史观的逻辑起点与基本原理中，更体现在唯物史观的社会功能中。通过对历史事件的分析，为深刻认识和把握历史事件提供方法和指南，因此，唯物史观是绝对不能脱离现实的，而是一种在实践中的认识世界和改造世界的理论和方法。也只有在实践中，与时俱进，唯物史观才具有强大且顽强的生命力。在教学实践中，比如统编《中外历史纲要（上）》第2课"诸侯纷争与变法运动"一课中"各国变法"的学习，引导学生学习春秋战国时期各国的变法，尤其是商鞅变法，引导并指导学生运用唯物史观中"生产力与生产关系、经济基础与上层建筑的辩证关系"等理论去分析。因此，唯物史观核心素养的培养，绝不仅仅只是理论和方法的学习和了解，而是在实践中，在解决具体问题中，学会运用唯物史观，这才是唯物史观素养实际水平的真实体现。

（三）注意要素

唯物史观引领着中学历史教学的价值判断，在历史学科诸素养中，起着重要的统领作用。在历史五大核心素养中，唯物史观位居首位，是中学历史课程教学的核心理论和指导思想，是历史学科其他核心素养得以实现的重要基础和保障，是历史学科核心素养的灵魂。因此，培养学生的唯物史观就成了历史教学活动的首要任务。在历史教学过程中，学生能够了解和掌握唯物史观的基本观点和方法，理解唯物史观是科学的历史观；能够将唯物史观运用于历史学习、探究中，并将其作为认识和解决现实问题的指导思想。因此，以唯物史观核心素养为目标的教学设计中，应注意以下两个方面。

（1）以唯物史观为基础，五大学科素养相辅相成。在新课标中，培养核心素养已是历史学科所需要承载的重要历史教学任务。而历史学科核心素养是一个整体的、系统的概念，相互之间是不可分割的。因此，在培养唯物史观核心素养时，不可将其与史料实证、历史解释、家国情怀、时空观念等核心素养相分割。在教学设计中，以唯物史观为主导，同时也注重培养学生其他的核心素养。随着2017年新课标的修订，历史学科核心素养教育理念的提出符合新时代对提高国民素质和人才培养质量的新要求。而唯物史观作为理论基础和支撑，发挥着引领作用。时空观念素养是历史学科本质的体现，历史事物总是在特定的时间和空间相联系，而时空观念在唯物史观的指导下能够从历史发展的必然性和内在联系当中去看待历史事件的发生与发展。唯物史观基本原理的体现也是通过在特定的时间和空间下检验得出的理论成果。史料实证是学习历史的重要方法和基础，在历史学习中不能孤立地、绝对地看待历史事件，而是要辩证地、历史地看待问题。通过去伪存真，获取有效信息，以实证精神学习历史知识。历史解释实际上就是透过历史事实，去揭示历史发展的深层次含义及发展规律，学会用全面、发展、联系的眼光分析和评判历史事物，不断接近历史真实。家国情怀就是要求学生关注当下的社会问题，积极参与社会实践当中，认同本国国情等，并且要形成世界格局，包罗万象，树立正确的价值观导向。五大核心素养的培育是相辅相成的，正基于唯物史观的培养，学生才会用发展、联系、辩证的思维方式看待人类历史发展规律及身边的实际生活问题。唯物史观是科学的史观，学生在历史学习的过程中，要把握唯物史观理论方向不动摇，坚持与其他素养相结合。

（2）以唯物史观为基础，运用于历史学习和探究。实践是检验真题的唯一标准，只有经得起实践的检验，才是真理。唯物史观的理论在教材中的相关历史问题之中是有所体现的，例如，"地理位置""生产力发展程度""国家的政治体制"等，都能在唯物史观理论中找到它的本源。在教学中，基于对唯物史观的了解，教师运用唯物史观的科学理论方法，用理论把各个历史事件连接起来，形成清晰的逻辑体系，让学生能够一目了然地理解该事件，并且具有逻辑发展顺序的知识让学生对历史事件和事情的发展脉络有了更深层次的理解，做到深入浅出。教师还可以把唯物史观的理论与现实生活中学生身边的相关的事物联系在一起，以便学生更好地理解并掌握，在此基础上才能更好地进行分析理解。因此，唯物史观的理论和方法，运用于历史学习探究和生活，就是要用唯物史观的相关理论把知识体系建立起来，只有秉承着理论与实践、历史教学与实际相结合，方能更好地育人。

（四）案例与分析

案例1：生产力决定生产关系（以部编《中外历史纲要（上）》中的第2课"诸侯纷争与变法运动"中的"经济发展与变法运动的过程"为例）

环节：出示春秋战国时期铁制农具与牛耕图片①，以及李亚光《战国农业史纲》和洪煜《战国秦汉时期的小农经济》的相关记载。提问：根据以上材料，提取春秋战国时期经济变革的相关信息。

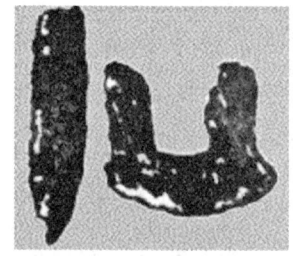
春秋铁器

战国的铁农具：耙、镰、锄、锸

牛耕

材料1：河南新郑的战国铸铁作坊遗址出土陶范300余件，其中农具范占60%以上，出土铁农具200多件，占全部铁器的63.5%。广西平乐银山岭战国墓出土的181件铁器中，177件为生产工具，仅锄即多达89件。

——李亚光《战国农业史纲》

材料2：随着私有观念的深入人心和铁农具的出现，农业生产由集体耕作的生产方式向个体生产方式转变。铁农具的广泛应用，促使春秋战争时期土地所有权发生变化，井田制遭到破坏，出现自耕农土地所有制。

——洪煜《战国秦汉时期的小农经济》

分析：通过对图片和相关文献的分析，让同学们直观地感受春秋战国时期生产力的变化提高，以及其产生的影响；使学生对生产力决定生产关系的唯物史观有一定的认知和了解。

---

① 本书所引图示均出自教辅、教材。后文不再说明。

案例2：社会存在决定社会意识（以部编《中外历史纲要（上）》中的第2课"诸侯纷争与变法运动"中的"百家争鸣"为例）

环节：出示春秋时期形势图和战国时期形势图，以及《左传·桓公五年》和樊树志《国史概要》相关记载，简述春秋战国时期社会结构发生的重大变化，使得旧的统治秩序无法继续维系，政治的动荡引发变法求强，继而推动思想界的变革，各家学派针对当时的社会现实问题，纷纷提出自己的政治主张。

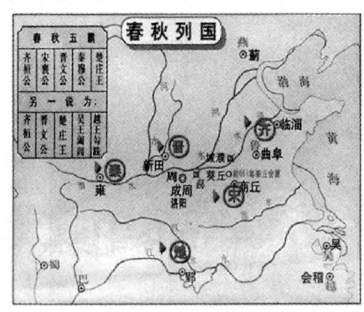 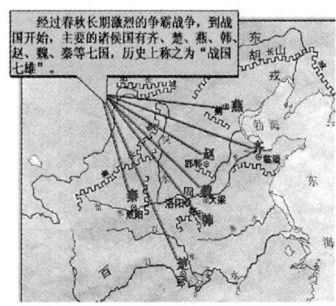 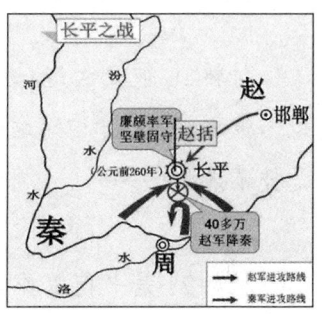

材料1：王夺郑伯政，郑伯不朝。秋，王以诸侯伐郑，郑伯御之。

——《左传·桓公五年》

材料2：春秋时代的世家大族几乎都已烟消云散，作为一个社会阶层而消失了，新的阶层取而代之。战国时代各国的统治者，无不关注如何维护自己的权威。这一时代，纵横捭（bài）阖，波诡云谲（jué），兼并战争不断，各国都必须集中一切力量为生存而奋斗。于是各诸侯国为了适应社会的大变动，纷纷进行变法。

——樊树志《国史概要》

分析：通过地图与文献史料分析感受礼乐征伐的诸侯割据混战的局势，从而导致百家争鸣的局面，理解社会存在决定社会意识的唯物史观，通过对各个学派思想家提出的不同主张分析理解百家争鸣是中国历史上第一次思想解放运动，并回顾在法家思想指导下的商鞅变法使得秦国国富兵强，为秦的统一奠定基础，理解社会意识对社会的反作用，更深刻地理解社会存在与社会意识的辩证关系。

案例3：杰出人物在历史发展中的作用（以部编《中外历史纲要（上）》中的第15课"两次鸦片战争"中的"开眼看世界"为例）

环节：出示"早期开眼看世界代表人物贡献表"，介绍林则徐、魏源、徐继畬的主要贡献，出示《林则徐书简》《海国图志》《四洲志》及《瀛寰志略》和《见闻琐录后集》的相关记载。提问：早期开眼看世界的代表人物"看到了什么"？

早期"开眼看世界"代表人物贡献表

代表人物	代　　表　　作
林则徐	《四洲志》（西洋各国的消息情报和国际知识，包括国际法知识）
魏　源	《海国图志》（五大洲各国历史、地理、社会现状、军事、科技等）
徐继畬	《瀛寰志略》（近80个国家和地区的地理位置、历史变迁、经济文化、风土人情等）

材料1：彼之大炮，远及十里内外，若我炮不能及彼，彼炮先已及我，是器不良也。彼之放炮，如内地之放排枪，连声不断，我放一炮后，须辗转移时，再放一炮，是技不熟也……

——《林则徐书简》（1842年9月）

材料2：是书何以作？曰："为以夷攻夷而作，为以夷款夷而作，为师夷长技以制夷而作。""夷之长技三：一战舰，二火器，三养兵练兵之法。"

——魏源《海国图志·序》

材料3：虽不设国王，仅设总领，而国政操之舆论，所言必施行，有害必上闻，事简政速，令行禁止，与贤辟所治无异。

——林则徐《四洲志》

材料4：米利坚合众国以为国，幅员万里，不设王侯之号，不循世及之规，公器付之公论，创古今未有之局，一何奇也！泰西古今人物，能不以华盛顿为称首哉！

——徐继畬《瀛寰志略》

材料5：余观俄国势力强大，多规画布置，志实不小。……俄夷则包我边疆，陆路相通，防不胜防，将来必有大患。

——欧阳昱《见闻琐录后集》

材料6：南洋诸岛，苇杭闽粤，五印度近连两藏，汉以后明以前皆弱小番部，朝贡时通，今则胥变为欧罗巴埔头，此古今一大变局！

——徐继畬《瀛寰志略》

分析：通过对材料的解读与分析，学生得出了这些早期开眼看世界的代表人物看到了"世界很大""军事差距""制度差异""危机重重"等结论，了解了开眼看世界的主要内容和继承拓展，为接下来的"没有看到什么""看不清什么"做了充分铺垫。

学生们感受到在闭关锁国的时代，这些伟大人物对中国近代化的重大推动作用，在进一步理解唯物史观在强调"人民群众是社会变革的决定力量，是推动社会历史由低级向高级发展的决定力量"的同时，也非常重视杰出人物在历史发展中的作用。

二 基于"时空观念"素养的目标设计

（一）基本概念

历史是曾经发生过的事情，一切人类活动都必然发生在一定的时间和空间范围内，对这些活动的记录也往往要通过时间和空间才能明确。"一切存在的基本形式是空间和时间，时间以外的存在和空间以外的存在，都是非常荒诞的事情。"[①]当我们探讨任何事件及其过程，首先要确定时间和空间。法国年鉴学派学者马克·布洛赫（Marc Bloch）认为"历史学是时间中的人的科学"[②]，该学派另一位学者雅克·勒高夫（Jacques Le Goff）也认为"史学是时间的科学"。[③]因此，时空观念既是认识历史的标尺，又是对客观历史的定位，任何对历史的认识都要将所认识的客观历史置于特定的时间和空间的条件之下。此外，时空观念也是阐述历史的角度，只有从历史的时间演进和空间范围的角度去进行说明和解释，才能看出历史的发展与变化，对历史进行客观评述。

时间体现了人类历史发展的持续性和顺序性，空间体现了人类历史发展的区域性和广延性，因此，时空是在历史进程中对历史事物进行定位的两个不同的维度，反映了历史现象之间的内在联系。在历史研究过程中，要将具体的历史事件放置于一定的历史范围之内，从具体的历史环境出发去研究历史、探索历史，一切以条件、时间和地点为转移。要重视基本的历史联系，既要把问题放到历史发展的时间脉络中研究其前因后果，也要考察其与周边事物的联系，特别是与当时的

---

① 中共中央马克思恩格斯列宁斯大林著作编译局编译：《马克思恩格斯选集》（第三卷），人民出版社2012年版，第91页。
② ［法］马克·布洛赫：《历史学家的技艺》，张和声译，北京师范大学出版社2014年版，第40页。
③ ［法］雅克·勒高夫：《历史余记忆》，方仁杰、倪复生译，中国人民大学出版社2010年版，第15页。

政治制度、经济文化等相联系。

那么,时间观念和空间观念分别是什么?

时间观念,就是要将历史事物放在历史发展的长河中进行观察,认识和分析历史发展的全过程,辨明它在每一个发展阶段有什么特点,寻找前一过程转变为后一过程的原因。在历史学产生之前,人们习惯将时间脉络认同为历史的基本特征。历史时间可以分为两大层次:"第一层次是指具体的历史时间,第二层次是包含了'任一历史现象、历史事件及其前后相关的现象和事件之间的时距问题'在时间的运用和把握层面。"① 为了管理时间,人们有意识地发明了各种计算时间的方法,比如干支纪年法、帝王年号纪年法和公元纪年法等。此外,由于人类社会在时间的长河中呈现出不同的阶段特征,也出现了一些特定时间内涵的时代称号,比如先秦史、隋唐史、明清史等。

空间观念,就是要了解历史发生的地点、区域、范围等,是历史上人类活动的场所。它"首先应该是历史现象和事件等的地理环境和地理位置;其次是与地理环境相关联的历史现象和历史事件发生的社会环境,即历史事件与事件之间、局部和全局之间的相互联系"。② 因此,历史的演进在空间上呈现出多样性和多维性的特质。这种多样性随着人类各种制度的建构而呈现出不同的形式,比如国家、民族乃至大洲和世界等空间上的概念。从历史地理的角度进行考察,还会发现丰富的历史现象本身存在着各种错综复杂的联系,从个体到整体,从局部到全部。比如:中原王朝与周边政权的联系、古代丝绸之路的发展、经济重心南移的问题、资本主义世界殖民体系的建立等重要史事。对这些错综复杂的史事进行考察、认识和分析都需要空间的观念。

总之,时空观念是在特定的时间联系和空间联系中对事物进行观察、分析的意识和思维方式。任何历史事物都在特定的、具体的时间和空间条件下发生,只有在特定的时空框架当中,才可能对史实有准确的理解。历史学科的时空观念包括历史时序的观念和历史地理的观念,这两者都是为了了解、认识、研究客观历史的基本意识,在历史学科核心素养体系中居于基础地位。如果一节课的内容,无论是知识的铺垫还是对知识的认知方法的指引运用,都以学生在时间和空间联系中观察、分析事物为指向,可以说这节课是以时空观念核心素养目标的实现为全课的中心。

---

① 赵志汉:《历史学科的时间观念教学》,《历史教学》1992年第11期。
② 王廷科:《谈谈历史教学中的时间概念和空间概念》,《历史教学》1980年第6期。

（二） 层次要求

根据课程标准,时空观念核心素养的课程目标如下。

（1）知道特定的史事是在特定的时间和空间相联系的。

（2）知道分割历史时间和空间的多种方式,并能够运用这些方式叙述过去。

（3）能够按照时间顺序和空间要素,建构历史事件、历史人物、历史现象之间的相互关联。

（4）能够在不同的时空框架中理解历史上的变化与延续、统一与多样、局部与整体,并据此对史事作出合理解释;在认识现实社会时,能够将认识的对象置于具体的时空条件下进行考察。[①]

想要将时空观念核心素养的要求在实践中落实,首先要根据课程标准的目标进行详细的分层,具体层次要求如下。

第一层次,能够辨识、理解、运用时间的表达方式,具有时序意识。其中,辨识时间的表达方式是指能够知道距今、王朝、时期、公元、世纪、年代、世纪中期/晚期、当今等表示时间的术语,能够分辨历史事件的时序和长短,能够说出几种纪年方法,具备基本的时间顺序意识。理解时间表达方式的意义是指:在进行历史叙述时能够正确运用时间术语,并知道其含义和相互之间的关系。比如,能够辨识和理解干支纪年和帝王年号纪年的含义等。运用不同的时间表达方式是指在叙述史事时能够运用各种时间术语,且能够根据各种时间术语和典型特征（比如第一次世界大战时期、洋务运动时期）来辨别历史叙述或者史事的时间结构,能够掌握不同时间术语之间的转换。

第二层次,理解空间和地理环境对认识历史的重要性,利用空间概念和地理环境的概念认识和解释历史。能够辨识空间范围概念,并在一定空间范围及变化角度叙述、解释历史事件及其特征,比如,能在制度变化与区域范围变化之间建构关联;能够辨识空间方位概念,利用方位词确定认识对象多处位置、邻近关系,并据此解释历史及其特征,比如能从地缘政治角度解释历史现象;能够认识并理解不同时期空间观念的差异,比如古代中国的天下观等。

第三层次,能够利用、绘制历史年表或时间轴,并对相关史事加以描述、概括

[①] 中华人民共和国教育部制定:《普通高中历史课程标准》(2017年版2020年修订),人民教育出版社2020年版,第6页。

和解读。能够按照历史年表或时间轴等方式整理、描述历史人物的主要活动、重大历史事件的发展过程等；能够提取时间轴等图表上的历史信息，并结合所掌握的知识，概括历史主题及时代特征。

第四层次，能够利用历史地图及相关知识对有关史事加以描述和解释，拥有空间观念。能够辨识历史地图上历史对象的大致区域、位置、发展路线、古今地名等，能够借助图例、标题等历史地图信息概括所反映的历史事件及其特征，并能结合所学知识或其他史料对地图进行历史性解释，揭示历史变迁。

第五层次，能够按照时间顺序和空间要素在历史人物、事件、现象之间建构关联；把握相关史事的时间、空间联系的能力。能够根据时间顺序和空间要素、比较相关历史人物/事件，考察分析异同，进而构建合乎逻辑的关联；能够认识到历史自身的横向性、纵向性的关联特征，据此结合时间顺序和空间要素为线索在历史人物、事件、现象、时代环境、地理因素之间建构多层级、全方位的因果/内在外在/整体与局部的联系。

第六层次，理解时空可用不同方式分割，能够选择恰当的时空尺度对历史问题进行分析、综合、比较，在此基础上做出合理论述。能够认识到历史时空的分割具有主观性，理解根据不同标准可将历史事件划入不同的时间分期或者空间区域，能运用特定的时间和空间术语对较长时段的史事进行描述和概括。比如，分割时段并用特定时间术语对史事进行概括：农耕社会、汉武帝时代、康乾盛世、旧民主主义革命时期、新民主主义革命时期等；以空间为尺度对史事进行分割归类：世界大战、全球化等。

（三）注意要素

时空观念是历史学科核心素养的基础，因此，培养和发展学生的时空观念就成了历史教学设计和教学活动的重要任务。在历史教学过程中，学生能够知道特定史事与时间、空间的联系，能识别运用地图，能够按照时序和区域范围建构历史事件、人物、现象的关联性，并对史事作出合理的解释。对于学生的历史教学和历史认识来说，时空概念这一核心素养既是认识历史的观念，也是认识历史的方法。因此，在基于时空观念核心素养为目标的教学设计中，应注意层次性和关联性。

（1）层次性。根据2017版高中历史课程标准，时空观念素养的培养具有水平层级划分的特点，这就要求历史教师在落实时空观念这一核心素养时要掌握分层教学的方法。教师以课程标准为依据，制定具有层次性的教学设计；在此过程中，要结合教学内容和学生的实际水平，使教学设计具有可操作性。另外，在注意层次性之时，不可完全照搬课程标准，应根据学情进行水平分层教学；不可完全依次培养学生的时空观念，很多时候，对于某一历史时间可多层次同时进行。

（2）关联性。根据课程标准，历史学科具备的五大核心素养是一个整体，反映了不同方面的要求。"在教学实践中，教师要完整把握历史学科核心素养的内涵及表现，也要认识到历史学科核心素养的五大方面是一个互相联系的整体。""出于表达的需要而将核心素养分成五大方面，但在实际教学中却是不可分割的。"因此，以时空观念核心素养为目标的教学设计，应该与其他四大核心素养具有很强的关联性。因为"唯物史观是揭示人类社会历史客观基础及发展规律的科学历史观和方法论……科学的历史观和方法论是非常重要的。它使历史学科成为一门科学。只有运用唯物史观的立场、观点和方法，才能对历史有全面、客观的认识"。如果说唯物史观是诸素养得以达成的理论保证，那么时空观念就是学科本质的体现。因此，在基于时空观念素养为目标的教学设计中，需要将五大核心素养联系起来。

（四）案例与分析

历史学科是一门逻辑性和系统性很强的学科，作为历史教师，必须力图从整体上把握历史，而不是孤立、分散地讲述历史知识；进而使学生在掌握时间观念、基于空间观念的前提下，从多角度、多方式构建历史知识网络，对历史事件、历史现象进行全面且深刻的认识。下面，以几则案例进行分析。

案例1：时序观念（以部编《中外历史纲要（上）》中的第19课"辛亥革命的过程"为例）

环节：指引学生阅读教材中关于辛亥革命的过程，指导学生基于时间线索为一系列史实创建单线数轴，把握革命的历程，如下图（树立学生时间线索意识，培养时序观念）。

1911.5	1911.10	1911.11	1911.12	1912.1	1912.2	1912.3	1912.4
保路运动	武昌起义	清统治土崩瓦解	孙中山当选临时大总统	中华民国成立	清帝退位	颁布《临时约法》任临时大总统袁世凯就	临时政府迁往北京

分析： 由于辛亥革命的前后过程有很多重要的史事和事件，教科书中关于此内容并非完全按照时间顺序来叙述，对于学生而言容易混淆。通过数轴，标明相应的史实，理清历史发展的基本脉络，既强化了学生的时序意识，又培养了学生的时间观念，还让学生学会了遇到纷繁复杂的历史时间和事件可以用类似方式进行梳理的方法。

案例2： 空间观念（以部编《中外历史纲要（下）》中第6课"全球航路的开辟"中"新航路的开辟"为例）

该版教材在介绍新航路航线的开辟时，使用了文字叙述和地图展示两种方式，从1487年的迪亚士（Bartholmen Dias）到1519年的麦哲伦（Ferdinand Magellan）环球航行，使用了3大段落的文字进行描述，同时搭配了"新航路的开辟示意图"（如下）。

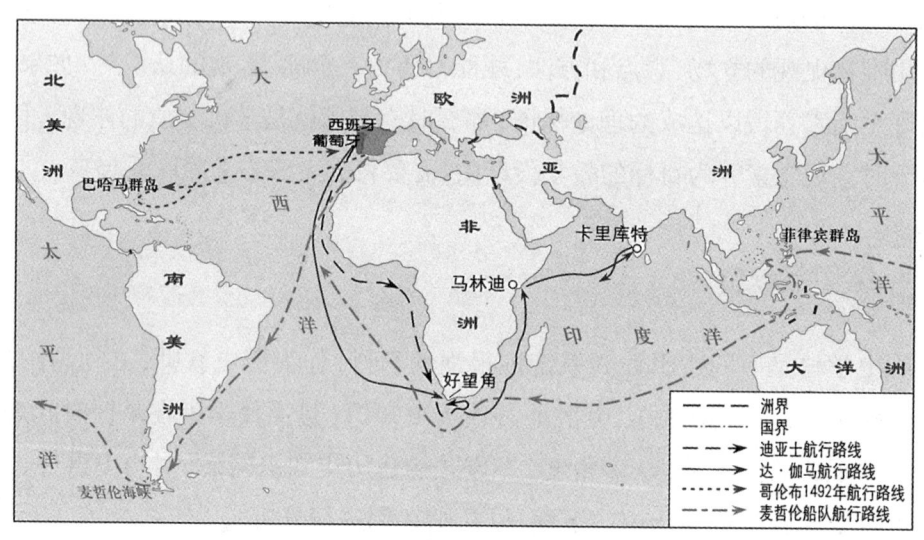

新航路开辟示意图

可以看出，地图非常直观，但是时间和细节不够精确，而文字描述更为精确，但是不够直观，需要学生对世界地图非常熟悉。因此，设计如下。

环节1： 出示上图，带领学生总览整张地图（从标题到图例再到细节），认识整个新航路开辟的几条新航线。

环节2： 基于地图的认识，再结合文字描述总结新航线。

分析： 结合地图和文字，学生对新航路中的新航线不仅有了直观的认识，也能准确地掌握基本信息，在这个过程中，学生不仅学习了历史知识，树立了空间观念，也强化了时空观念这一核心素养。

案例3：时空观念（以部编《中外历史纲要（上）》第15课"两次鸦片战争"中的"五口通商和十口通商"为例）

清末两次鸦片战争之后，分别签订了《南京条约》和《天津条约》《北京条约》。其中，关于开放通商口岸的条款，在数量上和地域上（空间上）都有明显的差异，反映了在工业革命之后列强对海外市场的渴望，因此迫切地想要进一步打开中市场。

关于这一内容，可以选择地图对比的方式，直观地认识两次鸦片战争所开放的商埠的差异，并分析其对中国社会造成的影响。

环节1：出示两次鸦片战争形势图，指导学生分别识读所开放的通商口岸相关信息。

学生通过地图辨识两次鸦片战争中的五口通商口岸和十口通商口岸的位置分布、古今地名差异，并分析其分布特点和影响。通商口岸分布在沿海地区，中国大门打开，冲击沿海地区的自然经济，也促进商品经济发展和资本主义经济产生，使中国沦为半殖民地半封建社会。

环节2：对比两次开放的通商口岸的不同，指导学生分析对中国社会产生的不同影响。

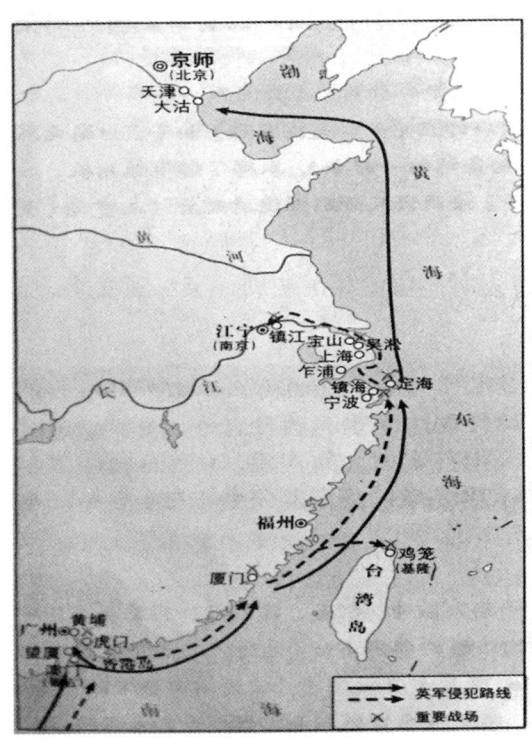
鸦片战争形势示意图

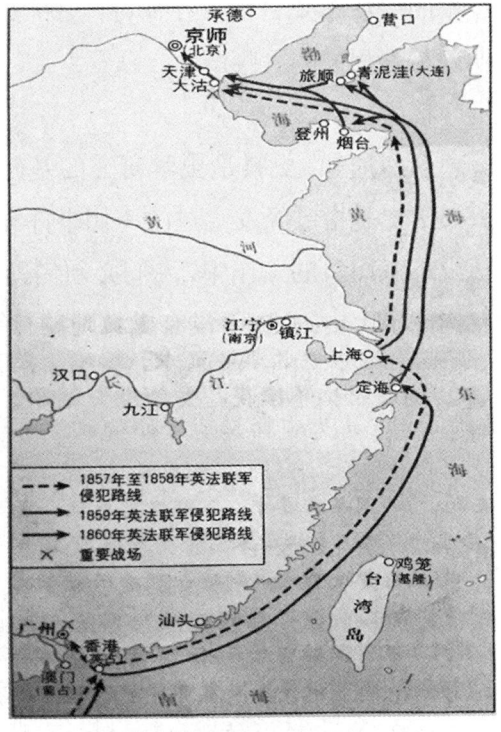
第二次鸦片战争形势示意图

学生通过观察：通商口岸从数量上看有所增加，从分布上看从东南沿海扩展到整个东部沿海地区、深入长江中下游地区。这种变化反映了中国半殖民地化程度进一步加深。

分析：在这一案例中，学生基本掌握了通过历史地图正确提取信息的能力，能够识别古今地名的不同，并能够结合所学知识和其他史料对地图进行历史性解释，揭示历史现象的变迁。

三　基于"史料实证"素养的目标设计

（一）基本概念

"史料实证"是高中历史学科核心素养的重要内容，是中学历史教学中用以确认事实的重要手段，因此，培养学生阅读史料和分析运用史料的能力，是教学过程中的一项重要目标。在探讨"史料实证"环节的具体运作之前，我们首先必须明确与其相关的一些概念。

首先，什么是史料？

众所周知，史料是史学研究的基础，是学生体验、观察和感受历史的证据源头。历史是指已经发生过的一切事件和过程，具有不可回溯的特点。在尝试恢复历史本来面目的工作中，人们必须借助过去所遗留的相关史料。某种意义上，史料构成了历史的主干，没有史料则没有历史本身。

关于史料的定义，根据不同的视角与界定，存在着多种解释。例如，从史料的作用角度，认为史料是用于研究和编纂历史所用的资料，"是反映和记录人类社会历史进程的材料"；从史料的来源角度，认为史料是"过去人类思想行事所留之痕迹，有证据传留至今日者"或史料"乃前人思想行为之遗迹"，以及史料是"人类社会再发展过程中所遗留下来的痕迹"；从史料的构成角度，认为"举凡人类活动的遗迹、遗存、都可称为史料""史料就是人类在自己的社会实践活动中残留或保存下来的各种痕迹、实物和文字资料"等。

显然，史料往往会被定义为历史资料，或历史遗迹、历史遗存，乃至于人类活动的一切遗物。史料定义范围的差异,是不同史学观点和治史方式的反映。但通常情况下,公认的,或者说我们在日常生活中能够接触到的史料,就其存在样式进行划分,一般可分为4类。其一是固有文献,包括历史纪录、史家著作、文献汇编和历史典籍;其二是文件,包括政府公文及档案,或团体文件和记录,以及私人日记、笔记和信件等;其三是实物,包括生产工具、生产资料、文玩器物、建筑、雕塑、碑刻、墓葬、古迹、照相、绘画、语言、文字和纪念物;其四是口碑,包括回忆录、调查记录、传说和一部分同时代的文艺作品。此外,随着技术的演进,声像影视等数字化资料,也日益成为史料重要的组成部分。而根据史料的性质,又可将史料划分为:原始史料,包括当时留下的事物、文件、记录、当事人回忆录和调查记录;编纂史料,即根据原始史料撰写的历史著作;传抄史料,包括类书、教科书和历史读物等等。

由上述内容可知,一方面,史料范围广大,内容庞杂,是历史学的生命。按照傅斯年的观点,"史学即史料学","我们只要把材料整理好,则事实自然鲜明了。一分材料出一分货,十分材料出十分货,没有材料便不出货"。这一观点虽然因时代的限制而存在着绝对化、简单化的局限性,但由此可见,史料在历史学中具有不可替代的基础性地位。另一方面,史料具有多样性、复杂性、主观性、模糊性、残缺性、有限性等特点。尤其在历史教学中,课堂组织者所引用的史料主要包括文字史料、文物图片史料和声像史料,这些内容,往往会受到记录者、著书者的主观目的、政治立场、史观、能力和知识水平等因素的制约,即使存在错误,也在所难免。

史料的这些特点,决定了我们在将其运用到日常教学中的时候,不仅需要有所取舍,还必须进行科学的辨析。

其次,何谓"史料实证"?

依据教育部制订颁布的《高中历史课程标准》(2017年版)(以下简称《课标》)所述:"史料实证,是指对获取的史料进行辨析,并运用可信的史料努力重现历史真实的态度与方法。历史过程是不可逆的,认识历史只能通过现存的史料。要形成对历史的正确、客观的认识,必须重视史料的搜集、整理和辨析,去伪存真,去粗取精,这是历史学的重要方法。"

这项工作的完成途径,通常包括:第一,广泛收集。简言之,就是要尽可能全面地收集有关的历史史料,利用一切现有的条件,不遗余力,避免疏漏。搜集史料的一般途径是，搜集与课题相关的原始档案资料、搜集正史资料、搜集正史以外的史书资料（尤其是笔记和地方志），进一步收集史书以外的其他文献资料，以及搜集文献资料以外的实物、口碑等。第二，对已搜集的史料进行整理和辨析，这一步骤尤其重要。

如前所述，史料，特别是文字史料往往有记录失实，甚至蓄意篡改的地方，究其原因，或在于政治变迁、个人因素，或在于时间流逝和史料本身的散佚遗失。这些都决定，在将史料运用到历史研究和课堂教学中去以前，需要我们对其进行整理和辨析。正是对史料的整理和辨析工作，或者说史料考订，才使历史学拥有了不同于其他文科类学科的这项专门技艺。史料的收集、考订兼备以及归纳、整理、分析，是史料实证的重要组成部分，也是开展史料实证前不可回避的准备工作。开展史料实证，需遵循以下方面的原则。

"论从史出"原则。这是历史研究和历史教学中的根本原则，体现了研究者本身的职业操守。在历史学领域形成的一切理论、概念、对历史的阐释、评价等都必须从史料中总结而来。我们反对按照某种事先设定的概念、观点，对史料进行刻意隐藏、忽略和剪裁。研究者应避免对材料以观点论取舍，乃至为了某种目的而强行曲解史料的做法，也不能过分抬高史料而轻视理论，将"史料实证"歪曲为史料的堆砌。大部分史料的背后都隐藏着特定的理论或史观，过分地强调史料而忽略理论，反而可能被史料背后隐藏的史观所影响，忘记了自身的分析同样是一项重要的工作。

"孤证不立"原则。坚持多种类型史料相互佐证，是历史研究的基本要求。"兼听则明，偏信则暗"的理念对于历史学家同样适用。这就要我们在对同一问题的不同表述和认识上发现问题，也要秉持开放的史料观。考古领域的重大发现与文献资料的相印证，在任何时代都极大地推动了历史研究的发展。而运用人类学、民族学田野调查方法所得的访谈资料也能够与文献材料中对某一问题的记录相互对照，为进一步探究其异同及原因创造条件。即使是同一类型的材料，由于来源不同，也很可能对同一问题有不同的认识。如《宋史》《金史》《辽史》，尽管都是"正史"，且成书年代相同、编写者基本一致，但因资料来源本身的差异、编写者的能力以及工期有限等问题，对于同一历史事件的记载与评价，往往存在着明显甚至荒唐的出入。这是我们在进行史料实证工作时，必须格外注意的问题。

"史论结合"原则。史料实证需要我们做到"摆事实,讲道理"。通过对史料的搜集、分析和运用,历史研究者不仅要明白历史"是什么",还应当能说出"为什么"。通过史料还历史以本来面目固然重要,但历史研究和历史教学都不该仅仅停留在事实描述的层面上,不仅要带给读者和学生知识的增长,还要给予必要的启示,帮助更多的人形成历史素养,开拓智慧空间。

"能力提升"原则。在研究与教学中运用史料实证的目标,既是为了获得正确的人生观、历史观、价值观,也为学习者提升自身的历史研究能力创造更为有效的途径。因此,在史料实证过程中必须秉持正确的观念,采取正确的做法。例如,当发现的确没有足够的证据来证明某个历史事件,逻辑似乎如此时,研究者也不能以轻妄的姿态随意得出结论,必须存疑。然后,也要尽全力搜集新的史料,并对既有史料中的隐藏信息进行有效提炼。这将为历史研究者提供一个非常好的、用以锻炼能力的机会。面对同一史料,"新人"或许只能提炼出主要的含义,而但随着实践经验的增长,"老人"却可以从中发现更深与更多层次的意义。久而久之,在某种特定的专业"意识"形成后,就会转化成一种长期存在,并作用于相关个体的能力。

"深入挖掘"原则。史料并不是孤立的,一条史料背后往往存在着特定的社会背景和微观线索。我们在进行史料实证时,切忌望文生义、断章取义。既要关注宏大叙事,做到长时段、全球化视域下的融会贯通,又要着意于历史的细节和个体的生活世界。史料实证体现了史家对历史本质的认识,对历史研究目的和历史价值观的看法,甚至体现了研究者对人生、对世事的关怀,他们对历史研究对象的选择,对体裁、体例、语言等表达方式的选择,无不与此有着密切的关联。深入挖掘这方面的线索,我们就能通过史料实证,更好地对历史事件、历史人物以及历史现象,进行发现、探讨和剖析。

总而言之,史料实证是研究历史问题的基本方法之一。掌握史料与史料实证的基本概念,明确其特点与运用原则,则是在历史研究与历史教学中做好史料实证工作,使之成为自身历史素养的重要途径。

(二) 层次要求

史料实证不是一项简单的工作,更不应停留在浅薄的表面。与所有历史研究方式相同,史料实证同样是一个循序渐进、由浅入深,并且讲求逻辑的过程。

根据《课标》提出的要求,形成史料实证素养,需要做到以下4点。

(1)知道史料是通向历史认识的桥梁,了解史料的多种类型,掌握搜集史料的途径与方法。

(2)能够通过对史料的辨析和对史料作者意图的认知,判断史料的真伪和价值,并在此过程中增强实证精神。

(3)能够从史料中提取有效信息,作为历史叙述的可靠证据,并据此提出自己的历史认识。

(4)能够以实证精神对待历史与现实问题。

显而易见,这些要求本身就充满了系统的结构性特点,说明史料实证工作正是一个从表面向深层次推进的过程。将这些要求落实到史料实证的具体工作中,可分为:史料的搜集、史料的选择、史料的解析、史料的运用四个主要的层面。

其一,史料的搜集。

没有史料,一切研究都无从谈起。史料的搜集既是整个史料实证的开端,也是这项工作的基础。除某些特定课题外,历史资料,尤其是文字资料,往往会表现出数量多、范围广的特点,令研究者一时感到难以着手。这样的时候,就需要采用一些科学的方法加以辅助。

如"以类相循"法。这是最直接的方法,即利用我国图书目录"以类相从"的编制原则,按照特定分类检索,利用当前可用的目录和索引,在历史这一"大类"下,依据政治、经济、军事、思想文化、人物等分类,搜集符合自身课题需要的资料,搜集范围包括文件、档案、报刊、回忆录、文史资料、史书等等。

如"追根溯源"法。针对现有著作、今人著书中征引的史料,凡对于我们的研究与课题具有参考价值的,都有必要追溯它的来源;对于所有的二手材料,也都应当进一步查清它的本来面目。这样做不仅可以纠正辗转引用中的错误,而且可以发现新的史料线索,同时,也可以在一定程度上节省我们用于搜集的时间。

如"沙中淘金"法。要善于在普通史料中搜集特殊史料,同样也要能够在大量看似无关的史料中发现相关史料的存在。这一方法在实施过程中,尤其要注意两种情况。一是,重要史料包含在普通史料中,而后者内容极多,需要花费大量的时间和精力才能最终获取;二是,某条重要史料看似处于孤立状态,显得无足轻重,但很可能在我们尚未注意到的地方也隐藏着大量它的"同类",这就要求我们采取审慎的态度,不遗余力地加以寻找和集中。例如,同中国古代社会生活相关的史料,由于大量星散在政治、军事史中,就需要我们采用"沙中淘金"的态度去加以认真发掘。

如"兼采广蓄"法。这一方法在研究近代史相关课题时尤为适用。19世纪以后的历史距今年代不远,著书和各类记载数量极多。同一个史实、同一个故事,在发生后由不同的人物留下多种记载,这是十分常见的情况。而正如我们在前文所提到的,这些记载,在各种因素的作用下,往往会存在一定的出入、差异,甚至矛盾之处。因此,在搜集史料的过程中,当我们遇到观点和内容不同的史料时,应当避免随意取舍、急于写定,要把各种不同记载和传闻异辞都搜集起来,经过比较、分析和综合,以求获得准确的史实。借此,我们对事件的认识会更加深刻,我们对历史的一些独特见解往往会在这样的过程中产生。

史料种类丰富,载体不同,对于文字资料以外的各种能够在研究与教学中使用的实物、影像、数字化资料,我们同样可以借鉴上述方法加以广泛且有的放矢的搜集。

当然,资料搜集工作是一项长期的、经常的工作,虽然艰苦,但不可能一蹴而就。史料搜集的关键在于,要经常地、不断地积累史料,在日常的学习和工作中养成一种历史教师的工作习惯,仔细观察,勇于发现,勤于记录,随时、随手地搜集史料,成为"有心"之人,才能不放过"漏网之鱼",让一切可用之"材"为我所用。

其二,史料的选择。

在完成了史料的早期搜集后,对真正能够用于、适合用于研究与教学工作的史料加以辨析、取舍,就成为一项必要的工作。

在占有丰富资料的基础上,史料的取舍应当依据一定的标准进行。其中,史料的价值、史料与课题的相关度、不同史料之间的内在联系程度,都是取舍的重要标准。而考虑到课堂教学本身的需求,史料的可读性也应当被纳入我们的关注范围中。

对史料进行取舍时,有必要首先选择可信度高的史料。真实性在任何时代都是历史研究的最基本要求,这一点在课堂教学中也是不可动摇的。我们尤其要避免片面地为了追求趣味性而选择那些未经证实的稗官野史,造成史实方面的"硬伤"。因此,选择史料要尽可能注重真实可靠,以第一手史料为最佳;对于那些似是而非、人云亦云的二手、三手史料则有必要进行分辨和回避。在使用网络检索工具时尤其要注意这一点,例如,百度百科和维基百科,以及"知乎""Quora"之类的百科类、问答类站点，其条目内容均可由用户随意编辑、更改，对于资料来源的审核并不十分严格，普遍存在着错误、漏失和偏见，需要我们格外注意。

同时，史料的可信度也体现在史料本身的客观性方面。如某些回忆录，乃至正史类史料，虽然是一手资料，但当事人或史料编撰者基于某些目的，刻意将主观片面的观点加入记述之中，甚至有意对史实进行篡改，以便实现为自身开脱、辩护和攻击对手的目的。这就需要我们更加谨慎，带着清醒的头脑和善于分辨的目光去阅读史料，规避"有意史料"，更多地采用"无意史料"，如目击者或旁观者留下的叙述，同时代普通人的日记和书信、账簿、契约、试卷、证书以及各类清单。

对史料进行取舍时，也要注重史料与课题的相关度，选择适合的史料、核心史料。围绕研究主题与课堂教学目标选择教学材料，是历史课堂的内容组织策略之一，同样是史料取舍的重要指导原则。在具体实施中，可根据课程标准等具体因素确立课堂教学目标，在此基础上选择相关史料。在史料取舍时，有必要遵循求精而不求多的原则，这样就能够避免课堂知识的碎片化，更好地落实知识点、实现授课目的。

对史料相关度的辨析，取决于课堂组织者对学习内容和学生情况的熟悉程度。在掌握了这些必要的信息后，可以朝着既符合课堂教学目标，而学生兴趣又较为集中的方向选取材料。课堂组织者可以在进行单元或专题教学前做一些调查，了解学生的要求和关注点，根据学生提出的问题在教学设计阶段选择史料、设计课堂提问。这样的方法，在为史料取舍工作提供帮助的同时，也有利于实现以学生为中心的课堂目标、有利于课堂上的师生互动、有利于课堂组织者自身的提高。

对史料进行取舍时，史料与史料之间的内在联系程度同样是值得加以注意的。这主要是基于课程整体性要求进行的考虑。选择彼此间关联程度较深、能够相互佐证的史料，对于从材料的角度"串"起整堂课是大有帮助的。如在讲解"英国工业革命"相关的课程时，可以在选取当时人的记述、著作等文字材料的同时，也搜集与文字内容相互匹配的照片、绘画资料，使之在课堂上相互呼应，增加学生的直观认识，也加深其对课程内容的理解。而针对"明治维新"这一课程进行教学时，则要针对其中改革措施"环环相扣"的特点，选取和运用能够说明这一特性的史料，如日本当时的政治状况、财政状况、经济发展水平、社会生活情况、民俗和军事力量等有关的史料，以其彼此间的联系，帮助学生对知识点进行更好的了解。

在以上三项要点之外,对史料进行取舍时,史料的可读性、趣味性也是我们不可忽略的。"材料应该既重要又有趣,重要在于它呈现了精辟的见解,有趣则是它具有引人入胜的故事性。"①这是一个非常值得参照的观点。"重要",指的是"材料与所学的内容之间有着紧密的联系。其'精辟的见解'可以在呈现教学内容的同时,为其作出解释、提供证据、说明理由"。"有趣则是它具有引人入胜的故事性,即材料所涉及的内容要有一定的情节,或能说明一定道理。"②重要性,自然要求我们充分参考课堂教学目标,选择那些有利于学生掌握知识点的史料;而在考虑趣味性时,则应从材料内容是否有趣、是否符合学生兴趣、是否便于学生进行阅读三个方面来加以判断。课堂组织者所选的史料,要容易引起学生的阅读兴趣,激发学生的主动思维;要难易适中、简洁明了,符合学生的知识积累与阅读水平;要具备层次感,能够展现梯度,帮助教学实现内容方面的层层递进;要避免文字和语言方面的晦涩、拗口,避免因语法、词汇和生僻概念而在学生理解时制造毫无意义的障碍。

其三,史料的解析。

简单来说,史料的解析包括史料的文本考辨和意义阐释。前者主要为确定史料文本的性质和价值,是史料运用的基础,可在史料的选择环节中优先完成;后者即史料的解读,侧重于解读史料所包含的事实信息,确定史料在具体解释框架中的关联程度和真实含义。

史料意义的阐释,主要在于解析史料中所蕴含的,历史事件与要素的发展趋势、演变规律、形成轨迹,以史实作为主干,意义则是对史实的引申。

解读历史,可以采用追溯起源、探讨因果、分析趋向、说明影响、判定地位等形式进行。通常情况下,一般的思维方法,即分析—综合—演绎—归纳这一过程,即可应对大部分的解读工作。叙事法、比较法、分析法和计量法,都能被应用于史料意义的阐释。一些特殊方法,如思想史方法、经济史方法、统计学方法、政治学方法、历史地理学方法、地方史方法、集体传记方法、文本分析法和制度分析法等,在必要时也能加以运用。

---

① 张元:《一课时讲完隋唐史的实验》,《历史教学》(中学版)2008年第19期。
② 姚锦祥:《历史课堂教学中的材料选择与问题设计》,《历史教学》(中学版)2008年第19期。

对于历史课堂教学，较为常用的方法，主要是叙事法、比较法和分析法三类。

叙事法主要围绕教学主题进行，必须根据一条明确的中心线索来展开情节。例如，在讲解"百家争鸣"的课题时，儒家的"克己复礼"、道家的"小国寡民"、法家的"严刑峻法"，举例都应当围绕社会大变革这一核心要点来进行，即从各派不同的救世主张，到这些主张之下以解决社会为宗旨的共同目标，推导出社会大变革对春秋战国时代中国社会的各方面影响，紧扣核心构成"百家争鸣"的叙事。

比较法是认识事物的基本方法，在课堂教学中同样常用。在采用这一方法时，应注意比较对象的选取、可比性的判定、所用资料的代表性和研究者的能力水平。在进行比较时，可使用横向比较、纵向比较、宏观比较和微观比较等手段。例如，可将洋务运动与明治维新进行横向比较，也可将洋务运动同清末新政进行纵向比较；可以对工业革命和第二次工业革命的影响进行宏观领域的比较，也可围绕蒸汽机与电机这两项核心发明进行微观的比较。

分析法主要涉及"鉴别"和"论证"两方面。前者包括鉴别真伪（辨别时空、作者、版本和用途）、考订史实（判断史料记载之事的真伪和准确性）和校勘文字（对段落文字中难以确定的部分进行考据）；后者是在前者的基础上，通过史实得出结论，对状况、原因、趋势等进行总结，从而形成对历史规律的正确认识。对于中学课堂教学来说，"鉴别"难度较大，要求较高，但该工作是史料实证素养的重要实现途径之一，仍有必要通过具体的操作演练，帮助学生加以了解。"鉴别"中可采用的思路，大致有：考察记事是否符合自然规律、考察记事是否合乎社会实际情况、考察记事是否自相矛盾、考察记事是否和其他文献相符。这些方法相对简单，便于操作，可以鼓励学生多加使用。而在进行分析"论证"时，应当着重提醒，避免出现违背史学范式的情况，如"逆推"，即无限度地追溯当前事物的历史渊源；"孤证"，即用单独的例子作为证据；"抽样"，即选择与自身论点相符的证据而故意舍弃不利于己的材料；"过度解读"，即超越了合理的引申尺度等等。此外，脱离历史的语境，以今人的价值观或"后见之明"来评论前人的作为，也是分析论证过程中不可取的错误。

历史学科以史实作为出发点，既不可以通过虚构"发明历史"，也不能采取"理论先行"的模式进行反向推导。任何对史料的解析都必须以史料本身作为依托，讲求实证。理解史料的含义，必须将它置于相应的历史环境中分析和评价，进而得出正确的结论。对具体的问题要进行具体的分析，不能简单化、绝对化、主观化,要能够帮助学生思考,引导学生发现问题和探究问题,从而解决问题。

其四,史料的运用。

学习历史是为了能够对当下有所借鉴,同样地,搜集、选择和解析史料,也是为了能够通过运用史料实现思想的升华,培养实证的精神,并以这种科学的态度来面对历史和现实问题。

关于史料的运用,课堂设问是一种较为简单的方式。在实际操作中,课堂组织者和学生可以对准备好的文献提出一些"质问"。例如:这是原始史料还是二手史料?是谁创造了原始文献?作者的来源证据是什么?文献是什么时候创制的?创制日期的证据是什么?文献最初是在哪里创制的?文献最初设想的受众是哪些人?文献最初设想的目的是什么?在当时是什么样的事件给文献提供了背景?①除文献外,对于其他类型的史料,也可通过相同的设问,激发学习者的思考,对其自主探究进行有效的引导。

又如,英国教师在实际教学中所采用的主要方式大致有如下7种。

(1) 展现叙述与证据之间的关系。常见的提问形式是:"在这段资料中可以得到什么样的证据来说明……"

(2) 鼓励学生分析史料内容,从中引出推论,说明自己的观点以及找出支持此观点的证据,而不是让他们仅仅重复或摘要史料的内容。

(3) 时常要求学生针对不同材料的证据,就内容和可信度做比较。

(4) 明确针对相互冲突的证据进行讨论。

(5) 对同一事件之不同的历史论述加以比较。

(6) 挑选一个主题,给予学生多段来源不同的材料,让他们自己进行对照整理,并且解释其中的差异,进而形成他们自己的推演,找出自己的结论。

(7) 让学生尝试用自己的眼光去找出史料的问题,并用他们的方式进行处理。②

以上这些运用史料的方法,在我们的历史课堂教学中同样可加以借鉴。当然,在着手进行这项工作之前,课堂组织者本身应完成对史料的搜集、选择和解析,为课堂提供合适的史料,并形成恰当的结论,以便在真正将史料运用于教学

---

① 陈冠华:《英国中学历史教育改革》,(中国台湾)龙腾文化事业股份有限公司2001年版,第45页。
② 同上书,第154页。

时,能够有的放矢,及时、规范、正确地把握课堂、引导学生。

史料的运用也要结合特定的课堂条件,结合具体的课堂要素进行展开。这就要求我们,一方面必须根据教材内容来筛选和运用史料,另一方面,也要根据课堂教学逻辑和学生的认知规律,适时地加入和补充史料。教材是课堂教学的指针。在历史课中,应先对教材中的史料加以充分运用,在教材史料不足或现有史料不能充分解决问题的前提下,再根据具体需求补充相关史料。学生是课堂教学的主体。在进行教学设计时,有必要根据学生理解教学内容的认知难度,结合具体的教学逻辑进程,科学地补充史料。

(三) 注意要素

"史料教学是一种行之有效的中学历史课探究性学习教学模式,它代表着历史教学的发展趋势。"① 史料不应单纯只是成为课堂上的点缀,培养史料实证的素养更不能只停留在表面。基于史料实证素养进行的教学设计,不仅是要为教学的讲述内容提供补充,或是帮助学生为适应考试题型而进行训练,而是为了借助对史料的搜集、解析、运用等各种活动,促进学生对历史的理解,培养学生认识历史的能力和方法,发展学生的历史思维习惯,密切与社会实践之间的关联,进而为他们的人生提供积极的引导作用。

因此,在基于史料实证素养的课堂设计中,应当格外注重其有效性与导向性。

史料实证工作要求学生在课堂组织者的指导下,获取史料、鉴别史料、分析史料和运用史料,并以此作为证据重构历史,寻找历史的发展规律。某种意义上,也就要求学生像真正的历史研究者那样去认识历史和考察历史。

但学生终究不是学者,是历史的学习者,而非撰写者。过度地在课堂中追求"还原历史",追逐原始文献和"真实的历史",导致学生陷入史料之中,造成角色错位,而使"学"在吸收和掌握知识方面的本来要求得不到很好的贯彻。为了避免这样的错误,需要课堂组织者在进行史料实证教学的同时,讲究工作方法的有效性。

在课堂教学中,应采用正确的手段,对学生处理史料的过程进行认真的指导,

---

① 李稚勇:《论英国中学历史课的史料教学》,《教育科学研究》2020年第1期。

并将所用史料与历史本身联系起来,起到澄清问题、发展想象力、培养历史技能,以及传达真情实感的作用。为了实现这样的目的,不让史料本身制约学生的学习,在完成史料的准备工作后,可对史料进行一定的合理化处置。例如,在课堂教学中实际使用的文献史料,通常有四种状态:(1)在最低水平上,用简化了的语言、句子、语法、词汇对史料进行编辑和改写,删除所有无关的内容;(2)对不必要的材料进行一定的删减,并用一些现代语言对文献进行翻译和转述;(3)仅对文献进行抄录,使之脱离原始状态;(4)原始状态下的文献。其中的第四类,也就是大量应用纯粹的原始史料,在中学历史课堂的教学环境中很少出现,这既是由课程时间决定的,也为中学生有限的语言文字和阅读水平所制约。因此,课堂组织者需要提供篇幅适中、结构合适的材料,指定扩展阅读的具体的范围,并事先指出关键词和重要段落。"在历史教学中使用史料作为证据时,要分类,要考虑史料的错误和矛盾之处,要选用适合教学主题的史料,要引导学生概述史料、转述史料,对史料进行质疑等。"①

　　教学的有效性同样要贯彻到课堂教学的程序中。一般来说,课堂组织者有必要对以下五个方面的细节多加注意。一是要在课堂组织者的引导下,让学生尝试独立搜集史料,帮助学生理解历史当事人、不同派别的立场和观点,从而全面了解历史;二是要鼓励学生进行史料的辨伪、考证,弄清真伪与优劣;三是避免用贴标签的办法,用现成的材料去套材料,用材料去证明结论,而是要把史料当作学生得出结论的重要证据和启迪学生历史思维的工具;四是要让学生在实践中学会对史料的思考、分析、理解和解释;五是要让学生掌握探究操作的办法,设疑—搜集史料—甄别、选择史料—整理、分析史料—理解、解读史料—讨论、推理—得出结论、形成历史认识—深化。②

　　在基于史料实证素养的教学设计中,问题的设计也需要为教学的有效性服务。课堂组织者可以预先设计一些与主题关联性强、针对性强的问题,让学生在阅读材料的同时进行作答,"也就是边读边想,这是很好的思考练习。如果选用的资料较难,或学生的程度稍弱,教师亦可标明关键词句作为引导……不断提出需要思考的问题,让他们不听地想答案,当然是要点所在"。③

---

① [英]蒂姆·洛马斯:《论史料教学》,叶小兵译,《历史教学》1998年第2期。
② 陈志刚:《史料的特点与史料教学》,《中学历史教学》2009年第10期。
③ 张元:《一课时讲完隋唐史的实验》,《历史教学》(中学版)2008年第19期。

课堂导向性是史料实证工作中另一个必须重视的问题。

除了帮助学生获取充分的历史知识、掌握史学能力,促进其形成正确的情感态度和价值观,导向性始终是历史教学不可回避的重要目标。在新时代的社会发展趋势下,这已不再单纯属于政治思想教育的范畴,而是基于怎样"成为一个合格的人"所提出的要求。健康的情感与积极的价值观,是个体的需要,也是社会的需要。

保证史料实证教学的导向性,要求课堂组织者在精神思想方面,始终对学生进行正面引导,不使课堂教学偏离正确的轨道。

要坚持历史唯物主义的指导,科学阐释人类历史的发展,正确分析历史人物、历史事件和历史现象。课堂教学中所选用的史料要符合这样的要求,"戏说""架空""演义",以及各种宣扬怪力乱神和历史虚无主义的内容,都不应出现在我们的历史课堂当中。

要坚持科学端正的历史态度,采用经过检验的史料和研究方法,广泛吸收史学领域各家之长,不偏不倚。既不过分迷信"权威",打击不同观点,导致学习者缺乏最基本的质疑精神;也不陷入极端的主观状态,毫无理性地追求"疑古",造成历史虚无主义在课堂中的横行。

要坚持实事求是的评价体系,对所有的历史人物与历史事件,做出客观公正的评价,只凭史实说话,不以个人好恶、主观推定、猜测假设来曲解历史。就这一点而言,在史料的选择和解析阶段,帮助学生确立正确的治史观念尤为重要。

要让史料实证工作尽可能地做到不遗余力、没有疏漏,就需要作为课堂组织者的教师不断思考更为符合高中学生具体特征和人才需求的策略,同时注重自身的知识储备和更新。勤于阅读、常做笔记、善于总结,是为这一工作做好准备的重要途径;还应养成学习和吸收前人或同事经验的习惯,多积累、多借鉴、多思考、多实践,才能将史料实证素养真正地在课堂教学中有效地贯彻下去。

(四) 案例与分析

以部编《中外历史纲要(下)》中的第4课"中古时期的亚洲"一课为例(注:案例与分析根据参编教师的理解,分成两种形式:一是教学片段,二是整课设计。整课设计时的分析在教学意图中显示,故不单独列出,下同)。

【单元主旨】

本单元要求学生通过了解中古时期欧亚地区不同国家、民族、宗教和社会变化,以及世界其他地区的社会状况,认识这一时期世界各区域文明的多元面貌。这些地区文明呈现出各个地区基本独立发展、多元并存的状态,形成了相对平衡的多元文明格局,都对人类历史发展作出了自己的贡献。同时,在相对独立发展的过程中,它们也建立起了相对密切的联系。

【本课内容主旨】

构建本课的知识框架,说明中古时期亚洲文明的两个方面,一是西亚的两大帝国在东西方历史发展中的地位及影响,二是南亚文明与东亚文明体现出本土与外来文明交汇融合的特点。

【教学目标】

掌握阿拉伯帝国与奥斯曼帝国通过扩张先后发展为大帝国的历史,认识它们在东西方文化交流中所起的作用及影响,培养学生的时空观念以及史料实证的能力。通过了解南亚历史,认识该地区文明的多元面貌,培养学生的历史解释能力,扩大其视野。知道东亚的日本与朝鲜对中国中央集权制度的学习和模仿,知道这些国家在经济和思想文化领域深受中国影响的史实,认识中华文化对东亚乃至东南亚地区的巨大影响力。帮助学生认识中国、波斯、印度、阿拉伯(伊斯兰国家)等地的经济文化发展在中古时期领先世界的地位,培养学生的核心素养。

【重点难点】

重点:阿拉伯帝国与奥斯曼帝国的兴起及其对东西方交流以及东西方历史发展的影响;日本和朝鲜深受中华文明的影响。

难点:认识到亚洲各地区自然环境、历史文化背景以及社会经济发展的不尽相同,构成了中古时期亚洲区域文明的多元面貌。

【教学过程】

导入:展示两张有些不一样的"世界地图"(洪武年间中国官方绘制的"大明混一图"与同一时期民间出现的"山海经地图"),导入新课。

设计意图:引导学生观看这两张中国古代的"世界地图",分析两张地图中存在的异同,使学生理解:即使在信奉"天朝上国"观念的古代中国,人们也明白,我们并不是孤立的;即使在官方地图中,长城以外的地区被绘制得异常狭小,忽略不计。但在民间地区中，周边及世界的各个角落还存在着大量"外国"，可清晰地找到"朝鲜""日本""琉球""安南""西域诸国"，以及南亚及阿拉伯半岛的区域轮廓。中国只是世界各国中的重要一员，并非"世界的全部"。

环节一：分组活动

学生们按照此前预习时划分的不同小组，依次扮演本课中的5处古代亚洲文明，向"中国人民"介绍其政治、经济、文化发展，以及对外交往情况。按照学生整理结果的不同，课堂组织者在"自我介绍"完成后再进行适当的补充和完善。

设计意图：通过课前预习与课堂活动，引导学生在史料辅助下进行自主探究，了解并掌握中古时期亚洲各主要文明发展、交流的相关史实。

环节二：集中研究

借助从上述历史细节中获得的线索，帮助学生在文明间构筑联系。通过解析史料和分组讨论，寻找文明的共同点；通过解析史料，寻找中古时代亚洲各文明与中国的交往途径。以前一环节的小组为单位进行讨论，各小组分别根据材料中自身所代表文明的地理位置和相关文献记载，得出结论。课堂组织者提供材料，组织讨论，进行适当引导。

设计意图：通过讨论，帮助学生理解文明多元化的特点。中古时期的亚洲文明多彩多样，它们形成于不同的区域，都在政治制度、经济发展和文化传承方面创造了丰富的历史，多元化是这一时期亚洲文明的重要特征；通过对上述文明各方面的归纳和介绍，使学生发现，与古代中国的频繁交往，是中古时期亚洲各区域文明的共同特征。

环节三：引申与升华

历史研究的现实意义，展示"一带一路"地图，播放习近平总书记2019年5月15日在亚洲文明对话大会开幕式上的讲话视频，突出其中重点。通过研究中古时期亚洲大陆各文明，以及它们与中国之间的交往历史，探讨给当代带来的启迪。

设计意图：通过探究，使学生理解"交流互鉴是文明发展的本质要求。只有同其他文明交流互鉴、取长补短，才能保持旺盛生命活力。文明交流互鉴应该是对等的、平等的，应该是多元的、多向的，而不应该是强制的、强迫的，不应该是单一的、单向的。我们应该以海纳百川的宽广胸怀打破文化交往的壁垒，以兼收并蓄的态度汲取其他文明的养分，促进亚洲文明在交流互鉴中共同前进"这一目标;明确这一目标早在千年之前的中古时代,就通过丝绸之路这一伟大的桥梁而获得了实践,因而也能在今天重获新生。

【教学策略】

首先,明确教学目标,通过多种教学手段,引导学生从不同角度分析中古时期西亚、南亚、东亚等文明区域不同的发展道路,培养学生的历史思维能力和跨文化理解能力。激发学生对祖国历史文化的自豪感,培养爱国主义情感,同时提升学生对多元文化的包容性和全球视野。其次,采用多样化的教学方法。利用图片、地图等直观材料,展示中古时期亚洲的历史地理背景,激发学生的学习兴趣;组织学生分组讨论中古时期亚洲各国政治制度、经济发展和文化成就的异同,引导学生认识到不同文明之间的交流与碰撞。借助角色扮演法,让学生扮演中古时期亚洲的历史人物,进行角色扮演活动,增强学生对历史事件的理解和记忆。最后,注重史料的运用与解读,精选史料,从教材、教辅资料以及网络资源中精选与中古时期亚洲相关的史料,如历史文献、历史图片、历史地图等。教会学生如何解读史料,提取有效信息,形成对历史事件的历史解释。引导学生运用史料进行实证,验证历史事件的真相,培养学生的史料实证能力。

【板书结构】

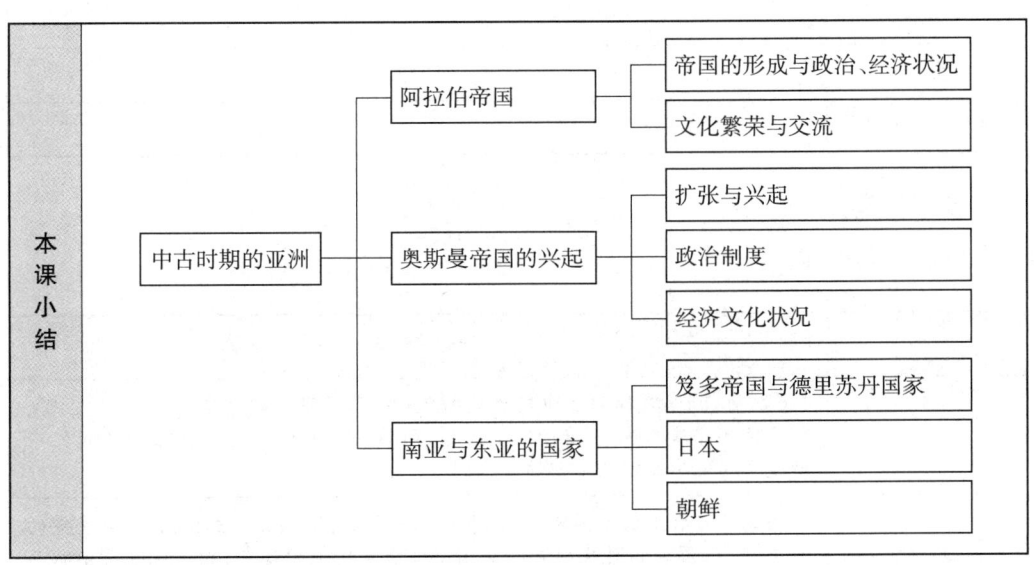

【作业设计】

课后探究一:历史地图绘制

任务: 要求学生绘制一幅中古时期亚洲主要文明分布的历史地图,标注出各文明的主要国家和重要历史事件。

目的：帮助学生形成空间观念，理解各文明间的地理分布和相互影响。

课后探究二：小组讨论与报告

任务：将学生分成若干小组，每个小组选择一个中古时期亚洲的历史事件或文明进行深入研究，然后撰写一份研究报告并在课堂上进行展示。

研究主题：如阿拉伯帝国的崛起与影响、印度德里苏丹国的政治与经济、日本平安时代的文化成就等。

目的：培养学生的团队合作能力和历史研究能力，加深对特定历史事件或文明的理解。

【资料附录】

分组介绍活动用表：

	概况
历史	
政治	
经济	
文化	
对外交往情况	

参考答案：

1. 阿拉伯帝国

	概况
历史	7世纪初，穆罕默德创立伊斯兰教；622年，穆罕默德建立政权，至其去世时，阿拉伯半岛基本统一；7世纪中期起，阿拉伯人大规模向外扩张，到8世纪中期建立起地跨亚非欧三洲的大帝国
政治	最高统治者哈里发掌握政治、军事和宗教大权，下设官僚机构辅助，最重要的是宰相、枢密院和财政部等。宰相协助哈里发统管政务，枢密院掌管令状与文告，财政部负责收支
经济	手工业和商业得到很大发展，阿拉伯商人在东到中国、西到西欧、南至非洲的广大地区从事着陆上和海洋贸易。境内城市繁多，都城巴格达是当时世界上最大的城市之一

续 表

	概 况
文化	阿拉伯人吸收了被征服地区的文化。他们广泛翻译古代波斯、印度、希腊和罗马的古典著作，融合东西方文化，在文学、艺术、科学和思想等领域取得重要成就
对外交往情况	阿拉伯商人和旅行家成为东西方文化交流的桥梁，中国的造纸术、印度的数字先后经阿拉伯人传入欧洲，促进了西欧文化的发展。"巴格达城的码头，有好几英里长，那里停泊着几百艘各式各样的船只，有战舰和游艇，有中国大船……市场上有从中国运来的瓷器、丝绸和麝香……"（见课文内材料）

2. 奥斯曼土耳其

	概 况
历史	因蒙古西征而西迁到小亚细亚，13世纪开始发展，征服了小亚细亚，14世纪中期，征服了巴尔干和东南欧部分地区。1453年，灭拜占庭帝国，定都伊斯坦布尔，16世纪后期，奥斯曼帝国建立起地跨亚欧非三洲的大帝国
政治	奥斯曼帝国是一个政教合一的军事封建帝国，最高统治者苏丹，集宗教、政治、军事权力于一身，还是国家土地的最高所有者；宗教上层和封建主是统治阶级，工商业者和农民承担各种苛捐杂税
经济	15—16世纪，帝国经济繁荣，都城伊斯坦布尔成为东西方经济文化交流中心
文化	信仰伊斯兰教
对外交往情况	帝国控制了连接亚欧的商路（从中国出发的陆上丝绸之路），对过往的商品征收重税，东西方传统贸易受到的影响，从而引发了西方早期的新航路开辟

3. 古印度

	概 况
历史	先后存在过笈多帝国和德里苏丹国等政权。4世纪初期，北印度地区陷入分裂，战乱频繁。恒河中游的笈多帝国经过多年征战，征服和统治了北印度地区，但其他地区仍处于分裂状态。7世纪后，北印度地区陷入分裂状态，11世纪突厥人入侵印度；13世纪，突厥人在印度建立德里苏丹国家
政治	德里苏丹国家实行政教合一，以伊斯兰教为国教；最高统治者称苏丹，掌握国家最高的行政、立法、司法和军事权力；地方划分行省，行省总督由苏丹任命，重要职务由穆斯林担任
经济	笈多帝国政局稳定，经济繁荣。（可以采用课外资料进行补充）参考书籍：《亚洲历史》（许海山主编，线装书局2006年版）

续 表

	概 况
文化	笈多帝国时期,由婆罗门教转化而来的印度教逐渐成为印度主要的宗教。德里苏丹国信仰伊斯兰教
对外交往情况	(可以采用课外资料进行补充)参考书籍：司马迁《史记》、玄奘《大唐西域记》

4. 日本

	概 况
历史	6—7世纪,日本出现严重社会危机;646年,孝德天皇颁布《改新之诏》进行改革,因年号为"大化",故史称大化改新
政治	模仿中国,建立中央集权的天皇制封建国家。10世纪,日本中央集权体制逐渐瓦解;12世纪末(1192年),武士集团首领源赖朝在镰仓建立幕府。天皇为首的朝廷只保有名义上的中央政府称号,实权由将军为首的幕府掌握;武士与将军结成主从关系,成为将军的家臣;将军赐予武士官职和俸禄,武士对将军宣誓效忠,并承担纳贡、兵役等义务。17世纪的德川幕府是日本最后一届幕府统治,为了维护统治,德川幕府曾效仿中国实行锁国体制,意图加强统治,抵御外来侵略
经济	秦汉之际,中国移民把冶铁和水稻种植技术带到日本,推动了日本社会的发展。(10世纪)随着新土地的开垦,贵族、寺院和神社广占土地,形成庄园,庄园制经济开始形成,并直接推动了武士集团的发展与强大
文化	神道教、佛教、儒家思想的传播。(可以采用课外资料进行补充)参考书籍：《亚洲历史》(许海山主编,线装书局2006年版)
对外交往情况	与中国一衣带水,在整个历史发展过程中深受大陆地区和中国的影响,政治、经济、文化,所涉及的领域无所不包

5. 古朝鲜

	概 况
历史	7世纪末,新罗初步统一了朝鲜半岛,模仿中国建立中央集权国家;10世纪初,新罗人王建建立高丽王朝。14世纪末,高丽大将李成桂自立为王,迁都汉城,改国号为朝鲜
政治	高丽王朝仿效中国唐朝制度,中央政府设三省六部,地方划分为十道,引入科举考试选拔官员
经济	高丽王朝仿效中国,推行土地国有制度
文化	中国的儒家经典和辞章之学广为传播
对外交往情况	16世纪末,中朝军民联合抗击日本侵略,维护了朝鲜的独立和统一

参考地图:

中国古代地图

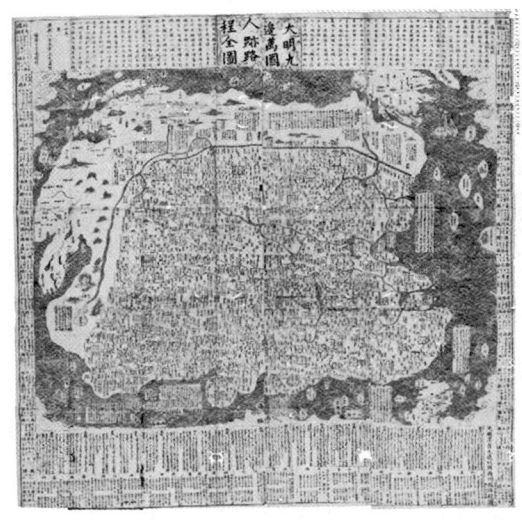
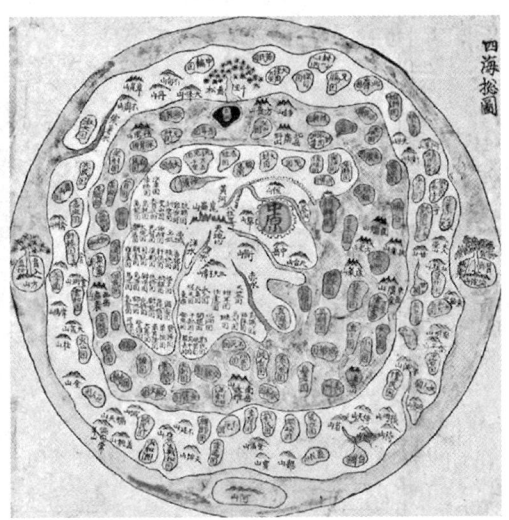

左:中国官方绘制的"大明混一图"。明洪武二十二年(1389)绘制。原件现存中国第一历史档案馆。

右:同一时期民间出现的《四海华夷总图》。明世宗嘉靖十一年(1532年)绘制,现藏于美国哈佛大学图书馆。

以下地图均引自《中外历史纲要下·地图册》(中国地图出版社)

1. 阿拉伯

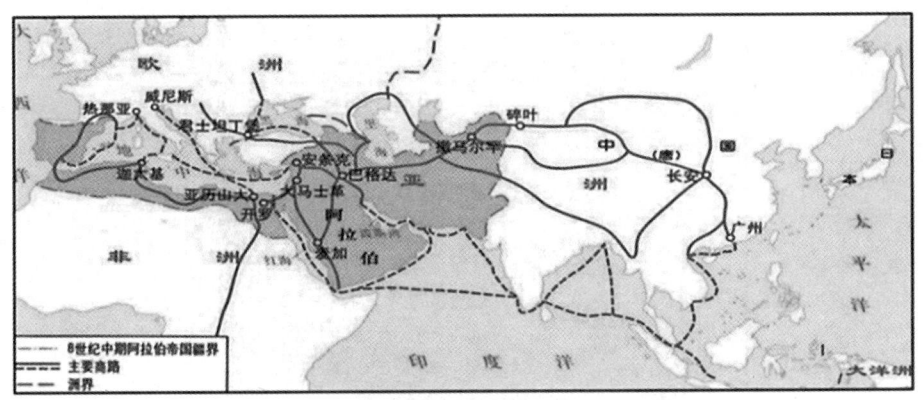

阿拉伯人商业活动示意图

2. 奥斯曼土耳其

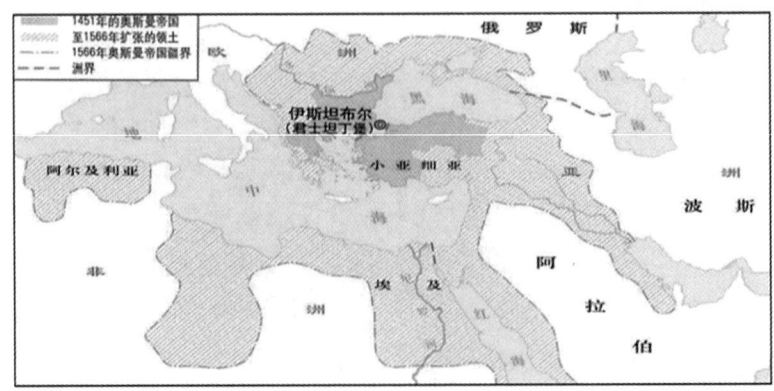

15—16世纪的奥斯曼帝国

3. 古印度

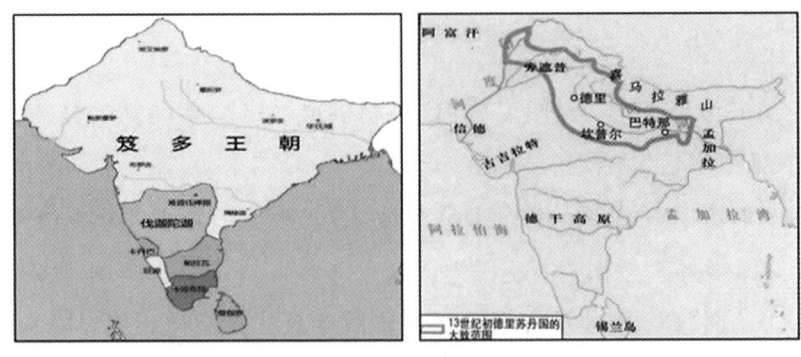

笈多帝国　　　　　　　　德里苏丹国家

4. 日本

5. 古朝鲜

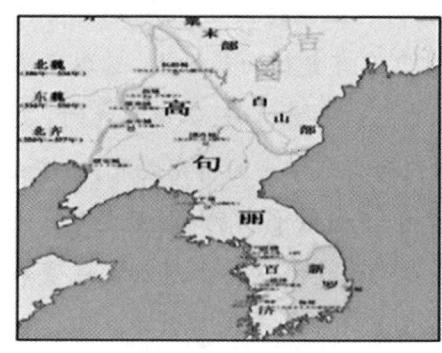
高句丽、百济、新罗

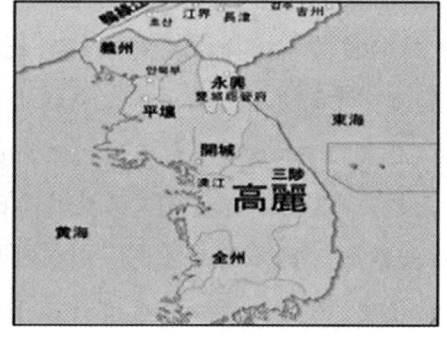
高丽王朝

6."一带一路"地图

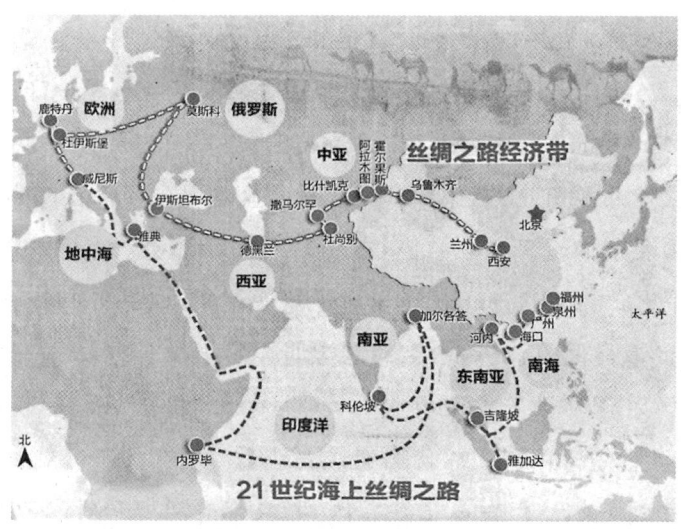

青岛新闻网绘制　网络信源：https://news.qingdaonews.com/qingdao/2018-01/10/content_20076895.htm

分析

在历史研究和课堂教学中，史料是课程构建的基础，研习史料是历史学习中最基本的训练，也是历史探究的起点。从这一角度来看，对史料实证素养的重视，是进行历史课堂改革的最合适切入点。历史教学不应仅通过"告诉"的方式向学生灌输书本上的结论，强迫学生接受某种观念的做法对于历史思维的培养很难起到积极的促进作用；相反，通过对史料进行解析，引导学生自行推理出正确的结论，并由结论引申出进一步的深层次意义，则能在激发历史思维和价值观建设两方面同时产生推动力。

在上述教学设计中,课堂组织者通过课前有组织的预习活动,帮助学生完成了对史料的搜集和选择。在充分利用教材中已有史料的基础上,选取了有针对性,也最为可靠的史料。其中不仅包括古人留下的原始史料,如司马迁的《史记》、法显的《佛国记》和玄奘《大唐西域记》,也包含当代学者的研究成果,如许海山的《亚洲历史》和英国学者彼得·弗兰科潘(Peter Frankopan)的《丝绸之路——一部全新的世界史》;既有文献史料,又有图片史料。请把这些史料加入课堂教学中来,在缩小史料范围的同时,也有效地保证了教学节奏和课程效率。课堂组织者通过分组活动,引导学生完成了对史料的解析,协助学生从史料记载中自行推导出结论,即"中古时期的亚洲文明是多元的",以及"与古代中国的频繁交往,是中古时期亚洲各区域文明的共同特征"。课堂组织者还通过将历史结论与"一带一路"构想的现实信息相互联系,帮助学生在运用史料的过程中实现了思想的引申和价值观的建立,从而完成了这一次基于史料实证素养的教学设计。

而在教学策略方面,本课分支较多,涉及国家广泛,史料内容覆盖政治、经济、文化、地理因素等众多角度,因此,不仅需要学生在时空观念上形成清晰的认识,避免混淆,还需要他们运用相应的概括、提炼和归纳能力,对史料进行搜集、取舍和分析,并推导出正确的结论。教师在通过建立框架,以进行有效引导的同时,还可以采用一定的教学策略,提高学生的思考与学习效率。包括——

探究策略。在课前预习中运用这一策略,建立"提出问题—形成假说—制定方案—实施方案—分析论证—评价—交流与合作"的有效研究流程,帮助学生实现自主学习,完成同史料有关的准备工作,并且带着问题和对问题的思考来到课堂,提升学习的质量,并且节省课堂时间。

启发式学习策略。将这一策略作为课堂上的主要教学策略加以运用,让学生在学习过程中自始至终处于主动地位。通过促使学生主动提出问题、思考问题,使学生同样能够主动去发现、去探索,从中找出解决问题的方法;而教师只是从旁边加以点拨,起指导和促进作用。

归纳策略。将这一策略作为辅助技巧加以使用,有助于控制讨论的节奏,提升学习效率。在必要时,由教师展示结论及其发现过程,即进行"思考性讲解",以避免学生在讨论中"开无轨电车"。

以上只是在本课设计中出现的几种主要策略。在实际教学中,应根据教材和学情的不同，合理灵活地选择史料与设计教学策略，达到最佳的教学效果。而对教学时间的把握，也是决定我们采用何种教学策略的关键因素。总而言之，通过历史课堂培养学生的史料实证素养，课堂组织者需要做好最充分的准备，并以最为合理的设计加以实施。历史学习离不开史料，成功的史料实证工作离不开积累，其中既有知识的积累，也有思考的积累，两者相辅相成，使课堂教学更有效率，也更有深度。

四　基于"历史解释"素养的目标设计

（一）基本概念

在中国古代的历史研究中，没有"历史解释"这一说法，但是存在"历史解释"的客观事实。比如，在《国语·郑语》中，记载了周代史官史伯论周的兴衰，根据历史形势，论周将亡，就属于历史解释。西汉贾谊著《过秦论》，唐人马总所撰《通历》，明末清初王夫之所撰《读通鉴论》都属于历史解释。他们有的是对客观存在的各种历史事件直接进行解释，有的是结合相关史料针对有关历史撰述发表解释性的论述。因此，只要是历史，就会离不开解释。只是，中国古代的历史学者几乎不提及"历史解释"一词，也很少有人把自己的著述和观点看作一种解释，而更多地倾向于看作对"历史真相"或"历史规律"的揭示。

在西方学术界，历史解释这一说法可以追溯到19世纪末20世纪初的历史哲学讨论中。德国历史哲学家狄尔泰（Wilhelm Dilthey）和英国历史哲学家柯林伍德（Collingwood）就历史解释进行了广泛讨论，如历史现象背后的深层原因、史料所含意义、历史人物的行为动机、历史分期等。自19世纪末20世纪初以来，由于对以兰克为代表的旧的史学传统的批判和历史哲学自身的发展，对历史解释的强调达到了新的高度。[①]法国年鉴学派的历史学家们认为，虽然历史研究要从原始材料入手，要对其进行严格的检验，但历史研究的目的不是描述历史，而是理解历史、解释历史。对他们来说，"理解"总是需要对社会现象的相互关系进行解释，为了对这些

---

① 张岂之、陈祖武、于沛：《史学概论》，高等教育出版社2009年版，第274页。

社会现象中人类的行为加以理解,就必须对其因果关系进行解释。①

20世纪下半叶以来,世界许多国家在制定和修改历史课程标准时,都将历史解释素养培养纳入课程标准之中,并对其概念进行了界定,对其内涵进行了具体的解释说明。1995年,英国在修订历史课程标准时,明确要求学生掌握"历史阐释"能力;1996年,美国在修订历史课程标准时,不仅对"历史分析与历史解释"进行了规定,而且还将历史解释分为十个方面,主要涵盖时序观念、能够解释历史的变化与延续等。我国在党的十八大提出的"立德树人"根本任务之后,为了深入贯彻落实这一根本任务,在总结21世纪以来我国普通高中课程改革的宝贵经验以及借鉴国际课程改革的优秀成果的基础之上,于2017年版《普通高中历史课程标准》中明确提出了历史学科核心素养,历史解释作为历史核心素养之一被写入课标中。

那么究竟什么是历史解释呢?

"历史"一词在《说文解字》中的解释是:"历者,过也,史者,记事也。"历史是人类活动的连续记录。它在中文、外文中有三种含义:一是通常所指的过去真实发生过的事情即历史实在(historical reality);二是历史学,是一门学科;三是对这些事情的记载、考订、描述和解释,即史学观点、书籍。②而解释一词,在英语中有explain和interpret两种,两者都是使一件事变得清晰明了,且interpret更强调对事物意义的说明和阐释。

当代学者就历史解释提出各自不同的看法。杜维运指出,历史解释是疏通比较各种历史事实及其相互关系,以发现其中的意义。历史解释无一不从历史事实之间的关系上得出,历史解释与历史事实"相依为命",历史解释有时甚至可以说就是一种叙事。③冯一下认为,"历史解释是人们以史料为依据,以历史理解为基础,在一定的史观指导下进行的解析和阐释人类社会过往事物的历史思维活动"。④张克州、何成刚、康琪认为,"历史解释是基于史料与事实,遵循一定的原理、方法,通过逻辑推理,对历史现象、历史事件进行分析的研究行为;历史解释的

---

① 张岂之、陈祖武、于沛:《史学概论》,高等教育出版社2009年版,第274页。
② 陈野:《试论地方志书述而不作》,《中国地方志》2010年第12期。
③ 杜维运:《史学方法论》,北京大学出版社2006年版,第164—165页。
④ 冯一下:《试论历史解释的界定——"历史解释与历史教学"专题研究》,《中学历史教学参考》2017年第2期。

核心旨趣，在于建构意义，不在于接近历史真相"。①教育部最新修订的《普通高中历史课程标准》（2017年版2020年修订）指出："历史解释是指以史料为依据，对历史事物进行理性分析和客观评价的态度、能力与方法。所有历史叙述在本质上都是对历史的解释，即便是对基本事实的陈述也包含了陈述者的主观认识。人们通过多种不同的方式描述和解释过去，通过对史料的搜集、整理和辨析，辩证、客观地理解历史事物，不仅要将其描述出来，还要揭示其表象背后的深层因果关系。通过对历史的解释，不断接近历史真实。"②因此，笔者认为历史解释应该有三层含义。第一是历史概念的阐释，就是对一些历史事件或名词下定义。第二是对历史真相的揭露。历史事件之所以被后人所了解、知道，在于历史学家不断地对历史真相进行揭露。历史事实就在那里，已经发生，如果不做任何言语的描述，它只是一个存在；而历史解释的任务就是将这些孤立的事物联系起来，形成一个整体，在建构历史的过程中，史学家借助一定的理论，运用一定的思维和方法，确定事实、寻找因果、阐释意义。第三就是历史态度的表达。这是基于立场和个人主观判断的一种对历史事件或者人物的评价，这也是在历史学科教学中，面临最多也是较难的一个问题。历史评价不同于历史解释，但是却属于历史解释范畴。

此外，我们还应该认识到，历史解释还有以下四个特征。首先，历史解释是多元的，它会以不同的形式出现在历史叙述中，历史事件或者问题是见仁见智的。多种的解释，不仅是可能的，而且是必然的，所有的解释都是等值或同等有效的。③同一件历史事件可能存在不同的史料记载，甚至不同的记载之间存在互相矛盾的可能，我们无须把任何的一家之言奉为圭臬或权威。"历史是一系列尚待解答的问题，而非一系列确定的答案；只要观点有可信的证据，并经过严密的逻辑推理，就是同等适当的。"④因此，我们对历史解释要有包容性，在构建自己的历史解释中，根据史料理论，合理地进行历史解释。其次，历史解释具有主观性与客观性的统一，主观是指解释必然带有主观特性，主观自由，而客观性是指论述应尽量客观，切忌脱

---

① 张克州、何成刚、康琪：《历史解释：内涵、任务及方法——基于研究文献的阅读梳理》，《中学历史教学参考》2007年第11期。
② 中华人民共和国教育部制定：《普通高中历史课程标准》（2017年版2020年修订），人民教育出版社2020年版，第5页。
③ 韩震、董立河：《历史学研究的语言学转向：西方后现代历史哲学研究》，北京师范大学出版社2007年版，第73页。
④ 於以传：《对中学历史学科育人价值及实践的再认识》，《课程·教材·教法》2012年第11期。

离历史事实。不管是叙述历史事件的原因还是阐述其意义，都要摆事实，而不是滔滔不绝的道理，这就是我们常说的史论结合，论从史出。对历史事件或者人物的论述尽量要客观，这是一个历史解释者最基本的底线。再次，历史解释是与时俱进的，不断变化的。"历史由证据而来，也由证据而修改，所以历史是一个开放、可供讨论、不断更新延展的领域。"随着史料的不断更新，新的视角不断出现，自然就会有新的解释和说法。比如，关于秦末大泽乡农民起义爆发的原因，从《史记·陈涉世家》中："……发闾左適戍渔阳，九百人屯大泽乡。陈胜、吴广皆次当行，为屯长。会天大雨，道不通，度已失期。失期，法皆斩。陈胜、吴广乃谋曰：'今亡亦死，举大计亦死，等死，死国可乎？'陈胜曰：'天下苦秦久矣……今……为天下唱，宜多应者'"，到1975年湖北省云梦睡虎地秦墓11号墓主随葬的秦简中《徭律》："御中发征，乏弗行，赀二甲，失期三日到五日，谇；六日到旬，赀一盾；过旬，赀一甲。其得殹（也），及诣。水雨，除兴（译：朝廷征发徭役，如耽搁不加征发，应罚二甲。迟到三天到五天，斥责；六天到十天，罚一盾；超过十天，罚一甲。所征发人数已足，应尽速送抵服役处所。遇降雨不能动工，可免除本次征发）"，再到同样是湖北省云梦睡虎地秦墓4号墓主的随葬的两兄弟的两份家书（木牍）中《戍律》载"一家父子兄弟不能同时征发兵役"，可以看到史料不断地推陈出新，历史解释也在不断地改变。最后，历史解释是受到视域影响的。历史解释从来都是不是随意或者任意的，它不能脱离特定的时空背景，且受到视域的影响和制约。历史解释受到研究者所处的历史条件、立场观点和方法差异的影响。历史研究者从各种事实中选取某些事实，或者从真假混淆的材料中辨明是非真假，这都离不开研究者个人的主观判断和个人辨析能力。个人主观的判断又受制于他本身的时代背景和个人经历。对于同一历史事物或者人物，在解释的时候，研究者从众多角度中选取出自己认为最合理的解释，选取某些对自己有感触的点或者面，来表达他的观点。研究者对历史的主观认识和历史客体之间总是存在一定的差距，即使是同一史观的研究者，在不同的时代、不同的条件之下，也可能得出不同的历史解释，甚至是截然相反的观点。

　　高中阶段通过历史课程，培养学生历史解释的核心素养，使学生能够将对历史事件的记忆提升到认识的高度，更好地感悟、体验、明了历史上发生的各种情况，理解历史上的变化与延续、继承与发展、动机与效果、内因与外因、偶然与必然、局部与全局等方面的联系；能够实事求是地分析、概括史事的特征、性质、意义及影响；能够区分历史叙述中的史实与阐释，理解历史学家和他人是如何通过不同的手段及方式形成对历史的解释,并评价各种历史解释的意义和价值;在论述历史时,能够把握历史发展的各种联系,从历史发展的多样性和纵向联系的角度对历史进行解释;能够运用科学的史观,对史事进行实事求是的阐述和判断,客观论述历史的问题,全面、清晰地表达自己对历史的看法。①

(二) 层次要求

根据2017年课程标准,唯物史观核心素养的课程目标如下。

(1)区分历史叙述中的史实与解释,知道对同一历史事物会有不同解释,并能对各种历史解释加以辨析和价值判断。

(2)能够客观论述历史事件、历史人物和历史现象,有理有据地表达自己的看法。

(3)能够认识历史解释的重要性,学会从历史表象中发现问题,对历史事物之间的因果关系作出解释。

(4)能够客观评判现实社会生活中的问题。

想要将历史解释核心素养的目标要求在教学实践中落实,首先要根据课程标准的目标进行详细的水平层次划分,具体层次要求如下。

第一层次:即水平1,能够辨别教科书和教学中的历史解释;能够发现这些历史解释与以往所知历史解释的异同;能够对所学内容中的历史结论加以分析。

第二层次,即水平2,能够选择、组织和运用相关材料并使用相关历史术语,对个别或系列史实提出自己的解释;能够在历史叙述中将史实描述与历史解释结合起来;能够尝试从历史的角度解释现实问题。

第三层次,即水平3,能够分辨不同的历史解释;尝试从来源、性质和目的等多方面,说明导致这些不同解释的原因并加以评析。

第四层次,即水平4,在独立探究历史问题时,能够在尽可能占有史料的基础上,尝试验证以往的说法或提出新的解释。②

根据以上2017年新课程标准的课程目标和唯物史观学科核心素养水平层次

---

① 徐蓝、朱汉国:《普通高中历史课程标准(2017版)解读》,高等教育出版社2018年版,第61页。
② 中华人民共和国教育部制定:《普通高中历史课程标准》(2017年版2020年修订),人民教育出版社2020年版,第71页。

的划分,朱汉国认为:"新版课程标准关于历史解释的要求,归结起来,实际上是两点:一是认识历史与历史解释;二是学会历史解释。①学会历史解释,是历史学习的一个较高要求,是检验学生是否具有历史学科核心素养的综合表现。历史学科诸素养中关于运用的要求,都可视为历史解释。"②对此,我们认为新版课程标准关于历史解释的要求可以分为以下三个层次。

首先是认识、了解历史事实和历史解释。历史事实是指对历史人物或历史事件的客观叙述,即解决的是"是什么"的问题,而历史解释则是对历史人物或事件做出准确辨析的功能性问题,即"有什么用"的问题。高中生习惯于将课堂教学内容直接等同于真实的历史,甚至认为历史事实就是历史解释。因此,教师要引导学生在历史学习中认识到尽管历史解释者本身已经尽量避免按照自己的需要来选择历史,但不可避免地会受到时代、材料是否充足、解释者的理念和方法等因素的影响,造成历史解释发生偏差。因此,只有厘清历史解释和历史事实概念,学生才能区分历史事实和历史解释,并为开展历史理解和评析奠定基础,真正做到论从史出,史论结合。此外,能识别不同的历史解释也很重要。对于同一个历史事件或现象,不同的人从不同的角度得出不同的历史解释,教师可以引导学生对不同的历史解释加以理解和辨析。有的历史解释因为选取了不同的侧面、视角造成解释结果差异,甚至是对立。在具体的教学过程中,教师要注意引导学生借助不同的史观,从多个视角看待同一历史事件,以更加接近历史事件的真实面目,通过分析不同史学家对其的论述,找出各方解释之间存在的具体差异,从不同历史解释的来源、所采用的依据、所遵循的理念以及做出这种解释的目的等多个方面,更好地解释彼此间矛盾冲突的具体原因。③

其次是理解、应用水平。理解水平,即学生在史观指导下能够客观论述历史人物和事件,进行详细的归纳和总结,并能有理有据地表达自己的看法。这就对学生历史知识掌握程度提出了较高要求,不仅要求学生掌握充足、合适的史料;而且也要抛弃定势思维的影响,能根据所掌握的材料做到论从史出、史论结合。史料的掌握、解读、理解是构建历史解释的基石,在高中历史教学中要充分重视实物、口碑、声像、文献等各种史料,并在利用史料追溯、解读、理解和解释的过程中通过不同史料的相互佐证和印证去伪存真、大胆设想、合理批判、不断接近真实历史,在此过程中

---

① 朱汉国:《历史学科核心素养释义》,《历史教学》(上半月刊)2018年第5期。
② 同上。
③ 周云华、黄飞:《例谈学生历史解释能力的培养》,《历史教学》2017年第3期。

有效训练学生,提升历史解释素养。应用水平,即要求学生能从历史表象中发现历史问题,并根据所掌握的历史知识对不同的历史解释加以评析,学生能够初步从纷繁复杂的历史表象中发现若干历史问题,在对这些历史现象和历史事物之间的因果关系、影响作用等进行分析的基础上,对其因果关系作出合理解释,而这里的历史表象主要是指高中历史学习内容或教学内容中涉及的历史叙述中所承载的历史事件。因此,这就要求学生利用所学的历史知识、教师提供的史料以及史实对某一具体的历史事件发展的前因后果、变化过程及其发展趋势做出详细说明,主要包括背景、影响和规律的探寻与解释,最重要的是历史事件前因后果的分析,再根据内在逻辑关系去解释其发生和发展等信息,在此过程中培养学生良好的历史解释素养。

最后是内化水平,即学生能够在坚持论从史出,史论结合的基础上,客观、全面、准确、清晰地对历史人物或历史事件进行论述。这是历史解释素养培养中最高层次,这就要求教师在历史教学中要让学生尽可能多地接触史料和历史叙述,并运用一种或几种史观,结合所给材料,对历史事件、历史人物、历史现象作出论述,从不同视角、用不同方法,认识丰富多样的历史现象,对历史事件形成实事求是的、全面的、客观认识。通过多种方式为学生创设历史情境,以帮助他们更好地理解为什么针对同一历史事件在不同的时代、不同的价值体系下会产生不同的历史解释,也能够对历史事件、历史人物以及历史现象有一个更加深入的认识。在这个过程中培养学生能够准确选择和运用史观,对历史上的各种事件进行全面、客观的解释和评析;在不断的反思和总结过程中汲取历史的经验教训,不断提高历史解释素养。

(三) 注意要素

历史解释是在形成历史理解和认识的基础上叙述历史的能力,是检验学生的历史观和历史知识、能力、方法等方面发展水平的重要指标。在实际教学中,历史解释与其他四大历史学科核心素养不可分割,其中,唯物史观和历史解释是交互作用、相伴相长的。无论史料实证还是历史解释,日常教学中都需要引导学生从历史发展的视野中理解历史的变迁,唯有如此才能对历史形成客观、辩证、正确的认识和评判。[1]因此,基于历史解释核心素养为目标的教学设计,应注意以下几个方面。

---

[1] 徐蓝、朱汉国:《普通高中历史课程标准(2017版)解读》,高等教育出版社2018年版,第67页。

（1）系统性。历史学科的五大核心素养：唯物史观、时空观念、史料实证、历史解释、家国情怀；这五大核心素养是一个整体，反映了不同方面的要求。历史解释以唯物史观为指导，任何的历史解释都离不开理论的指导。迄今为止，没有任何一种历史观和方法论，在研究和解释历史方面比唯物史观更周密、更全面。①因此，唯物史观是历史解释的核心理论。历史学科诸素养中关于运用的要求，都可视为历史解释。唯物史观中要求能够将唯物史观运用于历史的学习与探究中，并将唯物史观作为认识和解决现实问题的指导思想，是历史解释。时空观念素养中要求能够在不同的时空框架下对史事作出合理解释，是历史解释。史料实证素养中关于实证过程的要求，实际上就是历史解释的过程。历史解释要以唯物史观为指导，要有时空观念，要有实证精神。因此，历史学科其他四大核心素养和历史解释是一个整体，是一个系统。

（2）真实性。历史事件是构成历史的最小单元，其依据是可靠的史料。梁启超曾说："史料不具或不确，则无复史可言。"② 而历史材料又是进行历史解释的基础和前提，因此，教师在选用历史材料进行教学时必须遵循真实性原则，尽量从一手史料或者权威的史学著作中获取历史细节以确保其内容真实、可信。同时，教师自身还要增强辨别真假的能力，尤其在如今信息爆炸的时代中各种材料真伪混杂，来源无法考证，应谨慎筛选。只有真实可靠的历史细节才具备教学价值，才能促进学生对历史产生正确认识和客观解释。

（3）针对性。根据高中生的认知发展特点，高中历史教学设计应坚持学生为主体，要有针对性。高中阶段，学生知觉力逐步上升、逻辑记忆力提升，且正处于辩证逻辑思维能力、发散性思维发展的关键时期，但是又存在情感力不稳定等特征，这就决定了课堂教学时，培养历史解释能力需要具有针对性。比如，高中生在进行历史人物的分析时，主观臆断成分大，容易片面或者单一化地理解人物或者事情。例如，对李鸿章的评价，在学习了近代史一系列战争及其条约后，学生容易直接将"卖国贼"或者"千古罪人"等单一化的名词去评价历史人物。这与我们强调的客观公正的历史解释相去甚远，因此，教师在培养学生历史解释能力的过程中要多关注学生的想法，及时提供多视角的史料，帮助学

---

① 周建漳：《历史及其理解和解释》，社会科学文献出版社2005年版，第280页。
② 梁启超：《中国历史研究法》，人民出版社2008年版，第26页。

生建立辩证逻辑思维能力，提高历史解释的能力。另外，处于青春期的高中生，有着强烈的成人感，有着冒险的勇敢精神，并敢于怀疑、思维活跃，这是他们在学习和探究历史过程中的优势，但是，他们的情绪也容易受到内外因素的干扰，情绪波动较大。因此，在历史讲述时，情境渲染需得当，比如在讲述"从局部抗战到全面抗战""全民族浴血奋战和抗日战争的胜利"两课，在播放南京大屠杀视频或者日本细菌战、人体解剖实验等图片时，分寸要得当，如有必要可以对其加以引导，以免出现学生对法西斯侵略者残暴行为的愤怒，继而上升为民族复仇主义的情绪。

（四）案例与分析

案例1：以部编《中外历史纲要（上）》中的第17课"国家出路的探索与列强侵略的加剧"一课中的"甲午中日战争失败的原因"为例

对于甲午中日战争失败的原因，学生根据以往初中所学提出清朝政府的腐败是其失败的根源，一部分学生指出慈禧太后为了庆祝六十大寿，挪用海军军费修缮颐和园。

环节：出示《康南海自编年谱》记录和罗尔纲《清海军经费移筑颐和园考》，根据多重史料分析原因。

材料1：时西后以游乐为事，自光绪九年经营海军，筹款三千万，所购铁甲十余舰，至是尽提其款筑颐和园，穷极奢丽，而吏役展转扣克，到工者十得其二成而已。于是，光绪十三年后不复购铁舰矣。败于日本，实由于是。

——《康南海自编年谱》

材料2："清廷以海军经费移筑颐和园一事，盖系当日一件遮掩不着之事实，而为时人所周知者。"……吾人今日虽无法考出其确数，然必在一千万两以上则可断言也。此项巨款，堂堂乎名为海军经费，然实则皆暗移为修颐和园之用。

——罗尔纲：《清海军经费移筑颐和园考》，《大陆杂志》1952年第10期

分析：通过日记和学者著作等史料引导学生思考甲午中日战争失败的原因。以上材料都在"无法考出其确数"的不确定的情况下就作出了慈禧挪用军费的历

史解释和结论,引导学生进一步思考他们为何会得出这一结论,影响因素有哪些。继而引出历史解释既需要多元化的史料,对于不同的史料也需要追溯其渊源,更要关注作者的立场以及时代环境,再做出相对客观的解释。

案例2:以部编《中外历史纲要(上)》中的第17课"国家出路的探索与列强侵略的加剧"一课中的"甲午中日战争的影响"为例

环节:在根据教材讲授中国视角下的影响之后,出示日韩两则史料,对比分析不同国家对这场战争的看法有何不同,并思考为什么会产生这样的不同。

材料1:中国为了将朝鲜作为自身安全的屏障,加强了对朝鲜内政外交的干涉,扩大了对朝鲜的经济侵略;日本则将朝鲜视为本国的利益线和未来侵略中国的跳板,不断扩大在朝鲜的势力。这样就造成了中日两国在朝鲜的对立,结果日本利用东学农民运动为借口控制了朝鲜政府,并挑起了甲午中日战争。……甲午战争是1894年至1895年中国与日本围绕着控制朝鲜展开的战争,战争导致以中国为中心的东亚传统的世界秩序崩溃,代之而起的是新兴的日本成为该地区的霸主,这是一场在东亚的历史上具有划时代意义的战争。

——据韩国高中历史教科书及《韩国史》

材料2:日清战争是我国以全部国运相赌的最初的对外战争,同时是把国家将来发展的全部命运寄托其上的大战,可谓生死攸关。倘若日本失败,日本将面临相反的命运:支付给中国强加的巨额战争赔款、割让琉球与九州等领土等等。日本因战胜而摆脱了这种噩运。"日清战争是国内维新事业的完成;同时作为第二维新,具有其历史意义与实质",成为日本"作为世界国家"的出发点。

——[日]深谷博治:《日清战争与陆奥外交》,1939年

分析:学生通过思考可以发现韩国方面侧重强调中日双方对于朝鲜内政的干涉以及甲午战争对东北亚传统朝贡秩序的颠覆,而日本对甲午战争的认识着眼于对于国民性以及侵略扩展的推动作用。再深入思考他们为何会产生这样的不同?这是各自国家利益和立场的不同所致,教师可以在课堂时间富余的情况下进行一定的时代背景的史料补充,这样的历史解释能使学生进入历史情景,引发思考,进而更全面地了解和理解历史事件的前因后果,进而得出自己对历史事件的解释。

五　基于"家国情怀"素养的目标设计

(一) 基本概念

所谓"家国情怀",是指"主体"对"共同体"给予认同,并积极促使其发展的思想和理念。自古以来,"家国情怀"就是中华优秀传统文化的基本内涵之一。"家国情怀"这一概念既与行孝尽忠、民族精神、爱国主义、乡土观念、天下为公等文化符号存在着重要的联系,又是对这些传统精神的超越。现代社会,在增强民族凝聚力、建设幸福家庭、提高公民意识等方面,"家国情怀"都有重要的时代价值。在历史教学中,"家国情怀"是各核心素养实现价值追求的目标,也是学习和探究历史应具有的人文追求,体现了对国家富强、人民幸福的情感,以及对国家的高度认同感、归属感、责任感和使命感。[①]

"家国情怀"最初源于士大夫的人文信仰和人文精神,是古代知识分子优越性的自我标榜,具有一定的狭隘性。但历经时代的变迁,这一概念已经发生了深刻的变化。家国情怀在形成过程中,往往也经历了战争失败、骨肉分离、国破家亡之后伤痛思维的沉淀。尤其在近代的特殊历史阶段中,士大夫的人文精神不断下移,不仅其本身的思想在进步,其精神也随着教育的推进和现实的触痛逐渐向普通民众的群体实现迁移。近代以来的"家国情怀"带有很强的积极性与正面意义,是一种伟大的精神在整个民族遭受深重苦难之后的精神重构。从其形成与成熟的历史中,不难发现家国情怀具有时代性。随着时间的推移,这种超越民族和意识形态的优秀文化传统在社会建设、国家统一和展现民族凝聚力方面,正在发挥着越来越大的作用。当前,"家国情怀"正是指作为个体的人在中国传统文化影响下,对价值共同体持有的一种高度认同,并促使认知共同体朝着积极、正面、良性的方向发展的一种思想和理念。[②]

[①] 中华人民共和国教育部制定:《普通高中历史课程标准》(2017年版2020年修订),人民教育出版社2020年版,第5页。
[②] 杨清虎:《家国情怀的内涵与现代价值》,《中共桂林市委党校学报》2016年第2期。

家国情怀将个人、家庭和国家链接起来，使个体真正成为整体中不可缺少的一部分。关于家国情怀的基本概念，其内涵较为丰富，并且随着时代的变迁而发生不同程度的变化。但其基本内涵却始终具备相当的稳定性。当前，家国情怀基本概念主要包括家国同构、共同体意识和同理之心这三个范畴。其中，家国同构是家国情怀形成的基础、共同体意识是其精神动力，而同理之心则是其情感归宿的体现。

首先，何谓"家国同构"？

家国同构，是"家"与"国"在组织结构方面所具备的共同性。在我国古代，曾以血缘为纽带的宗法制，将家与国进行联系。在宗法制社会中，家和国始终紧密相连，从未分开。这种家国一体的理念，就是最初的家国同构。宗法制是其基础。家国同构，强调将个人、家庭和国家有机连接起来。个人是基石，是构成国家的最小单位。传统的儒家思想，在任何时期都曾着重强调"修身"的意义和重要性，要求个人"慎独"修身，同时也应心系天下。无论社会地位如何，都必须推己及人，将个人与家、国的发展紧密相连，自觉树立起保家卫国和"匹夫有责"的主体意识。家庭是纽带，是连接个人与群体的桥梁。对于个人而言，家庭是个体情感的归属，是个人成长的舞台与物质依靠。儒家思想强调"齐家"，正因为它是治国与平天下的基础。国是群体，最大的"家"。家与国相辅相成，家的概念一旦放大，即成为国。国的管理者也是这个"大家庭"的家长，肩负着管理民生与维护政局稳定的重任。根据以上的概念关联，家国同构把个人、家与国有机地连接起来，正是对这一过程的认识，最终形成了现代的"家国情怀"理念。

其次，何谓"共同体意识"？

共同体意识，是个体自觉地将自身与他人、社会联系起来，并自愿去维护他人、集体、社会利益的一种认知与行动。共同体意识在家庭和社会的维护中都起到了不可代替的作用。中华文明在其不断融合与形成的过程中，同时催生了中华民族共同体意识。这一意识源远流长，影响深远，在国家和民族的延续问题上如同基石，而中国梦的实现更需要这种意识的推动。当今，家国同构思想的内质，相较于古代社会已经发生了巨大的变化。宗法制与宗族制在现代家庭中几乎已不复存在，家庭内部关系产生了新的特征，地位平等、权利公平、待遇公正等，已成为我们提倡的公序良俗。这些新的变化不仅增强了家的凝聚力，也在一定程度上提高了家庭成员的家庭意识；而"国家"也不再是古代的一家之国，而是为人民服务的政治结构。把当代中国社会中的"家"和"国"纳入中华民族共同体意识中，有助于推动家和国的良性互动发展。

最后，何谓"同理之心"？

在心理学范畴中，"同理心"主要体现在情绪自控、换位思考、倾听能力以及表达尊重等与情商相关的方面。我国古代的儒家思想主张"仁爱"，强调"仁者爱人"，强调助人与同情心等美德，实际上也正是这种同理之情的表达。拥有同理之情，个体在为自身、他人、集体和社会谋求利益时，便不会动辄使用暴力、阴谋。在"家国情怀"这一理念中，同理之心能够以一种情感的形式，将之引导至正确的方向。家国情怀实现的最终目标，绝不是法西斯式的仇恨与破坏，而是为全民族、全社会追求幸福的"同理之心"。

一般来说，"家国情怀"的表现形式往往具有时代特征性，不同时代下，这一概念的具体表现形式会有所不同。正如中国梦在当前经常被作为"家国情怀"的主要内涵，在各个历史时期，"家国情怀"也都具有能够体现其时代特点的色彩。作为中华民族优秀的传统文化，"家国情怀"无疑是宝贵的精神财富，其基本表现形式主要体现在爱国心、思乡情、报国志、担当感，以及人文精神这五大要素中。

第一，关于爱国心。"家国情怀"要求每个人都拥有一颗爱国之心。爱国主义源于华夏传统文化，是我国传统美德的重要内容之一，曾在许多重大历史时刻发挥过关键作用；当今实现中国梦，也需要这种精神的支撑。家国情怀同样要求每个人弘扬爱国主义精神。随着社会的发展与进步，"爱国"的核心会有所差异。古时的爱国之心侧重于忠君报国，而现代意义上的爱国，就是热爱人民、忠于民族和国家。为人民服务，则是对爱国心的升华。

第二，关于思乡情。故乡是人生的起点。我国历史悠久的农耕文明，使家乡故土的观念在民族精神中根深蒂固。故乡很容易就能让人自然联想到母亲、家庭、温暖与和睦等美好的存在。故乡对于每个中国人来说都具有独一无二的重要意义。基于这样的文化底蕴，"家国情怀"不仅倡导每个人都具备爱国之心和弘扬爱国主义精神，而且也要求每个人都拥有一颗思乡之情。不感怀故土，又谈何爱国？一个无情之人，难以真正领会和具备"家国情怀"。思乡情无疑也是"家国情怀"的重要表现形式之一。

第三，关于报国志。报国是爱国与爱家的方式途径。"家国情怀"在要求人们爱国与思乡的同时，也要求每一位中华儿女传承中华民族的优秀文化传统，树立报国之志，为国家和民族的富强努力奋斗。在我国数千年的悠久历史中，无数志士仁人将自身抱负和为国家效力结合起来，从霍去病到钱学森，其中的例子不胜枚举。某种程度上，中华民族的历史也是一部先辈前人的报国史。历史凝聚着他们诚挚的情感，也成为我们的抱负和追求。报国之志的弘扬，有助于"家国情怀"从理解走向运用，直到个人行为真正落实。

第四，关于担当感。担当感是一种责任意识。其具体表现为，做任何事情都敢于担当，正所谓"敢作敢当"。这一意识在国民群体精神中的存在与否、高低与否，不仅直接关系到个体的成长与发展方向，在一定程度上还会影响国家和社会的前途。"家国情怀"素养要求我们拥有勇于担当的主人翁意识，真正理解与实践"天下兴亡，匹夫有责"这一历史论断。

第五，关于人文精神。人文精神既是公民素养的构成部分，也是国民精神的支柱之一。"家国情怀"的产生与实现，很大程度上得益于人们对中华文化的认同感。在这一基础上，人文精神不但体现了对个体的关注，还体现了对个体与国家间联系的关注，表现了个体对国家，乃至全民族命运的关怀。因此，人文精神也就自然而然地被纳入"家国情怀"的整体范畴。一方面，"家国情怀"始终关注人的发展、人在家庭与社会中的角色，并且也非常注重人与社会的和谐共生。当今，我们所倡导的"家国情怀"以人为核心，体现着以人为本的思想内涵，也同实现可持续发展的远景目标不谋而合。另一方面，"家国情怀"作为中国传统价值观的重要构成元素，汲取了优秀传统文化中被称为人文精神的宝贵养分，同儒家思想中的"修身齐家治国平天下"一脉相承。在以贯彻"家国情怀"核心素养为目的的教育工作中，人文精神的培养是必不可缺的。

站在历史教育的角度，"家国情怀"是整个历史教学设计的归宿。历史学科承载着立德树人的教育功能。在拓宽学生历史视野，发展其历史思维的同时，也必须以培养学生的家国情怀作为价值目标。通过教育教学实践，我们应当力求将中华优秀传统文化讲仁爱、重民本、守诚信、崇正义、尚和合、求大同的时代价值，融于教、育于学。作为历史教育工作者，深切理解家国情怀的教学意蕴及其生成路径，始终是十分必要的。①

---

① 方勇：《核心素养视阈下的中学历史教学设计》，上海大学出版社2019年版，第212页。

（二）层次要求

"家国情怀"的孕育和培养是一个长期的过程，甚至可以说覆盖了个体的整个人生。人的一生都在不断学习，在接收外来信息并根据这些信息形成和改变自身价值观念的同时，"家国情怀"的理念也伴随着人类思想的日趋完整而同步成长。"家国情怀"的养成并不仅仅是学校教育或历史课堂教育的责任，它需要整个社会的参与，是一项规模空前的伟大事业。

作为中学教师，在"家国情怀"的培养问题上，同样重任在肩。众所周知，对于大多数人来说，中学阶段，尤其高中阶段，会成为他们最后一个系统接受历史教育的机会。把握这一价值观形成的重要时段，引导和帮助学生树立正确的国家民族意识和社会责任感，正是"家国情怀"这一核心素养在历史教学中所起到的重要作用。因此，站在中学历史教育的背景下讨论"家国情怀"的层次要求，一方面，必须同时从人性和社会性的角度考虑学生的个体需求；另一方面，应当立足课堂，以教学为基础，以学生为对象，以课程作为最基本的突破口。

其一，站在人性和社会性的理论角度讨论"家国情怀"的课堂落实，我们不仅应当将授课对象视作生物学意义上的人，更应当注重其社会学的存在。这就要求我们分别从生理、心理和伦理的三重层面，去思考自身的工作。

从生理的层面来看，在所有学科中，历史由于本身的多种特点，对学生的情感激发往往是最强烈的。按照心理学的观点，依据情感所产生的生理能量可以分为增力性和减力性两部分。在教育活动的具体实施中，前者可以激发学生做出行动，后者则阻碍学生行为发生。在历史课堂上，生理层面上的"增力性"往往表现为对国家与民族以及民族文化的直观兴奋上。这是学生情感进一步升华的基础。而"减力性"则体为对上述概念的迷惑与怀疑方面，它可能会使学生形成认识上的定势，终止情感的生发与行为的产生。因此，在抓住"增力性"以培养学生态度与价值观的同时，我们也应当努力减少乃至消除"减力性"的作用。

同时，必须强调，这种生理层面的情感，无论是"增力性"抑或"减力性"的，如果不加以恰当地引导与发展，则可能走向极端。正如列宁认为真理再向前踏出一步便成了谬误，苏格拉底警告人们过度的勇敢将成为另一种残暴，学生在生理层面产生的"家国情怀"，其方向性与持续性是难以保障的。仅仅依靠学生自身的生理能量和有意为之的外部刺激来培养其"家国情怀"意识是完全不够的，心理层次的引导不可缺少。

从心理的层面上，学生的喜怒情绪取决于其归属或认同的需要是否得到满足。从客体对于主体需要的满足程度来看，可以分为满足的情感和不满足的情感；而无论满足与否，该情感都是以心理形式表露出来的态度，与个体的心灵活动有着密切的联系。

两种不同的情感在培养学生"家国情怀"素养的工作中起有着不同的效果。如果是"满足的情感"，则会强化学生的认同。反之，如果是"不满足的情感"，则很容易对认同产生怀疑。这一情况集中表现在学生学习中国历史时，对古代史和近代史所持的不同态度上。我国古代辉煌的成就与领先的世界地位往往能够让学生产生强烈的自豪感，从而促使其拥有较强烈的学习积极性；而屈辱的晚清、民国历史，则往往会在心理层面上引发学生的不适感，使之很容易走向两种极端，包括对国家和民族的错误的不认同，或者基于愤怒而爆发出来的强烈复仇主义情绪。

把握学生心理层面的情感，需要重点处理"满足的"与"不满足的"这两种情感之间的关系。我们既要使学生带产生"温情与敬意"，对国家、民族和传统文化拥有认同感与自信力，又要引导学生理性认识我国历史上的缺憾与曲折，感悟民族发展的坚韧意志，使其失落情绪得到合理的转化。

不过，倘若这种情感体验仅停留在学生个体心理的层面上，其社会性依旧将是模糊的。人是社会的人，人的个性要受社会性的制约。学生家国情怀素养的培养，最终也应与更强的社会性层面相互关联。这一层面，也就是所谓伦理的层面。

在伦理层面，"家国情怀"可分为聚合性和分散性两类情感。前者通常表现为"爱"与"责任"；后者则是"恨"与"功利"。当学生从前一方面感悟"家国情怀"时，这种情感就不仅局限于个人，而会进一步由个人推向整个群体。其中，"爱"体现着人与人之间的相互尊重与理解。反之，后者，也就是分散性情感则会引发人与人之间的斗争与分裂。让学生在社会关系中生成"爱"，产生对国家、民族与传统文化的尊重与理解，而减少"恨"，减少对"非我"群体的排斥与敌视。强调聚合性情感，就能帮助学生处理好"自我"与"他人"的关系，增强"家国情怀"的社会性意义，由此达成宏观层面的认同感。

但必须注意的是，如果单纯强调认同感与自信力，同时又未能从价值观方面给予正确和理性的引导，极有可能会助长盲从行为，在学生心中滋生极端民族主义或民粹主义的错误思想。在伦理层面进行家国情怀的培养，还必须关注责任意识。这就要求学生既要对历史保持一颗敬畏之心，又要对自己和他人负责，更要对现实与未来负责，牢记过去的历程，关注当下的现实，心系未来的发展。

"家国情怀"素养能否得到科学的落实，取决于学生的情感认知，得益于教师的积极引导，由生理，到心理，再到伦理，在各层次间不断得到深化，最终帮助学生从"自然的人"走向"社会的人"。这是历史教育中的"家国情怀"培养所必须予以关注的内在逻辑。

其二，在具体的课堂实施中，"家国情怀"素养的落实，应当紧密围绕教学设计这一核心，实现"设置问题—完成设计—课堂落实"这三个层面的递进式发展。

首先，"问题"是贯穿整个历史研究与历史教学领域的关键元素，这在任何情况下都是不能回避的。问题的提出决定了授课的中心，而问题的解决则对于课堂目标的实现起着决定性作用，问题的设置是完成一份教学设计的前提。历史课堂培育学生的"家国情怀"，不能简单依靠记忆法机械地吸收现有历史结论，而应当将问题导向贯穿教学过程的始终，在进行教学设计的伊始，就有必要对引导学生提出问题、帮助学生分析问题、促使学生解决问题等环节加以考虑，以利于历史课堂的"家国情怀"教育。"教师在分析教学内容的基础上，要以问题引领作为展开教学的切入点，结合教学内容的逻辑层次，设置需要在学习过程中解决的问题。"[1]围绕"问题"元素进行教学设计的前期准备，可以关注以下三个角度。

一是提出问题。合理的问题设置能够在最大程度上激发学生的兴趣。"家国情怀"素养的教育元素蕴含在历史学科的教学内容中，而教学内容本身丰富多彩。教师作为课堂的组织者，既要善于发现和提出相关问题，又应当使问题符合"家国情怀"素养的教育要求。我们有必要抓住教材中与"家国情怀"相关的要点、重点，在进行教学设计时对其进行深入发掘和利用，以便引导学生围绕这一问题深入阅读、思考、讨论和探究，进而再由教师根据课堂中的互动情况，实现对课堂要旨的提炼和升华。

二是分析问题。对问题的正确分析能够提升学生的思辨能力。"思辨性思维就是思考和辨析的思维。所谓思考是指对历史问题进行分析、综合、推理、判断等

---

[1] 中华人民共和国教育部制定：《普通高中历史课程标准》（2017年版2020年修订），人民教育出版社2020年版，第51页。

思维活动；所谓辨析指的是对历史问题能够多角度考察，有证据地辨别分析。"①由此可见，"家国情怀"的培育离不开基于问题分析的思辨性指引。

三是解决问题。问题的有效解决能够直接促进学生某一方面重要素养的形成。"学生对历史学习问题的真正解决，不是简单地接收现成的答案，而是通过自己对相关史实的了解，尤其是对有价值的史料进行分析，用实证的方式对问题的要点逐一探讨，以可靠的史料作为证据来说明自己对问题的看法。"②故而，教师不应拘泥于现成结论，而应思考如何构建基于史料研习的教学，在帮助学生建立自主学习习惯的同时，也在解决问题的过程中自发实现"家国情怀"素养的培育。

其次，教学设计是一堂课，乃至整个学习过程的灵魂导向。围绕着"家国情怀"素养的培育而进行的教学设计，应当从起点、理念和中心这三个基本维度加以规划。

学生是课堂的主体，而教学设计的起点，无疑也应回归学生的学习基础。教师的设计思路应该从机械遵循教材文本逻辑，转变为尊重学生的学习基础。学生的学习基础，包括学生的现有学习水平和已有的学习经验，以及在这一阶段中可用于学习的其他能力。以学习基础为起点的教学设计，可以使"家国情怀"的培育更为顺其自然，实现水到渠成的效果。在进行教学设计时，应当从学生已有的学习基础和知识储备出发，实现知识的贯通，以利于学生的理解和对学习要领的把握。

与单纯的知识传递相比，"家国情怀"的培育更多地表现为一种知识内化、心理体验和情感升华的过程。正因为这种情况，教学设计的理念，应指向学生对学习过程的自主建构。在为学生创造出适宜的学习情境的前提下，教师应当引导学生在该情境中挖掘历史课程资源内部所蕴含的价值，并体验和感悟其精神内涵，通过这样的方式逐步形成"家国情怀"。

至于课堂设计的中心，则在于促进学生的情感体验。如前所述，"家国情怀"是一种对国家、民族和传统文化的深厚情感。因此，教师的教学设计应以激发学生的积极情感为中心，增强学生的情感体验，进而在学生心中形成情感共鸣，以此培育学生的"家国情怀"素养。

---

① 周刘波：《历史思辨性思维的教学逻辑——以部编历史教科书辅栏"材料研读"教学策略为例》，《中学历史教学》2018年第8期。
② 中华人民共和国教育部制定：《普通高中历史课程标准》（2017年版2020年修订），人民教育出版社2020年版，第52页。

最后，课堂落实是一切教学目标获得实现的根本途径。"家国情怀"素养由于其本身的特点，要求我们在课堂落实的过程中，着重关注情境教学，为学生营造一种能够使之身临其境的学习环境。所谓情境教学，是指在教学过程中，教师有目的地引入或创设具有一定情绪色彩、以形象为主体的生动具体的场景，以引起学生一定的态度体验，从而帮助学生理解教学内容，并使学生的认知水平、智力状况、情感态度等得到优化与发展的教学方法。

情境教学可以打破历史学习的时空界限，使学生重置于历史现场，提升历史课堂的生动性，进而培育学生的"家国情怀"素养。"历史是过去的事情，学生要了解和认识历史，需要了解、感受、体会历史的真实情况和当时人们所面临的实际问题，进而才能去理解历史和解释历史。"[①]因此，在教学过程中，教师可以根据内容主旨和教学目标的引领，设置多元历史情境，提升历史课堂的生动性，进而推进"家国情怀"的培育。

在实际的课堂落实过程中，教师还可以采用一定的教学手段，来增强"家国情怀"素养的影响。第一，可以通过设置多元情境，促进学生知情共育。教师应充分挖掘各种教学资源，针对不同的教学内容，创设不同的情境，促进学生深度学习历史，以实施有效的"家国情怀"教育。例如，教师可以结合实际需要，选择和设置史料、图表、史论等学习情境；可以结合社会现状，使学生关注在个人生活、家庭生活与社区生活中所遇到的历史相关问题，着眼于生活情境；还可以联系历史研究的最新前沿成果，使课堂与学术情境相互结合。第二，可以通过激发学生联想，使其置身于历史环境中的方式去观察历史、站在历史人物的立场上去研究历史，以提升课堂的生动性。这样的方式有利于学生加深对"家国情怀"的体验，帮助其更为深刻、真切地体会和领悟历史知识背后的历史内涵，形成正确的核心素养。

在整个教学设计完成后，教师还有必要对设计本身展开多元评价，用来提升课堂教学的实际效果。这一评价应以学生"家国情怀"素养的整体发展为着眼点，将评价贯穿历史学习的全过程，以评价促进"家国情怀"素养的培育。"要运用恰当有效的评价方法，系统搜集和科学分析学生的相关信息，综合发挥检测、诊断、激励、引导、调解、反馈等多方面的功能，准确判断学生学科核心素养的达

---

① 中华人民共和国教育部制定：《普通高中历史课程标准》（2017年版2020年修订），人民教育出版社2020年版，第51页。

成度。"① 据此，教师应注重"家国情怀"教育的多元化评价，以提高其评价实效。

一方面，教师应注重目标完成的评价。以目标完成情况为导向进行评价，既可以校正课堂教学进程的走向，也可以检验并促成教学内容的达标程度。关注目标完成的评价，有利于评价教学完成的质与量，体现"家国情怀"目标导向的现实价值；同样地，也有利于评价学生学习可能达到的境界，激发更多的潜在价值。

另一方面，教师也应注重学习过程的评价。"家国情怀"素养的培育具有长期性的特点。在学习过程中，学生的学习态度、行为、方式，以及自我发展、同伴互动等因素，均会影响到"家国情怀"培养目标的实现。关注学习过程的评价，可以全面、及时、灵活地对教育效果进行检测，并对学生的学习方向进行及时的引导。

此外，教师也不应忽略个性化发展的评价。学生在学习过程中对"家国情怀"的科学认识、情感倾向、价值取向等方面，均值得我们给予关注。教师应改变单纯倚重知识考查的评价方式，重视课程实施中学生的实践能力、创新精神以及情绪、态度和习惯等因素的变化，同时关注学生的个体差异及个性化发展。

总之，在具体的课堂实施中，对"家国情怀"素养教育的层次要求是相对较为复杂的。这一培养目标的实现与否，在很大程度上取决于教师能否掌握先进的理念、运用科学的方法、实施有效的干预、进行及时的反馈，使"家国情怀"素养回归课堂、立足课堂，通过对学生的合理引导与激励，最终在历史教学中得到全面和深入的推进。

（三）注意要素

历史课堂是家国情怀素养得以落实的重要平台，而教学设计则是平台能够有效运转的关键动力。以"家国情怀"素养的培育作为首先目标的历史教学设计，在准备与具体实施过程中，有必要遵循以下四项注意要素。

1. 教学目标应以培养学生的"家国情怀"为追求

教学目标是预期的学生学习结果，在教师指导学生学习的过程中具有方向性

---

① 中华人民共和国教育部制定：《普通高中历史课程标准》（2017年版2020年修订），人民教育出版社2020年版，第51页。

的引领价值,教学目标设置的合理与否往往决定了一堂课的成败。在教学目标的设定中,应以培养学生的"家国情怀"作为其逻辑起点,深入挖掘历史学科的育人价值,树立以培育学生"家国情怀"为导向的教学意识。在理论层面上,教学目标要突出培育学生"家国情怀"的目的性价值,建构符合"家国情怀"教育的预设性目标;在实践方面,教师要具有目标性意识,时刻关注"家国情怀"素养培养这一目标的引领和实现。

教师是课堂的组织者与教学的引领者,在设置以"家国情怀"素养培育为主旨的教学目标时,也应发挥教师教学的统领功能。历史学科核心素养诠释了历史教育"培养什么样的人"和"怎样培养人"的问题,也决定了历史教师的教学行为。在决定教学方向、选择教学方法、激励学生学习、指导教学结果的评价等方面,教师都应积极发挥本身的引领、统领作用,时刻以"家国情怀"素养的培育作为根本要务,并予以坚持。

而在对教学目标的实现进行课后评价的活动中,"家国情怀"素养的培育,也应成为一项重要的标准。培育学生的"家国情怀"是历史教育的核心追求,一切教学活动必须围绕它、指向它、实现它。

2. 教学内容应有利于培育学生的"家国情怀"素养

教学内容通常是指在教学过程中为促进教与学的相互作用,同时服务于教学目标,而有意传递的素材及信息。"家国情怀"有着丰富的育人内涵,蕴含在历史学科的教学内容中。在对教学内容进行选择时,教师应优先选取有利于培育"家国情怀"素养的内容,通过这些内容的运用,激发学生形成对国家的高度认同感、归属感、责任感和使命感。在教学过程中,教师应对教学内容进行精心的摘取,对历史知识背后有利于"家国情怀"培育的要点、重点进行深入挖掘,以唤醒学生内心情感体验,促进学生"家国情怀"素养的形成。在教学内容的具体落实中,教师应建构有利于"家国情怀"素养培育的行动路线,将这一素养贯穿其中。

一方面,教师应生成合理的教学内容以引导学生的学习。在组织教学内容时,教师要强化育人意识,从规模宏大的学科资源中组织摘取关键部分,引领学生形成诸如"天下兴亡,匹夫有责"之类的理念,有目的地实现"家国情怀"素养的培育。另一方面,教师应利用教学内容中的情感资源为学生带去文化浸染,以迁移魔幻的方式培育"家国情怀",使学生真切体悟并形成这一素养,发自内心地认同中华民族的优秀传统文化,形成对国家和人民的深情大爱。

3. 教学活动应营造出培育学生"家国情怀"素养的适宜氛围

教学活动是历史学科教育的基本形式,是教师按照教学目标,通过适当的教学内容,对学生进行知识传授、情感激发和价值引导的一系列课堂活动。历史学科培育学生"家国情怀"的教学活动应具有教学现场感,营造具备一定感染力的课堂氛围,以促进这一核心素养的培育。

这一氛围应具有历史学科的意蕴。历史学科的学科特征是培育学生"家国情怀"素养的立足点。① "从学科特征看,历史学科以史料的真实性、内容的综合性和功能的借鉴性等特征,在学生情感的培育中具有得天独厚的优势"②,只有"在认识历史的过程中联合运用知识,掌握探究历史的方法和技能,逐步学会全面、发展、辩证、客观地看待和论证历史问题"③,才能使学生的"家国情怀"素养得到提升和实现。

这一氛围应具有人文性和浸润性。"家国情怀"是一种个体对国家、民族和文化高度认同的情感,也是学习和探究历史所应当具有的人文追求,人文性是教学活动氛围营造的出发点和归宿。同时,学生的"家国情怀"意识不可能凭空形成,更不能依靠单纯的说教与灌输,而应该通过富含"家国情怀"教育功能的教学活动去实现。这类教学活动所营造出的氛围,其突出特征就是浸润性,即通过一系列历史课堂教学活动,"润物细无声"地实现教育功能。④

围绕氛围营造而进行的教学活动,因突出其体验性与探究性。历史学科的"家国情怀"教育不仅是知识传递的过程,也是一个实践的过程。历史课堂应从学科特征以及学生认知规律出发,构建具有体验性和探究性的教学活动,以激发学生的身心活力,尤其是能够极大促进其学习的"内驱力"。例如,适当安排学生参观历史遗迹、纪念馆,利用这类场地得天独厚的天然氛围,使学生获得身临其境的感觉,从实践中感受"家国情怀"。同时,教师也应突出课程的探究性,引导学生对历史进行反思,帮助学生汲取历史智慧,能够将历史学习所得,与家乡、国家和民族的发展结合起来,立志为中华民族伟大复兴贡献自己的力量,从而实现"家国情怀"素养的最大升华。

---

① 周刘波:《家国情怀:教学意蕴与生成路径》,《教学与管理》2018年第13期。
② 周刘波:《历史教育的价值旨归及其实现路径》,《教学与管理》2018年第7期。
③ 中华人民共和国教育部制定:《普通高中历史课程标准》(2017年版2020年修订),人民教育出版社2020年版,第50页。
④ 方勇:《核心素养视阈下的中学历史教学设计》,上海大学出版社2019年版,第231页。

4. 教学效果应是学生"家国情怀"的深化和实践

教学效果即教学成效。一般包括教学目标的实现状况、教学内容的完成情况、教学效率的高低，以及学生核心素养的提升程度等。作为一种学习和探究历史所应当具备的价值关怀，"家国情怀"的教育效果往往存在隐蔽性和内在性。历史学科培育学生"家国情怀"的教学效果主要体现在以下两个方面。

第一，学生对"家国情怀"的认知深化。通过历史课堂的学习，学生的"家国情怀"素养不仅存在于对家乡及祖国地理疆域、风土人情和历史文化的热爱之情层面，还应形成如下认识：对国家、民族和传统文化的高度认同，并进而形成民族自信心和自豪感；将个人成长与国家发展紧密联系，认识到个人前途与国家命运的息息相关；将针对特定个人或家庭的情感，与爱国情感融为一体，认识到形成"家国情怀"与实现国家复兴伟大事业的统一性。

第二，学生能将"家国情怀"素养付诸实践。行为是内在素养的反映，而内在素养又同教育紧密相连。学生的"家国情怀"不能停留在空泛无物的爱国主义口号上，必须更加强调参与意识与担当精神。"家国情怀"在某种意义上承载着将个人与国家紧密相连的命运共同体意识，也正是它激励着年轻一辈以祖国的繁荣富强为最大的光荣，以国家的衰败堕落为最大的耻辱，从而为实现中华民族伟大复兴而不懈努力。

崇高责任感的培育是教育自古以来的重要使命，"家国情怀"素养的拥有则是这种责任感的具体形式。学生能将"家国情怀"付诸实践，形成勇于担当的社会责任意识，积极参与公共事务，真正做到将生命融入民族大业，并传之后人，则是"家国情怀"素养教育最终收到成效的体现。

（四）案例与分析

案例1：以部编《中外历史纲要（上）》中的第18课"辛亥革命"一课中的"资产阶级民主革命的兴起"为例

环节：在新课导入部分，出示两则材料，分析孙中山和邹容的职业选择，提问：革谁的命？为什么革命？如何革命？

材料1：1892年，26岁的孙中山在澳门挂牌行医，由于他医德高尚、医术高明，中外求诊者很多,故而受到了葡萄牙医生的排挤,被迫转往广州行医。在广州,他遇到陆皓东等一批志同道合的朋友。在与这群有志青年的交往中,他意识到:做一个医术高明的医生,只能为一小部分人治病,不能救国;要做一个医治整个中国的医生,就必须改革中国的政治。几年后,他由一位医生变成了一位职业革命者。

——据人教版高中历史选修4《中外历史人物评说》整理

材料2:我中国欲独立,不可不革命……革命者,天演之公例也;革命者,世界之公理也。

——邹容《革命军》

分析:以两位青年革命者的职业选择作为导入,引导学生将两位人物的职业选择代入时空情境下理解。一方面拉近学生与历史的距离,展现历史的温度,感受他们的爱国情怀;另一方面利用问题链的设计,搭建起本课框架,使学生由表及里,逐渐深入地理解本课知识。通过史料解读及探究,体会孙中山等革命者前赴后继的献身精神与首创精神,感受他们追求民族解放与国家复兴的高尚情怀,体会前人的艰辛,感悟今天的伟大,激发学生捍卫祖国、捍卫民族的使命感。

案例2:以部编《中外历史纲要(上)》中的第18课"辛亥革命"一课中的"武昌起义与中华民国的建立"为例

环节1:出示中华民国建立过程中的相关材料,分析孙中山让位于袁世凯的原因。

材料1:据胡汉民回忆:"安徽都督孙毓筠以专使来,言需饷奇急,求济于政府。孙先生即批给二十万,余奉令至财政部,则金库仅存十洋。"

——朱育和等《辛亥革命史》

材料2:"且今日中国如能以和平收革命之功,此亦足开世界未有之先例,何必以兵。"

——《孙中山全集》第一卷

材料3:列强确定的反革命策略是:一方面承认南北双方为交战团体,表示"严守中立",无意介入中国内战;一方面积极扶植袁世凯,企图在清朝瓦解后,从中国内部找到一个新的支撑点,插手中国政局,最后窒息并扼杀刚刚诞生的共和国。

——刘仁坤、刘兴华《同盟会分化与"南北议和"》

材料4：辛亥革命爆发后，孙氏与袁氏的政治博弈不单是他们两人的较量，而是与其所属的政治集团密切相关。……辛亥革命前同盟会已经开始走向涣散和退化，在获得初步的胜利后，这个组织更是分崩离析，"意见不相统属，议论歧为万途"……相比之下，袁氏不但被任命为内阁总理大臣，而且牢牢掌握着北洋新军。北洋六镇是"只知有袁宫保，不知有大清朝"，唯袁氏马首是瞻。

——王高位、葛喜梅《孙中山让位于袁世凯原因新探》

参考答案：原因——南京临时政府财政困难，无力北伐；孙中山个人家国情怀的体现，以及他根据中华民族整体利益所做的判断；帝国主义列强的干涉与对袁世凯的扶植；革命党内部出现严重的政治分歧；袁世凯手中实力强于孙中山。

环节2：出示《中华民国临时约法》相关材料，教师提问及学生分组讨论。根据材料，可知《中华民国临时约法》中的哪些条款是革命党人为限制袁世凯所设？与《钦定宪法大纲》相比，《中华民国临时约法》有何进步之处？概括约法内容并分析其影响。

材料：

第二条　中华民国之主权属于国民全体。

第五条　中华民国人民一律平等，无种族、阶级、宗教之区别。

第六条　民国享有人身、言论、著作、集会、结社、选举以及被选举等自由权利。

第十六条　中华民国之立法权，以参议院行之。

第二十九条　临时大总统、副总统由参议院选举之。

第三十条　临时大总统代表临时政府，总揽政务，公布法律。

第四十三条　国务总理及各部总长，均称为国务员。

第四十四条　国务员辅佐临时大总统，负其责任。

第四十五条　国务员于临时大总统提出法律案、公布法律、发布命令时，须副署之。

第五十一条　法官独立审判，不受上级官厅之干涉。

——《中华民国临时约法》

分析： 学生在分析讨论的基础上得出结论：《中华民国临时约法》改原先的总统制为责任内阁制，对袁世凯进行了限制；《中华民国临时约法》规定主权在民，进步于《钦定宪法大纲》的君主专制；《中华民国临时约法》确立了人民的自由平等权利，进步于《钦定宪法大纲》等级制度；《中华民国临时约法》确立了三权分立的现代政治体制，宣告了君主专制的灭亡以及共和政体的诞生，作为中国的第一部资产阶级宪法，有着不可磨灭的历史功绩。

通过"夺取政权""建立政权"和"巩固政权"三个部分的讲解、分析，将中华民国成立的全过程与《中华民国临时约法》等知识点自然衔接，有利于学生对知识分系统理解与把握。同时，通过阅读材料，使学生能够直观地了解到那个年代里革命党人的无奈与迫切，以及他们为了中华民族的整体利益最终选择妥协的主要原因，从不完美的结局中感受"家国情怀"的存在。同时利用对史料的解读与对比，使学生深入思考《中华民国临时约法》的意义，培养学生学习、探究和感悟历史的思维能力。

本课的教学设计，注重培养学生的核心素养，注重在时空观念基础上，培养学生的"史料实证""历史解释"能力；通过史料的有效运用，创设历史情境，引领学生感悟孙中山等革命者在革命前、革命中及革命后的不同选择和选择原因，体会中国近代化进程的艰难，感受今天这一切成就的来之不易，最终形成为民族事业奋斗终身的家国情怀。

实际教学中可能出现诸如史料分析处理困难之类的问题，很容易对学生的学习信心造成一定的影响。教师作为课堂的组织者，在平时就要注重培养学生"史料实证"的素养，在长期的积累过程中，教会学生处理史料的方法，以此实现我们在历史课堂中进行"家国情怀"素养培育的根本目的。

第三章
单元结构化框架下的教学实践探索

一　单元基本概念

单元作为教学活动的基本构建块，其设立依据源于课程标准或课程纲要的宏观指导。具体而言，单元是围绕某一特定主题、专题、话题、问题或活动，精心挑选并结构化组织相关学习材料的学习单位。在当前高中历史教学实践中，单元的划分普遍遵循部编本教材的编排逻辑，师生依据教材中既定的单元内容有序展开教学活动，以此确保教学进程的连贯性与系统性。

（一）单元设置的基本原则

自2018年1月教育部正式印发《普通高中历史课程标准》（2017年版），并于2020年5月进行局部修订以来，新版课标在教学实践中的指导地位得到进一步巩固与提升。新版课标在第四章"课程内容"部分，对高中历史教学提出了更为细致与具体的要求。与2003年版课标或上海等地实施的《上海市中学历史课程标准》《上海市高中历史学科教学基本要求》相比，新版课标在课程内容的规定上展现出显著的进步与深化。必修部分摒弃了以往的大模块、大主题结构，转而采用24个小专题的形式，旨在通过更为聚焦的学习内容，促进学生历史知识的深入掌握与历史思维的培养。选修部分则通过6至7个小专题的细化要求，与具体的课程内容和教材内容紧密挂钩，确保学生在选修学习中能够获取更为丰富与多元的历史知识。

值得注意的是，新版课标中的每一个或多个专题都能够准确地对应到新版教材的某一单元之中，大部分专题与教材单元呈现出一一对应的关系。这种紧密的对应关系不仅强化了课标对教学实践的指导作用，也凸显了单元在教学设计中的核心地位。通过单元的划分与组织，教师能够更为清晰地把握教学内容的逻辑结构与内在联系，从而更有效地实施教学策略，促进学生历史核心素养的全面发展。

高中历史核心素养,作为新时代历史教学的重要目标,涵盖了唯物史观、时空观念、史料实证、历史解释、家国情怀等多个方面。在单元的设计与实施过程中,教师应充分考虑这些核心素养的培养要求,将其融入单元的教学目标、教学内容与教学方法。通过精心挑选与结构化组织学习材料,设计具有针对性与启发性的教学活动,引导学生在单元学习中逐步构建历史知识体系,提升历史思维能力,形成正确的历史观与价值观。

新课标专题内容		对应新教材单元
1. 早期中华文明	上册	一、从中华文明起源到秦汉统一多民族封建国家的建立与巩固
2. 春秋战国时期的政治、社会及思想变动		
3. 秦汉大一统国家的建立与巩固		
4. 三国两晋南北朝的民族交融与隋唐大一统的发展		二、三国两晋南北朝的民族交融与隋唐统一多民族封建国家的发展
5. 辽宋夏金多民族政权并立与元朝的统一		三、辽宋夏金多民族政权并立与元朝的统一
6. 明至清中叶中国版图的奠定、封建专制的发展与社会变动		四、明清中国版图的奠定与面临的挑战
7. 晚清时期的内忧外患与救亡图存		五、晚清时期的内忧外患与救亡图存
8. 辛亥革命与中华民国的建立		六、辛亥革命与中华民国的建立
9. 中国共产党成立与新民主主义革命兴起		七、中国共产党成立与新民主主义革命兴起
10. 中华民族的抗日战争		八、中华民族的抗日战争和人民解放战争
11. 人民解放战争		
12. 中华人民共和国的成立及向社会主义过渡		九、中华人民共和国成立和社会主义革命与建设
13. 社会主义建设道路的探索		
14. 改革开放新时期与中国特色社会主义进入新时代		十、改革开放与社会主义现代化建设新时期
15. 古代文明的产生与发展	下册	一、古代文明的产生与发展
16. 中古世界的多元面貌		二、中古时期的世界
17. 全球联系的建立		三、走向整体的世界
18. 西方人文主义的发展与资本主义制度的确立		四、资本主义制度的确立
19. 改变世界面貌的工业革命		五、工业革命与马克思主义的诞生
20. 马克思主义的诞生		

续 表

新课标专题内容	对应新教材单元	
21.世界殖民体系的形成与亚非拉民族独立运动	下册	六、世界殖民体系与亚非拉民族独立运动
22.世界大战、十月革命与国际秩序的演变		七、世界大战、十月革命与国际秩序的演变
23.冷战与20世纪下半期世界的新变化		八、20世纪下半叶世界的新变化
24.当代世界的发展特点和主要趋势		九、当代世界的发展特点与主要趋势

综上所述，单元作为课程标准导向下的结构化学习单位，在高中历史教学中发挥着举足轻重的作用。通过紧密结合新版课标的要求与高中历史核心素养的培养目标，单元设计能够更有效地促进学生历史知识的深入掌握与历史思维的全面发展，为新时代历史教学注入新的活力与动力。而在选择性必修课程部分，课标专题与教材单元之间除一节活动课外完全是一一对应的关系，且标题内容几乎相同。课标中的专题与教材中各单元之间的紧密联系，这种设置有助于彰显课标的指导作用，同时也提高了单元在教学中的地位。从单元的角度把握教学内容、进行教学实践，有助于更科学地选择教学策略，更准确地贯彻课标要求。

从三维目标到核心素养，从知识点到专题，新一轮课程改革明确了高中历史教学重点从具体的知识向在大情境、大问题之下培养学生的核心素养落实的改革方向。单元设计能够改变学科知识点的碎片化教学，实现教学设计与素养目标的有效对接。[1]钟启泉认为，基于单元进行教学设计，可以有效地打破课时主义的束缚，基于核心素养整合不同的教学策略，使学生对知识增加全局性的掌握，避免流于低层次的知识技能训练。[2]以单元为视角把握教学实践，指向了新时代教育发展的需要，是实现立德树人根本任务的有效策略之一。

（二）单元内核心素养的归纳工作

王德民等人的研究指出，打破单个课时的束缚，从单元整体着手落实核心素养，需要注意单元作为构成课程内容的有机要素，既有特定的内容边界与指向，各

---

[1] 崔允漷:《如何开展指向学科核心素养的大单元设计》,《北京教育：普教版》2019年第2期。
[2] 张肇丰:《基于核心素养的单元教学设计——第十届有效教学理论与实践研讨会综述》,《上海教育科研》2016年第2期。

单元之间亦具有特定的、协调性的整体联系。① 每个单元都是一个独立的学习单位，都需要从多个角度全面落实学生的核心素养，同时每个单元又有自己的特色，例如学习"中华民族的抗日战争和人民解放战争"单元，学生能够很自然地涵养家国情怀，而学习"生产工具与劳作方式"单元时，学生也可以直接加深对唯物史观的理解。因此，在归纳单元内的核心素养时，既要全面兼顾各类素养，也要根据单元特色选择重点落实的目标。

1. 单元核心素养落实整体思路的搭建

在必修教材中，每个单元都包含了一个时间段相对较长、内容丰富且具有一定独特性的历史阶段，也都需要满足课标中一个或多个专题提出的要求。学习这样一个"大"问题，又要避免重新回到以课时或知识点为中心的传统学习模式中，可以建立一套整体的逻辑思路来切分问题，即这一单元运用了哪些材料，解释了哪一特定时空范围内的历史发展的过程？通过对本单元的学习，又可以产生什么样的情感，以及能够理解什么历史发展规律？作为教师，从教学的角度，同时思考为了帮助学生学习，需要培养学生哪些基础的时空概念？如何深入解读或补充哪些材料，去带领学生解释历史发展过程？在教学过程中，要关注学生哪些情绪和疑惑，进行情感和理论上的引导？

相比于必修教材，选修教材各单元内容聚焦于某一具体问题，同时在时空上要保持贯通古今中外的大视野。结合教材特点和课标对各专题的要求，可以从一个略有不同的逻辑思路来思考本单元的学习，即在时空问题上，由关注特定时空范围的背景，转变为关注教材主题内容的发展趋势及中外之间的异同之处。教师在教学中要注重提醒学生构建时空观，以必修阶段的内容搭建坐标系为新专题的内容定位，减少每一单元涉及的广大时空范围给学生的识记和理解带来的压力。

以上的逻辑线索，可以概括为"材料—时空—解释—情感—理论"。这一思路由教材入手，循序加深学习层次，分别涉及史料实证、时空观念、历史解释、家国情怀和唯物史观五大核心素养，体现了单元作为一个学习单位在落实核心素养方面的作用。

2. 单元核心素养落实重点的选择

虽然每个单元都是一个相对独立的学习单位，但是由于具体的课程内容、位

---

① 王德民、刘宏法、王川芳：《基于历史核心素养的单元教学设计》，《历史教学》（上半月刊）2018年第1期。

于教材体系中的位置等方面的不同,每个单元也有属于自己的特色,在齐头并进地全面落实核心素养的同时,也可以根据单元的特色并结合单元重点内容,有重点地落实核心素养,这样可以达到更好的教学效果。

选取素养落实的重点要关注具体学情。学生的先修基础和当前的学习阶段、学习状态影响了学生目前学习的层次和理解水平,关注学情可以使素养落实发挥更好的效果。以必修上册第一单元"从中华文明起源到秦汉统一多民族封建国家的建立与巩固"为例,这一单元内容丰富,选取任何一项核心素养作为重点均有大量问题可供展开。但对于先修基础较少或基础知识水平较差的学生而言,如果重点关注国家形成和发展的规律,培养学生的唯物史观,在课堂实践中学生可能会因难以理解而跟不上学习节奏。但如果带领这些学生从早期中华文明地域上的分布和拓展开始学习,帮助他们构建一个中国史时空观念的基本框架,对于此后的学习也有很大的帮助。反过来先修基础和学习状态较好的学生一再回顾基础的时空内容,可能会产生无聊、乏味的感觉,引导他们从情感或理论上重组已有的知识,既可以提高趣味性,也能够加深课堂的理论深度。

选取素养落实的重点要结合课标要求。课程标准代表了国家意志对历史的态度和理念,教材的设计和教学实践也要结合这一标准来完成相应的教育任务。例如,选择性必修第三册第一单元"源远流长的中华文化",课标明确要求"认识中华优秀传统文化的特点和价值,认识中华文化的世界意义"。因此,对家国情怀的培育一定是本单元的重点之一,选择其他角度易有舍本逐末或流于表面之嫌。而对必修下册第二单元"中古时期的世界",课标也要求通过了解中古时期不同地区的社会状况,认识这一时期世界各区域文明的多元面貌,这要求学生能够利用教材提供的信息和教学使用的史料对历史进行分析评判,需要锻炼学生的历史解释能力来掌握这一单元复杂多元的历史内容。

选取素养落实的重点要协调教材内容。教材是教学实践中的主要工具,不同单元在内容的选取和排布上侧重有所不同,教学实践中对核心素养的贯彻也会受到单元内容的限制。部分单元的内容以时空为线索,例如,必修上册第五单元"晚清时期的内忧外患与救亡图存"、选择性必修二第一单元"食物生产与社会生活"。这些单元在教学实践中要着重帮助学生把握单元特定的时空联系基础,在此基础上展开并时时将内容回顾到时空坐标之上。部分单元的内容以重大历史事件或专题为线索,例如,必修下册第八单元"20世纪下半叶世界的新变化",选择性必修三第六单元"文化的传承与保护"。这些单元课时间甚至课时内各部分之间的时间和空间差异不明显,主要是针对一个历史问题的多角度展开,在教学实践中要着重帮助学生理解该单元关注的重大历史问题,利用教材培养学生理性分析、客观评判历史事件的能力。

此外,选取素养落实的重点也要考虑教学技术支持、教师教学风格等具体因素。教学技术先进或相关资源丰富的学校,可以考虑用多种方式展示史料,能更好地加深学生对史料的理解。在讲述一些涉及本地附近的历史事件时,学生对家国情怀的感悟更加直接。经验丰富的教师可以从自己已有的教学风格出发选取重点落实的素养,以求课堂效率的最大化。

3. 单元核心素养落实的细化

培育核心素养是课标对新时代教育工作者的要求,也是近期教学研究领域的重要理论问题,但在教学中,核心素养需要从理论和宏观要求进入具体的教学内容中,需要在教学活动中能操作、有层次、可检验地得到实践。结合课程标准对五大核心素养的内涵说明以及上文提到的"材料—时空—解释—情感—理论"逻辑思路,在教学实践中可以通过设置一系列具体问题来将核心素养落地。

核心素养	逻辑思路	具体问题层次
史料实证	本单元运用了哪些史料?	层次1——归纳搜集:从史料的性质、体裁等角度可以将本单元所用史料分为几类?
		层次2——整理概括:从中可以读出哪些历史信息?
		层次3——辨析价值:本单元所用史料对哪些历史问题的研究有价值?是否有局限?可以从哪些方面补充?
时空观念	本单元的内容发生在什么历史时空范围内?	层次1——观察时空:本单元内容位于什么历史时期?时间跨度多少?空间上位于什么地区?空间跨度多大?
		层次2——分析时空:该历史时期为本单元内容的产生与发展提供了哪些背景因素?该地理环境与本单元内容的产生与发展如何相互影响?
历史解释	本单元解释了历史怎样的发展过程?	层次1——描述史实:本单元主要学习哪些历史事件?
		层次2——理性分析:这些事件产生的历史背景是什么?历史背景和事件发展过程如何导致了事件的结果?
		层次3——客观评判:你认为这些事件对历史发展有何价值?做出这种判断的标准和理由是什么?

续 表

核心素养	逻辑思路	具体问题层次
家国情怀	从情感上如何理解这些内容？	层次1——人文追求：从本单元内容中，你认为国家、社会的发展与历史中的个人有什么样的关系？
		层次2——价值情怀：通过本单元的学习，你认为个人在国家、社会发展的大背景下可以有哪些作为？
唯物史观	能从本单元内容中总结出哪些历史发展规律？	层次1——历史基础：本单元内容产生和发展的决定性基础和根本动力是什么？
		层次2——发展规律：在具体的历史事件背后，本单元内容反映了哪些因素的相互作用？这种作用关系是否能够解释其他阶段的历史内容？

在具体的单元教学实践中，教师可以将这些更为细化的问题结合教材内容设立教学目标，并基于这些目标进行教学中的选材与设问。也可以根据学生不同的发展情况选择不同层次的问题逐步深入。单元教学内容多、时间长，将大的核心素养要求细化为小问题，可以使教学者在教学实践中更好地抓住对核心素养的要求，避免为了培育素养而使基本的教学内容变得零碎或空泛；也可以引导学生在问题中不断思考探索，将教学内容直接内化为学生的学科素养，在学习中锻炼关键能力，养成必备品格，形成正确的价值观。

4. 单元核心素养归纳列举

案例1：必修课程单元核心素养归纳案例——必修上册第五单元"晚清时期的内忧外患与救亡图存"

【整体思路】

本单元利用了大量历史档案、时人评论、实物照片等形式多样、价值丰富的材料，叙述了自鸦片战争至《辛丑条约》的签订之间中国在遭受和抵御外来侵略的过程中，逐渐沦为半殖民地半封建社会的过程。从战火频繁、主权沦丧的历史进程中可以感受到在国难和乱局之中民族与个人生存的危机，以及在此情形下仁人志士不屈的爱国热情。通过分析封建中国在外侮面前的无力和国人自救手段的无效的原因，可以认识到落后的经济基础和政治制度对社会进步的制约，当时中国的困局需要在更先进的理论的指导下打破旧制度来解决。

【重点选取】

近代史的史料在数量和种类上比较丰富，对于学生学习而言在内容上相对容易理解且代表性比较强，同时由于出现在历史舞台上的人物、群体较多，便于选取不同来源的史料进行多重互证。同时，本单元虽然时间较短但出现的重要历史事件较多，课标也要求学生能够了解典型斗争事迹，认识各阶级的努力和局限。因此，本单元可以着重培养学生进行史料实证的能力，通过不同来源、不同形式的史料来使学生深化对这些重要历史事件的认识，深入把握各阶级的理念及其局限性。

【细化落实】

本单元在教材正文之外，设有丰富的辅助性材料，每课时6则左右，可以从这些材料入手，引导学生对史料的性质、种类、价值进行分析，作为课前的预习思考题目。在课堂教学进行到相关的环节时，提供相关背景信息，帮助学生从中发现历史信息。每课最后的学习拓展栏目，都布置了学生了解、搜集、查找相关事件的信息和材料的任务，这一部分往往是学生学习的盲区。在课堂上可以先引导学生思考这项任务该如何开展，为学生完成该任务梳理思路，并结合具体教学情况将其设置为课后作业，在操作中提升学生的史料实证水平。

案例2：选择性必修课程单元核心素养归纳案例——选择性必修二第四单元"村落、城镇与居住环境"

【整体思路】

本单元利用了一批图片和文字史料，展现了古今中外不同时段和地区人类聚落的典型特征和发展过程，并简要分析了这种演变的原因和对社会产生的影响。从中外人类居住环境的对比中，可以从另一个角度感受中华文明在世界民族之林中的独特魅力。从古今人类居住环境的发展中，可以认识到经济的发展是人类社会生活进步的决定性因素，要从经济的角度去分析和解决当下社会生活的新问题。

【重点选取】

本单元虽然只有两课时，但时间跨度上自原始社会，下至当代，空间上兼有亚、欧、非、美各大洲的相关内容，时空范围几乎与整个高中历史的教学内容相当。通过学习本单元内的典型内容，学生可以在短时间内回顾必修课程中学习到的相关历史知识，巩固已有的时空体系。且根据2020年版《普通高中地理课程标准》，"城镇和乡村"是高中生必修的地理学科内容，学生对该主题具有一定的地理方面的基础知识，便于以此单元的内容为切入点，打通历史与地理之间的联系。因此，本单元可以着重帮助学生形成和巩固历史学习中的时空观念，以居住环境为视角观察不同时空条件下历史事物的差异。

【细化目标】

在选择性必修课程中，单元内容往往聚焦于专题性的内容，较少从通史的角度进行展开。本单元在教学中，可以首先在世界地图上标注教材中提到的文明或国家的所在地和活跃时间段，具象地观察、归纳本单元内容的同时，也回顾必修课程中的内容。进一步通过本单元的学习，分析地图中各类居住环境与特定的时间、空间之间的联系。分析部分教材内容相对较少，课标对本单元的要求也以相关知识的了解为主，需要借助以往学习过的内容来进行，避免内容过泛或学科性不足。例如，可以带领学生从政治体制异同的角度来思考古代中国和罗马帝国在城市建设上的特点，调动学生运用古代文明和政治制度方面的知识积累来提升分析能力。

二 单元重点内容

（一）"重点内容"的概念

本研究所讨论的单元重点内容主要指教学过程中的内容，包括对教材的使用、基于教学目标的选材、在教学过程中的设问，以及课后的拓展实践和检验。教学过程中的内容是指"在教学过程中向学生呈现和传递的一切材料和信息。它不局限于教材内容，而具有一定的开放性和动态性，是教师根据具体的教学目标和教学情景对教材内容进行教学法处理的种种结果"。[①]结合本学科情况，教学内容即在教学过程中，结合课标要求、教材内容和学生情况，向学生展示和介绍的材料和信息，引导学生理解和认同的观点和观念。

新出台的课程标准以及直接在其指导下编写的新版高中历史教科书，使课程内容和教材内容紧密结合。近年来出现了大量"双新"主题的教学活动和教研成果，体现了一线教师在面对新挑战、新任务时对教学内容的思考，都

---

① 俞红珍：《课程内容、教材内容、教学内容的术语之辨——以英语学科为例》，《课程·教材·教法》2005年第8期。

具有很强的探索性质。但其中也有一些活动和成果过于求新求变,使课堂教学脱离课程和教材内容,或者不符合学生的认知基础,导致精心设计的教学活动收效甚微,这也是改革过程之中的正常现象。教师需要在课堂教学中满足新课程的要求,适当地转变教学模式,学生也需要在学习过程中适应新课程的内容体系,与现有的知识结构相衔接,这种转变和衔接需要通过适合师生双方的教学内容作为中介来实现。在新教材推进的过程中,很多一线教师反映新教材内容跨度大,课堂教学压力大;学生反映教材有些枯燥,部分内容难以理解。这就需要在单元的层面分析和把握教学重点,选取合适的教学内容,避免将旧办法套用到新教材上,对教材内容进行"大水漫灌"或"钻牛角尖"式的处理。

总之,在教学内容中确立重点,首先要满足课标的要求、符合教材的内容,同时考虑到学生的先修基础和目前的学习情况,然后在过程中以学科核心素养和课程目标为指引,确立单元的重点内容。

(二) "重点内容"的确立依据

1. 贯彻课程标准

在确立单元重点内容的过程中,课程标准能够起到指引方向的作用。新版课标在对内容的要求上分为整体和专题两个方面,每个课程模块有整体性的内容要求,内含的各个专题又有具体的知识点要求。

从整体的角度来看,历史不是一起起相互割裂的事件的组合,必修部分的课程强调时序性,通过通史的叙事框架,以马克思的五种社会形态理论为工具,使学生对历史发展的总趋势有普遍性、规律性的理解。在掌握通史框架之外,选考历史的学生还需要有进一步的分析和论证的能力,选修部分的课程即更侧重专业性,从政治、经济、文化三个角度深化学生对历史的认识,培育学科素养。

从具体的角度来看,新版课标改变了此前的"三维目标"结构,在每一个专题中利用了"了解""认识""探讨""理解"等一系列动词。这既延续了对学习层次性的关注,也摆脱了各学科统一的三维结构的束缚,使目标和内容能够更灵活地体现历史学科的特点。

贯彻课程标准，首先要从课标的具体要求出发，明确本单元所涵盖的专题和每个专题所包含的重点内容，依照课标规定的层次选取教学内容。在此基础上，进一步将具体内容与整体框架结合起来，关注知识点之间的逻辑关系和具体史实所反映的历史发展规律，突出时序性和专业性的特点。

2. 立足教材内容

教材是教学内容的主要载体，也是单元的主要划分依据。教材内容是课标要求的具体体现，在教学实践过程中，尤其是对于学生而言，教材往往扮演着最重要、最权威的角色。在新课程标准的指导下出台的部编本高中历史教材，与以往使用的沪教版教材相比，整体篇幅更短，涵盖范围更广。因此，教材不仅为教学重点内容提供了大量素材，也对确立教学重点内容有重要的规范、指示作用。

在部编本教材中，每一单元的前言或内容主旨是单元教学的重要工具，这些内容能够提示本单元的重点内容和学习要点，对于教师而言可以为课程的教学指明方向，有利于史学思想方法的传授，对于学生而言，"内容主旨系指通过该单元或课的学习，学生获得的不仅是能统摄、贯通该单元或课，而且是能与其之前和以后的学习相通的核心观点"。[①]教材编写者在教师用书中对这一部分内容作进一步的说明，可以帮助教师更好地把握单元的重点内容。

由于部编本教材具有内容密度大的特点，在一节课的时间里完成教材中一课时的教学，对教师选取教学重点、利用教材内容是一大挑战。编写者在教师用书中同样对单课内容的选取、栏目设置的考虑等问题作进一步说明，可以帮助教师更好地把握单课重点进而突出单元重点。尤其在教学过程中，教学环节的设计可以着重从教材中史料阅读、学思之窗等材料出发，有机地补充教材正文内容，做到史论结合。通过这种方法，既可以有效地提高课堂效率，突出教学重点，也能够引导学生更好地理解并利用教材自主学习。

3. 兼顾先修基础

在新一轮教材改革中，初中与高中配套使用部编本教材。在确定教学内容时，需要考虑到学生在义务教育阶段的学习基础，在与初中内容融会贯通的同时显现高中历史更高的要求层次。

---

① 施文彬：《高中历史单元内容主旨编写路径研究》，《上海课程教学研究》2017年第3期。

义务教育历史课程内容以历史发展的时间顺序排列,学生通过学习以"点—线"结合的方式呈现出的内容,初步掌握历史学科学习的各项能力。高中历史课程在初中"点—线"结合的基础上采用先通后专的编排,进一步提高学生的历史学科素养。①新版课标在专题内容设计上也考虑到了义务教育阶段涉及的基础知识,对相关内容的教学提出了更高的要求。

在选择单元重点内容时,可以对比参考初中的教材内容和教学基本要求,了解哪些是学生在初中已经初步地学习、掌握、理解了的内容,引导学生回顾、思考、深入探究,锻炼学生的进阶能力;对于初中没有涉及的新概念、新内容,要重点做基础性的介绍和讲解,尽量与原有的知识结构联系起来,便于学生掌握和思考,体现学习的延续性。

4. 结合具体学情

尽管有一定的先修基础,但是学生个体之间的学习成果和表现可能有难以忽略的差距,因此,在确立单元重点内容时,考虑学生的学习基础,更要考虑到学生当前的知识水平和学习状态。有研究者发现,等级考自选三科的新政策出台后,同班级的学生所选科目不同,班型不同,不同班级之间学情差异大,学生之间学情差异更加明显。②

学情分析即学生的学习需要分析,学习需要则是学生学习现状与即将达成的学习目标之间的差距。"如何利用学生已有的知识即潜在状态,创设矛盾情境,解决具体的学习问题,是教学设计的核心之一。"③在具体的教学实践中,首先要收集信息掌握学生学习现状,进而寻找能创设矛盾情境以达成教学目的的手段。信息的收集可以通过设置并发放以义务教育阶段内容为基础的问卷或题目来完成,也可以参考以往的教学过程中对学生的观察经验。内容的确立则要进一步从信息中观察不同班级、不同学生对于先修内容的掌握情况,选取既能够结合已有基础,又能够激发学生对于本单元的学习动机的内容作为重点。

5. 落实核心素养

新版课标提出了五大核心素养的要求,但在单课或者单个知识点的教学中,

---

① 徐蓝、朱汉国:《普通高中历史课程标准(2017版)解读》,高等教育出版社2018年版,第77页。
② 孟秋婉:《高中历史教学中的学情分析研究》,辽宁师范大学硕士学位论文,2019年,第19页。
③ 陈志刚、张春桐:《历史备课学情分析的内容与操作》,《历史教学》(上半月刊)2019年第11期。

很难实现学科素养层面的培养。单元教学设计的系统性、整体性特点为核心素养的"落地"提供了条件。[①]但相比于单课和单个知识点，单元的实体性并不突出，教学时长长短不一，容易被学生忽略，因此，在单元设计中需要有明确的内容以使核心素养"有地可落"。

在确立单元重点内容时，核心素养的落实可以通过归纳、重组教学内容，也可以通过设计单独的教学环节，在学生自主探索的活动中渗透核心素养。同时，具体素养的锻炼也要和单元的主题相适应，例如，对于时间、地域范围比较广的单元可以侧重时空观念、历史解释的培养，对于与经济发展、物质文明相关的内容比较多的单元可以侧重唯物史观的培养。重点重组教学内容要注重引导、启发学生，区别知识性内容和素养性内容，避免学生停留在机械记忆的层次；设计自主探索活动是学生自发的学习过程，教师在实行过程中要注意观察监督，在必要的时候帮助学生把握重点内容方向，保证教学活动的有效性。

（三）单元重点内容的把握与突破列举

案例1：多专题的单元列举，以《中外历史纲要（上）》第一单元"从中华文明起源到秦汉统一多民族封建国家的建立与巩固"为例

【课标分析】

本单元内容包含课程标准中必修部分的专题1.1、1.2、1.3，专题内容可归纳为下表：

史实内容	"了解"层次内容	"理解""认识"层次内容
	石器时代中国境内有代表性的文化遗存	它们与中华文明起源以及私有制、阶级和国家产生的关系
甲骨文、青铜铭文及其他文献记载	私有制、阶级和早期国家的特征	
	春秋战国时期的经济发展和政治变动	战国时期变法运动的必然性
	老子、孔子学说	

[①] 杨进玲、陈新民：《指向核心素养的高中历史单元教学设计探讨》，《教学月刊·中学版》2019年第11期。

续　表

史实内容	"了解"层次内容	"理解""认识"层次内容
孟子、荀子、庄子等	"百家争鸣"的局面及其意义	
	秦朝的统一业绩和汉朝削藩、开疆拓土、尊崇儒术等举措	统一多民族封建国家的建立及巩固在中国历史上的意义
	秦汉时期的社会矛盾和农民起义	秦朝崩溃和两汉衰亡的原因

虽然本单元包含了课标中的三个专题，但是通过归纳可以发现，这些专题的要求层次最高的内容均以"变"为核心，这一时期包括从原始社会到奴隶社会的变化以及从奴隶社会到封建社会的变化，"了解"层次的内容也围绕着这些变化来设置，以展现产生变化的动力和变化带来的表现。

【教材分析】

本单元教材分为四个课时，分别以东周之前、春秋战国、秦、两汉的历史为主要内容。教师用书中对单元的分析指出：在内容的选取上，第一课以中华文明起源的多元性和早期国家的特征为重点，第二课以社会变化与变法运动产生的原因为重点，第三课以秦统一的历史意义为重点，第四课以两汉统一多民族国家在政治、经济、社会、思想文化上的巩固措施为重点。除第二课时外内容按时间顺序排列，利于进行不同时段的纵向比较，第二课时分别从经济、政治、文化三个角度展开，可以以此具体分析时代变化的横向特征。

【先修分析】

本单元位于整个高中历史教学序列的第一部分，学生的先修基础主要来自初中阶段的知识。在上海市现行的《初中历史学科教学基本要求》中，这一部分以介绍历史事件为主，与高中课标相关的内容在知识与技能方面主要有商鞅变法的主要内容及作用、秦与汉武帝巩固统一的措施等，在情感态度价值观上要求能认同生产技术进步与社会变革对历史发展的推动意义。

观察初中教材对应部分的具体内容可以发现，学生们在初中学习到的内容以现象为主，为高中继续深入认识打下了基础。以"商鞅变法"为例，初中教材介绍此事件所用的篇幅明显高于高中教材，但是没有明确地提出"社会转型"这一概念。因此，可以在学生们的知识基础之上，进一步引导学生将对单个历史事件的认识放到社会形态的大背景下，以更宏观的历史规律把握原有的知识内容。

【素养落实】

本单元教材一共使用了九张地图,展现不同时段中华文明在地理上的分布变迁,学生通过对比这些地图,发现历史发展在地理上的反映,可以加深时空观念;早期文明传世文献稀少,其历史需要实物遗存的印证,学生从这些文物和遗迹中能够发现生产力的变化及其对社会历史发展的推动作用,进而理解唯物史观;本单元在一个长镜头中展现了中华先民从原始状态到建立封建大一统国家的历程,学生梳理这一发展过程,体会中华民族"筚路蓝缕,以启山林"的开拓精神,涵养家国情怀。

【重点内容设计总结】

本单元的重点内容应围绕社会形态的转变展开,通过引导学生做长时段的纵向对比,认识到历史发展的动力和表现,理解不同社会形态的含义。在教学实践中,利用教材中的地图、配图并适当地补充其他材料,在实物史料和地理环境中体会历史的变化。设计学生自主学习作业,由学生归纳各个时段的特点,再在课堂中给出社会形态的概念,以理论概念巩固基础知识,用基础知识理解理论概念。

案例2:单一专题的单元列举,以《中外历史纲要(上)》第六单元"辛亥革命与中华民国的建立"为例

【课标分析】

本单元内容为课程标准中必修部分的专题1.8,专题内容可归纳为下表:

"了解""概述"层次内容	"理解""探讨"层次内容
孙中山先生三民主义的基本内容	辛亥革命与中华民国建立对中国结束帝制、建立民国的意义及局限性
北洋军阀的统治及特点	
新文化运动的主要内容	对近代中国思想解放的影响

本单元以辛亥革命为核心,北洋军阀和新文化运动的内容均可以从辛亥革命的意义和局限性处展开。

【教材分析】

本单元教材分为两个课时,分别涵盖了辛亥革命前后和民国早期的历史内容。教师用书中对单元的分析指出:在内容的选取上第19课主要勾画辛亥革命展开的过程,并分析其历史意义;第20课讲述中华民国建立后在政治、经济与文化各方面的表现。第19课内容按历史事件发展顺序展开,第20课横向介绍民国各方面的情况，可以与第19课及以往的单元结合，从各领域的对比中评价辛亥革命的进步作用与局限性。

【先修分析】

上海市现行的《初中历史学科教学基本要求》在知识与技能方面对这一时期的思想文化内容提出了比较高的学习水平要求。例如，对"移风易俗与社会进步"的学习水平要求为C，甚至高于"中华民国的成立"，与高中课标形成了明显的差异。在情感态度价值观上也要求学生从报刊、戏剧、书籍以及教育等思想文化现象与时代的联系中体会思想是社会变革的先导。初中历史课程从文化入手，是关注到学生的认知水平，从一个初中学生比较便于理解的角度切入辛亥革命带来的社会变化这一大概念。高中课程则要将学生看待问题的高度进一步提升，直接深入事件本身，全面地理解辛亥革命的意义与局限性。

关于新文化运动和北洋军阀的内容，初中教材做出了比较详细的交代，部分细节甚至超过了高中必修阶段的要求。关于辛亥革命的内容，初中教材以孙中山先生的革命历程为线索，更侧重于历史事件的介绍，对辛亥革命能够成功的因素、袁世凯"窃取革命果实"的含义及影响等问题的分析比较欠缺。因此，可以利用学生对革命细节的了解，立足具体事件展开分析，提高学生们对辛亥革命的认识高度。例如：初中教材在单元标题中使用了"资产阶级民主革命"这一概念，但是教材没有更多的深入讲解，从这一概念入手引导学生思考、分析革命前后的种种变化，可以将必修课内容与初中所学很好地联系起来。

【素养落实】

辛亥革命有大量种类丰富、便于理解的史料传世，学生可以从材料的形式和内容入手评价史料价值，也可以从史料背后的来源入手形成对历史事件的多角度认识，学习史料实证的方法；学生对不同来源、不同视角的史料进行分析判断，利用这些材料还原历史，评价历史，也能够使历史解释的素养得到锻炼。

【重点内容设计总结】

本单元内容应以辛亥革命的评价为中心，虽然辛亥革命的教学以第19课为主，但辛亥革命的过程学生在初中阶段有过比较细致的学习，而通过第20课的内容可以反过来佐证第19课中对辛亥革命的评价，因此，在教学内容上要均衡分配。在教学过程中采用回忆+追问的形式，带动学生回顾已有的知识结构，在追问并寻找答案的过程中提高对辛亥革命的认识。布置学生收集辛亥革命时期及民国早期各方势力的史事、言论、评价等材料，并分析这些材料的价值，在此过程中培养史料实证和历史解释素养。

三 单元核心问题

(一)"核心问题"的概念

通过问题来启发学生思考、串联教学内容是历史教学中常用的手段。"从开始（导入新课）到结束（总结全课）都是在质疑解惑中进行，问题教学贯穿始终。"[1]随着学科教育的要求重点逐渐从知识的掌握向素养的提升转移，对"问题"形式的认识也需要更加深入，"教师通过教学设计，直接提出问题，让学生带着问题自学、思考、感悟、讨论，然后教师进行指导和释疑的传统模式之外，也主张教师设计创设问题情境，启发学生发现并生成疑惑，运用知识解决问题"。[2]后一种"问题"使用策略使学生不仅是被提问者，也是问题的发现者、提出者和解决者，体现了以学生为中心的发展趋势。而问题也不仅仅是原来教师呈现在课堂中的"疑问句"，也有由学生自主发掘和思考而产生的发现型和创造型问题，"相比之下，两种问题更具有创造价值"。[3]在新课标、新教材对核心素养的要求，以及立德树人的根本任务的指引下，当下教学需要通过形式更为丰富的问题来全面培养学生。本单元关注的"问题"指教师在教学中对学生的提问，以及教师通过选用材料、设置情景、带动讨论等方式，使学生发现问题、分析问题、解决问题的整套教学思路。

将问题从简单的对话变成了一系列教学活动，势必会对教学的进度产生影响，因此，对问题的选择要抓大放小，提高问题教学的效率，从单元的角度来选择"核心问题"。周光岑认为："'核心问题'，指能激发和推进学生主动活动，能整合现行教材中应该学习的重点内容，能与学生生活实际和思维水平密切相关联的，能贯穿整节课的问题或任务。"[4]具体到高中历史的单元教学实践中，单元核心问

---

[1] 全仁经：《历史问题教学之我见》，《中学历史教学参考》1995年第7期。
[2] 计强：《中学历史问题教学与问题设计》，《中学历史教学参考》2004年第10期。
[3] 李其斌：《高中历史"问题教学"模式的提出和实践》，《基础教育研究》2005年第10期。
[4] 周光岑：《核心问题教学研究》，电子科技大学出版社2009年版，第1页。

题应满足以下四个主要的要求。

一是能够统驭篇章。核心问题单元教学的主心骨,即需要将单元的重难点内容通过一个线索归纳起来,又能在这个大问题的各个环节中生发出新的小问题,具体提升学生的学科素养。例如,必修教材上册第六单元"辛亥革命与中华民国的建立",可以从辛亥革命"为什么失败了"这个角度设置核心问题。对于辛亥革命的历史,学生有基本的知识储备,再次学习以一种"找病因"式的思路去仔细回顾辛亥革命前后的历史,分析袁世凯的周旋、军阀混战、新文化运动与革命"失败"有什么具体关系,既能够从另一个角度梳理历史,也能加深对辛亥革命的理解。

二是能够开放参与。当下的问题教学与传统的设问模式最主要的区别,就是学生在问题中角色的转换,使学生能够参与核心问题当中扮演更多的角色,其间需要注意趣味性和循序性。循序性是要让学生能够参与其中理解问题,在问题设置上给学生提供一个"抓手",使学生能够进入问题当中;趣味性是要让学生愿意参与其中主动思考,总结归纳规律,甚至乐于将规律迁移发散到其他单元的内容中去检验。例如,必修教材下册第四单元"资本主义制度的确立",可以将资本主义发展与思想启蒙之间的关系作为核心问题的选题方向。"资本主义"是学生普遍感到既熟悉又陌生的概念,对其外延有模糊的认知,但是对内涵缺乏深入的了解。而文艺复兴相关的史料多样且丰富,在视觉上能够很好地提起学生的学习兴趣,在学习内容上也符合教材的顺序。将文艺复兴与明清时期的文化新气象进行对比,唤醒学生对于经济发展与思想文化革新之间关系的认识,也能够使学生有能力参与问题的分析当中。

三是可控制检验。新课标、新教材在课程内容上的一些重要变化,使得师生不得不在教学和学习方法上进行创新。但是在探索过程中,也容易出现过度求新、求变,抛出的新问题使学生在课堂上迷失了学习方向,降低了教学质量。为了避免这类问题,教师要有意识地在设计的过程中分析单元核心问题,找到在课堂中可能会偏离的方向,通过提前准备、课后检验的方式,为教学上的创新"上保险"。选择性必修教材新内容较多,尤其需要重视这一特征,例如,选择性必修二第五单元"交通与社会变迁",这一部分与地理课的内容比较接近,学生在课堂讨论中会习惯性地用地理学科交通区位分析的体系去分析本课内容,如果不加以引导利用,学生会分散对新航路开辟、工业革命在路线和技术方面对交通发展的革命性影响的关注。直接从新航路开辟或工业革命的影响入手设问,将学生地理知识的正向迁移引导到历史学科上来,并在课后设置相关练习题目,检验教学效果。

四是可迁移发散。新课标要求学生的核心素养体现在能够应对和解决陌生的、复杂的、开放性的真实问题情境上。这种新的评价原则要求教学中学生不能只学会解答眼前的问题,也要能够通过学习将课堂上的具体问题变成抽象的认识并迁移到其他情境中。例如,选择性必修一第一单元"政治制度"是全书的总启章节,内容庞杂。从政治制度产生和演变的逻辑的角度设置核心问题,既可以统驭全章,也可以为本书的学习奠定理论上的基础,还能够在学生的讨论中引出接下来五个单元的主题,提高整本书的教学效率。

（二）"核心问题"与核心素养的结合

核心问题与核心素养都是教学过程中要关注的"核心",这个"核心"的含义,是指二者既需要比较凝练地统摄单元内容,也要能够从中发散出指引具体教学实践的思路。培育学科核心素养是对高中历史教学的整体要求,单元核心问题的设置需要符合这一整体要求,并为达成这一要求而服务,在完成核心素养的归纳和重点内容的选择后,统筹考虑核心问题的设立,使二者在集中性上达到统一。核心问题是核心素养在教学过程中具体实现的有效工具,由核心问题展开而来的小问题和大情境,具体而微地在教学中滋养学生核心素养的成长,二者在发散性上也达到统一。

1. 立足重点素养设立核心问题

设立核心问题,首先要从分散到集中。在选定单元重点培育的素养时,教学者要考虑到素养具体落地的过程,将大素养拆分成小目标,再借由单元重点内容的教学来逐步实现。而在设立核心问题时,需要将这些小目标、小内容整合,用一定的逻辑线索组织成一个大的问题。

寻找这个问题的逻辑线索,可以从单元重点培育的核心素养的要求上下手,这样可以提高课堂效率,保持教学内容的紧凑性,使问题更好地为素养培育而服务。这个问题主要关注的实际内容也要覆盖到单元的重点内容,保证整体的教学过程不偏离课程和教材的要求。总而言之,就是要在重点内容中依据重点核心素养的要求提出核心问题。

为了提高课堂教学质量,单元核心问题的确立也要考虑学生的学习情况。根据课标和教材提炼出的核心问题往往过于抽象,需要结合学情进行调整以将这个抽象的问题具象化,变成一个可以在课堂教学中讨论展开的大问题。从学生的学科知识和能力基础出发,在学生能够接受的内容和难度区间上寻找核心问题的切入点,为学生的学习活动创造条件、引领方向。

2. 延伸核心问题全面提升素养

从核心问题出发设计教学中的具体活动,是一个从集中到分散的过程。核心问题基本确立完成后,需要将其与单元中每一课、每一部分教学内容的目标结合,设置一系列小问题,进而设计真实的问题情境。

能够在情境中展现是单元核心问题区别于传统课堂问答的重要表现。利用核心问题搭建出的真实问题情境,不是对教材内容的简单重复、补充或模仿,而是要围绕核心问题来统领和组织教学。教材的内容在结构上自成一套比较完善的论证体系,单纯依靠这套内容进行教学,"这种叙述指向的只是某一具体史实而不是比较抽象的概念,而具体的史实是难以迁移应用的"①,学生也难以达到新课标对核心素养的要求。从问题出发搭建情境,可以使学生在教学中不只是被动接受者,也是主动的探索者,逐渐锻炼解决各类问题情境的能力。

问题情境能够全面锻炼学生的核心素养。虽然不同单元对核心问题的关注有所侧重,但是各类核心素养之间具有内在的逻辑性,在情境中的核心问题面前,学生也会主动地寻找、利用新的方法来解释、解决问题。例如,在历史解释类的问题中,学生需要收集材料进行解释论证,这个过程本身就提高了学生对史料的判断能力。在唯物史观类的问题中,学生在体悟社会发展与个人生活的相互影响时,也会很自然地加深对民族、国家的认同感和责任感。这样也可以避免将素养变成另一种"知识点",而是成为学生综合素质中有机的一部分。

(三)"核心问题"的教学实施思路——以必修上册第三单元"辽宋夏金多民族政权并立与元朝的统一"为例

【整体设计】

本单元的标题强调多民族政权的并立,但是内容上清晰地分成了两部分——

---

① 黄杏婵:《基于真实性问题情境的教学设计改进——以"对外开放格局的形成过程及意义"为例》,《历史教学》(上半月刊)2019年第12期。

两宋的发展与少数民族政权的建设,课标也分别从这两个角度提出了要求。第9、10两课分别简述了两宋和辽夏金元的制度内容,第11、12课综合介绍了这一时期经济文化的发展状况,后两课内容基本以宋的发展为主角,以少数民族的建设作为补充。设计本单元的核心问题,要将这两部分内容打通,为学生创造情境去思考这两部分内容之间的关系,认识到这些历史事件如何共同推动了统一多民族国家的发展。

对于两宋,学生无论是通过以往的历史课程乃至语文课程的学习,还是在课外欣赏文艺作品、进行学习参观等活动中,都有相对而言比较多的积累。课标对宋代基础知识的了解没有作出明确规定,想必也是认定学生对宋的了解要远超本单元出现的其他政权,从宋出发设计问题,学生会有较强的兴趣来参与。"强宋"还是"弱宋"是一个经常被讨论的问题,疆域上相对较小、军事上相对较弱是宋相对于其他大王朝的显著特点,但在这一混乱时期中,宋却能经营最久,也是今天我们了解最多的政权,说明宋也有其强大之处。从宋的强弱之辨出发,使学生在思维中产生冲突,提出本单元的核心问题——宋到底是偏安一隅的弱者还是名传千古的强者?通过对这个问题的思考,梳理分析宋与各少数民族政权之间的关系,可以锻炼学生的历史解释能力。

通过对这个核心问题的思考,可以勾连起整个单元的内容,也能在各个部分深入设问。第9、10两课说明了宋与各政权的制度背景,宋的制度设计不足导致财政和军事上出现了问题,而各少数民族政权的迭次兴起迫使宋"偏安"南方。第11、12课又为这个问题提供了解决的思路,经济中心的南移和宋代社会经济、科技水平的发展,使宋虽无兵力,但有物力长期与北方政权抗衡,文化上璀璨的成就也使得宋能够在今天被人铭记。同时,这个问题也具有一定的开放性,引导学生思考从哪些方面去判定国家的实力,深化学生对政治经济文化之间的关系和综合国力等问题的认识。

【材料选取】

补充选取一组对宋不同角度、不同态度的评价,引起学生对核心问题的关注和思考。例如下方材料1—材料3。

材料1:华夏民族之文化,历数千载之演进,而造极于赵宋之世。

——陈寅恪《〈宋史职官志考证〉序》

材料2：军无统制，分散支离，分多为寡，兵法所忌。此所谓不善用兵者虽多而愈少，故常战而常败。

——〔宋〕欧阳修《准诏言事上书》

材料3：我宋立国大体，兵力虽不及于汉唐，而家法实无愧于三代。

——〔宋〕林駉《古今源流至论》

以上三则材料分别从文化、军事和政治的角度表达了作者对宋代的评价。这些评价的态度不同，但同时又能从相互之间的关系或作者的角度与立场上进一步解释。通过这种综合性的选材，创设问题情境，可以使学生有动力、有能力进入问题之中，多方面地分析宋的强弱问题。

【具体问题】

根据教材内容，在教学过程中需要根据课时教学的进度从核心问题出发设置一些问题或情境，推进教学环节。在核心问题之下，每课设置主问题情境，再根据具体的课文内容设置具体问题。

第9课主问题情境：宋代重文抑武的风气和规模空前庞大的军队。

具体问题1：宋代有哪些重文轻武的举措？原因是什么？

具体问题2：重文轻武和空前大军之间是否有因果关系？

具体问题3：这种政策造成了哪些影响？宋试图如何挽救？

第10课主问题情境：辽夏金元政权与汉族的对峙与吸纳。

具体问题1：辽、夏、金有哪些代表性制度？

具体问题2：元代的制度与辽、夏、金之间，以及此前各大一统王朝之间有哪些异同？

具体问题3：元朝割裂了还是融合了各民族之间的关系？

第11课主问题情境：为何宋代在处理北方边患时积极用钱解决问题？

具体问题1：宋代经济发展有哪些具体表现？

具体问题2：宋代经济发展反映了什么趋势？对社会造成了什么影响？

具体问题3：经济发展与政治风气之间有什么关系？

第12课主问题情境：宋代经济、社会和政治制度对文化的影响。

具体问题1：这一时期有哪些主要的思想、文艺、科技成就？

具体问题2：少数民族的汉化有何特点？原因是什么？

具体问题3：当时的经济、社会和政治制度为文化发展带来了哪些影响？

【教学环节】

在具体的教学环节中，需要在单元核心问题的指引下，依据具体的问题情境和问题选择材料设问。以第9课"两宋的政治和军事"为例。

环节一：基础知识梳理和情境创设

在基础知识梳理阶段，引导学生通过列表填空的方式整理教材中宋代加强中央集权的措施以及宋代北宋边疆战事的代表性事件，并简要说明原因。引导学生重点关注教材中提到的北宋"鉴于唐后期以来军阀割据、政局动荡的历史教训""抑制武将势力膨胀"的同时又"供养了一支空前庞大的军队"。学生在起初学习的时候，对军队与武将之间的关系了解并不深入，因此容易产生问题，可以引导学生阅读"历史纵横"栏目中关于北宋募兵的材料进行补充。

环节二：历史事件之间因果关系的分析

在问题讨论环节，结合"历史纵横"中的内容，对宋朝对武将的态度和对军队的规模进行分析。配套出示五代时期建国君主的身份，以及北宋与辽边境的地图，深入分析北宋为何要打造一支大而不强的军队。继续出示岳飞早年受到宋高宗重视以及岳家军规模的材料，以岳飞为例，说明宋代始终要努力在避免内乱和击败外敌之间平衡，进而解释本环节的问题。

环节三：历史事件的评判

在事件评价的环节中，由学生来表达对北宋这套制度的看法。在讨论过程中，注意引导学生寻找论据，没有合适的材料可以用教材中的内容替代。同时要紧扣到制度的问题上，避免陷入对个人命运、外交策略等问题的讨论上去。试着与其他王朝进行对比，促进学生从目前的问题情境中归纳出抽象规律进行发散。

【课后检测】

在课后检测中，要注意基础性，选取与本课的问题情境内容相近的材料设问，通过学生的完成情况检测学生理解课堂教学的内容的程度。例如第9课，可以选择宋初杯酒释兵权的相关材料进行设问，考查学生宋代对军事问题的态度。而单元检测时，需要注意发散性，在利用本单元相关的内容时，也引入其他问题情境，例如，可以出示府兵制、唐代治理藩镇等问题的材料，与宋代的制度内容进行对比。将本单元核心问题锻炼出的抽象性的态度、能力和方法应用到其他问题的分析上，锻炼学生面对新情境的能力。

（四）单元教学策略——以必修下册第五单元"工业革命与马克思主义的诞生"为例

1. 单元教学计划的订立原则

【教材内容和地位】

本单元教材共分为两课："影响世界的工业革命"与"马克思主义的诞生与传播"。内容上注重史论结合，对学生形成正确的历史观有重要的作用。

从史实角度而言，本单元的内容中既有资本主义的发展，又有社会主义的兴起；既能够连接起前两个单元世界发展的趋势，又能够引出后两个单元世界格局的变化，是理解世界历史发展大趋势重要的一环。从理论的角度而言，本单元讲述了社会主义理论，尤其是马克思主义的出现与发展，对理解社会主义、共产主义、两种意识形态之间的矛盾等重要理论内容有重要意义。

【课标要求】

虽然仅有两课时，但涵盖了两项重要历史事件，因此，课标对本单元的要求，尤其是理解性的内容较多，在教学中不仅要完成基础知识的梳理，也要在理论层面有所深入。

【校情学情】

本单元的内容学生在初中阶段的历史课上以及党课、团课等活动中都有过学习经历，内容层面上的积累相对比较多，但流于表面。因此，本单元教学要注意结合学生以往的知识基础，引导学生对重大历史事件进行分析和评价。

2. 单元教学计划的制定流程

【课前反馈】

课前反馈可以通过设置课前活动、预习作业等方式来进行。本单元在课前布置学生阅读教材，自主列表归纳以往学习过的资本主义发展历程，并阅读狄更斯《双城记》中的名句"这是最好的时代，这是最坏的时代……"以及该书写作背景，结合教材内容谈谈为什么这既是最好也是最坏的时代。从学生的回答中，观察学生对工业革命两个方面的影响的理解程度。

【计划设计】

工业革命使人类的生产力完成了飞跃，从根本上对社会形态的变化产生了影响,也间接推动了马克思主义理论的诞生。因此,本单元着重让学生在学习中理解唯物史观,学会用唯物史观分析问题。

工业革命是资本主义发展到新阶段的重要节点,也是社会主义逐渐走上历史舞台的背景。教材第11课史料阅读栏目中有马克思的经典论述"随着大工业的发展,资产阶级赖以生产和占有产品的基础本身也就从它的脚下被挖掉了。它首先生产的是它自身的掘墓人"。这段论述使资本主义和社会主义两种意识形态在工业革命中交叉,虽然有一定的理解难度,但能够加深对本单元的内容的理解。因此,本单元的核心问题即"为什么资产阶级主导发起的工业革命,发展了社会主义事业?"。

3.单元教学计划目标的落实

【教学实践】

第10课

环节一——本课导入:回顾资本主义发展的过程,提出问题"当资本主义发展起来后会追求什么?"切入本课主题。引导学生认识到资本对效率的追求,而技术的革新是提高效率的重要途径,进而引出本课主题。

环节二——因素总结:阅读教材,并结合以往教学内容,归纳工业革命的产生都有哪些方面的因素,并在每一方面试举出一两例史事。锻炼学生的总结能力。通过举例来支持观点,既能够加强学生对观点的认识,也有助于巩固所学的史实内容。

环节三——过程介绍:介绍工业革命的基本过程,并选取个别机械或发明来讲解其进步意义。青年学生动手能力强,对机械类问题比较有好奇心。对机械进行讲解能够加深他们对效率、生产力提升的认识。

环节四——特点归纳:结合教师上一环节的讲解,请学生自找角度,归纳工业革命过程中的特点。提升学生的分析归纳能力,并通过师生问答的形式引导学生认识到工业革命主要行业、主要从业者背景等方面的特点。

环节五——影响评价:教师展示工业革命后英国的经济指数、城乡人口的变化、就业人口的变化等数据,以及对英国城市、工厂的描述等材料,请学生从中分析工业革命的结果。培养学生的史料实证与历史解释意识,从史料中感受到工业革命给人类社会带来的变化。

环节六——升华思考:展示卡夫卡《变形记》片段,思考一个问题,即人类进入工业时代后,会面临什么样的问题。引导学生去思考"人的异化"这一主题,为下节课中马克思主义的相关内容进行铺垫。

第11课

环节一——本课导入：回顾上节课的内容，提出问题"工业革命给工人带来了什么？"切入本课主题。引导学生从工人、资本家两方面思考问题，在回答问题时也注意从批判与肯定两方面去分析工业革命，站在当时的背景下工人们的立场上去分析。

环节二——思考讨论：结合上一环节的讨论，再次展示部分材料并向学生提问，"如果你是当时的工人或政治家，该如何解决？"锻炼学生的历史解释能力和唯物史观，保留学生们的回答，在下两个环节中与教学内容相结合进行评价。

环节三——空想社会主义：介绍三位空想社会主义者的主要理论和实践，评价这些尝试的成败原因。深化对社会主义的认识，为下一部分科学社会主义的讲解打下基础。

环节四——科学社会主义：讲解科学社会主义，从《共产党宣言》和《资本论》两部巨著入手，体现马克思主义的批判性。结合上一环节，需要体现出"科学"这一重点，使学生能够区分两种理论并掌握社会主义的发展和科学社会主义的重要意义。

环节五——工运发展：简单介绍1848年革命以及巴黎公社运动，分析这些运动失败的原因。讲授1848年前后两次革命高潮以体现工人运动与社会主义理论的相互作用。

环节六——总结思考：讨论要消灭资本主义剥削的社会主义理论，为何出现在资本主义高速发展的工业革命时期，巩固学生唯物史观的养成。

【课后检验】

1848年革命无论是在社会主义发展史上，还是在帝国主义国家的兴衰史上，都是浓墨重彩的一笔。试通过图书、互联网等途径了解欧洲任一国家在1848年的革命情况，并用本课所学到的理论知识对它们的兴起与结果加以分析。一方面通过这个任务拓展学生对社会主义的认识，另一方面锻炼学生将所学迁移到新的问题情境中。

第四章
主题导向下的教学设计与实施探究

统编高中历史教材在《中外历史纲要》的基础上，精心设置了三本选择性必修教材，分别是《国家制度与社会治理》《经济与社会生活》以及《文化交流与传播》。这三本必修教材各自围绕一个核心主题展开，这些主题分别代表了各自专业领域的历史大趋势与核心特征。每个主题及其下的各个单元、每课内容，均经过精心挑选与组织，旨在呈现该专业领域中最具代表性的中外重大历史事件，从而为学生提供一个全面、深入的历史视角。

对必修主题的认识，不仅是对整本书内容的宏观把握，更是对每一单元、每一课设计的提纲挈领。它如同高屋建瓴，为教学内容的设计提供了清晰的导向。因此，深入理解和把握任一模块所在的内容主题，对于教学内容的设计至关重要。

在主题牵引下，必修教材的教学关注点主要集中在以下两个方面。

一是学生基础知识的立体化构建。这要求教师在教学设计中，不仅要注重知识点的传授，更要关注知识的结构化、网络化构建。通过引导学生建立结构化、网络化的知识体系，帮助他们将零散的知识点串联起来，形成一个完整、系统的历史认知框架。这样的知识体系不仅有助于学生更好地理解和记忆历史知识，还能促进他们积极地思考，提升历史思维能力。

二是注重知识的应用性，即让学生认识和建构历史发展的大线索、大特征、大趋势。这要求教师在教学设计中，不仅要关注历史事件的表面现象，更要深入挖掘其背后的深层次原因和影响，引导学生从多个角度、多个层面去理解和分析历史事件。通过这样的教学设计，学生可以更好地把握历史发展的脉络和规律，提升历史解释和批判性思维能力。

此外，结合高中历史核心素养的培养要求，教师在教学设计中还应注重培养学生的唯物史观、时空观念、史料实证能力、历史解释能力和家国情怀。这些核心素养的培养不仅有助于学生更好地理解和认识历史，还能提升他们的综合素质和人文素养，为他们的终身学习和全面发展奠定坚实的基础。

教学设计的基础理论——认知主义学习理论强调："学习的结果取决于信息是否能在记忆中用一种精心组织和意义充分的方式贮存起来。"遗忘的原因之一就是"缺乏线索"，"难以从记忆中提取信息"。教学设计作为教育活动的关键环节，其理论基础对于教学实践具有深远的指导意义。其中，认知主义学习理论作为教学设计的重要理论支撑，为我们提供了关于学习本质和过程的深刻洞察。该理论强调，学习的结果并非仅仅取决于信息的简单接收和堆砌，而更多地取决于这些信息是否能在记忆中以一种精心组织和意义充分的方式贮存起来。换言之，有效的学习需要学习者对信息进行深度加工和结构化处理，以形成稳固且易于提取的知识体系。

在认知主义学习理论的框架下，遗忘被视为学习过程中的一大挑战。而遗忘的原因之一，正是"缺乏线索"，即难以从记忆中有效提取所需信息。这一现象揭示了知识组织的重要性：若知识在记忆中呈碎片化、无序状态，那么在学习者需要运用这些知识时，便难以迅速、准确地找到相应的线索，从而导致遗忘或记忆混乱。因此，作为教师，我们必须彻底告别简单、零碎的知识堆砌方式，转而致力于帮助学生构建知识的结构化和网络化。这意味着，在教学设计中，我们应注重知识的逻辑性和系统性，通过精心设计的教学活动，引导学生逐步建立起一个清晰、连贯、富有层次的知识体系。这样的知识体系不仅能够帮助学生更好地理解和记忆历史知识，还能提升他们的历史思维能力和问题解决能力。结合前文所述的高中历史必修教材的主题导向，我们的教学设计将围绕以下三个方面展开。

第一，知识的结构化构建：针对每个主题，我们将深入挖掘其内在的逻辑联系和层次结构，通过图表、时间线、思维导图等可视化工具，帮助学生直观地理解知识的组织结构。同时，通过提问、讨论、案例分析等互动环节，引导学生积极参与知识建构过程，加深对知识的理解和记忆。

第二，知识的网络化拓展：在结构化构建的基础上，我们将进一步拓展知识的深度和广度，通过引入相关历史事件、人物、文化等多方面的信息，帮助学生建立起一个丰富、多元的知识网络。这样的知识网络不仅能够增强学生的历史素养，还能提升他们的跨学科整合能力和创新能力。

第三，高中历史核心素养的培养：在教学设计中，我们将始终关注学生的历史核心素养培养，包括唯物史观、时空观念、史料实证、历史解释和家国情怀等方面。通过设计具有针对性的教学活动，如史料研读、历史辩论、历史剧表演等，引导学生运用所学知识解决实际问题，提升他们的历史思维能力和人文素养。

综上所述，认知主义学习理论为我们提供了关于教学设计的重要启示。在教学实践中，我们应注重知识的结构化和网络化构建，结合高中历史必修教材的主题导向，精心设计教学活动，以培养学生的历史核心素养为目标，为他们的终身学习和全面发展奠定坚实的基础。我们接下来的教学设计针对三个主题围绕这两方面展开。

一 政治与制度

（一）必修教材中对政治史主题的梳理

必修1的主题是政治史，设置了六个单元的学习，分别是"政治制度""官员的选拔与管理""法律与教化""民族关系与国家关系""货币与赋税制度""基层治理与社会保障"。每个单元主要包括中国古代、中国近现代、世界史部分的相关内容介绍。其大趋势与特征是政治的民主化、法治化和现代政治格局的多极化。

为使一课内容结构化、网络化，就要知道本课时历史知识在高中历史教学内容中的地位和作用，建立要讲的知识在历史体系中的坐标，即本课在本书的大线索和本单元小线索结构中的位置，定位这一步十分重要。

建立结构化、网络化的知识体系最基础、最关键的一步是找到知识之间的联系。这些联系的类别包括内在联系与外在联系、纵向联系与横向联系、因果联系、主次联系、具体与抽象的联系、现象与本质的联系、整体与部分的联系等等。这些联系存在于必修与选修之间、单元与单元之间、课与课之间、子目与子目之间、段落与段落之间。

以选择性必修1第16课"中国赋税制度的演变"中第一子目"中国古代的赋役制度"为例。这一子目主要介绍了中国古代赋役制度的演变，涉及秦汉、隋唐、宋元、明清等时期赋税和徭役制度，学生在中外历史纲要上册中接触过有些内容，比如第4、7、9、14课等，这是必修教材与选修教材之间的联系，引导学生回忆和结合纲要上的相关内容，对于理解赋役制度演变的时代背景有很大的帮助。中国古代的赋役制度与户籍管理息息相关，因此，在进行教学设计时必须把选修1第五单元"货币与赋税制度"与第六单元"基层治理与社会保障"、把第16课"中国赋税制度的演变"与17课"中国古代的户籍制度与社会治理"联系起来，打通单元与单元、课与课之间的联系，才能更好地融会贯通。而子目与子目之间、段落与段落之间的逻辑联系就更显而易见了。

（二）"和而不同，发现当代中国道路"——选择性必修1教材整体设计

在国家制度与社会治理方面，东方的中国与西方的外国有不同的轨迹和特征。其中，第1、5、8、11、17课及第4、15、16课的第一目内容是中国一条线，第2、6、9、12课及第15课的第二目、18课主要内容是外国一条线。第3、7、10、13、14课及16课第二目、18课第二目的部分内容是近现代中国道路的选择。也就是说，必修1教材的整体设计是在了解古代中国及古代至近代西方国家制度与社会治理发展演变的基础上，理解中国政治发展道路的独特性。

基于这样一个整体设计理念，我们在接下来的单元教学设计、单课教学设计中才能真正帮助学生理解中国近现代政治道路选择的合理性。反之，如果不能从宏观上把握政治制度演进的过程，就不能体会政治文明发展的规律和趋势；如果不能从整体上认识政治现象，就难以对历史事件做出准确的评价。

设计案例

必修1第3课"中国近代至当代政治制度的演变"

【内容主旨】

经历了民国时期、中国共产党在根据地和解放区的制度探索，中华人民共和国建立了适合中国国情的政治制度。

【教学目标】

了解近代以来共和制取代君主专制、中国特色社会主义政治制度的建立和完善过程；通过对时间轴、文献史料等的释读，初步掌握用发展和联系的视角认识中国近代民主政治发展及曲折的原因，尤其是影响民主共和进程的复杂因素。理解中国特色社会主义民主政治制度的独特性和历史意义，加深对国家政治制度的

认同感。

【重点难点】

重点：了解共和制在中国建立的曲折过程。

难点：理解近代以来中国政治发展的曲折性和独特性。

【教学过程】

环节1：出示材料一，选自毛泽东在1949年新中国成立前夕发表的《论人民民主专政》，教材第17页的史料阅读。

引导学生阅读教材，带着为什么"资产阶级共和国应让位给人民共和国"的问题，进入本课的学习。

设计意图：通过初中及高一阶段的政治、历史学科的学习，学生对中国的根本政治制度，即人民代表大会制度是有所了解的。但这样的政治制度，为什么是历史的选择和人民的选择，是学生认识本单元中国政治发展独特性的关键，提问有利于学生带着这个问题进入本课的学习。

环节2：出示民国初年（1912—1915）大事年表。

引导学生根据大事年表，回顾《中外历史纲要》（上）中关于民国初年专制与共和的斗争的史实。教师在学生回答的基础上补充讲述各历史事件之间的内在联系。南京临时政府成立后，已经手掌清朝大权的袁世凯一方面武力威胁革命势力，另一方面利用南京临时政府迫切完成统一和实现和平的愿望，以临时大总统职位为条件迫使孙中山让步，又施压清廷，逼迫宣统退位。清帝退位后，袁世凯被选举为临时大总统，于3月10日在北京就职。孙中山下野前，促使临时约法颁布，意在稳固共和政体。根据临时约法，宋教仁改组同盟会为国民党，领导其在国会大选中取得胜利。3月20日，动身前往北京组阁的宋教仁在上海火车站遇刺，随后孙中山领导二次革命，被镇压。袁世凯随即迫使国会选举自己为正式大总统，加快了复辟帝制的步伐，1915年12月12日，袁世凯接受帝位，改国号为中华帝国，建立洪宪帝制，蔡锷、唐继尧等掀起护国运动，在举国声讨声中，袁世凯被迫去帝位，并于数月后病逝。北洋军阀陷入割据内战之中，政局混乱，共和无从谈起。

设计意图：通过大事年表，回顾已学习的知识，感受民国初年共和的反复，理解共和制度建立的曲折。

环节3：出示材料二、三，提问：根据材料，分析民国初年政党政治失败的原因。

教师提示学生注意"他们并不代表什么阶级""社会政治大转型""民国必须具备的条件""军权、政权"等概念及关键字句,引导学生对民国初年政党政治失败原因进行概括,并进一步思考,接下来的中国何去何从?

设计意图:培养学生阅读史料,提取关键信息进行史料实证及概括的能力。引导学生理解民国初年的政党政治既缺乏经济基础和阶级基础、缺乏政党文化,又面临以袁世凯为首的北洋军阀实力强大,破坏政党政治,政党建设先天不足后天畸形。

教师在此基础上过渡,政党政治的失败是民国初年共和的一大挫折,1915年袁世凯建立洪宪帝制,使共和政体名存实亡。尽管护国运动击碎了袁世凯的称帝美梦,但随着袁世凯的去世,北洋政府分崩离析,军阀混战、割据持续了十年,共和民主的实现是那样遥不可及。1926年,北伐战争开始,国民革命军先后消灭吴佩孚、孙传芳。革命形势一片大好,正在此时,蒋介石发动四一二反革命政变,建立南京国民政府,在经过激烈交锋后,与武汉政府"宁汉合流",随后继续挥师北伐,张学良东北易帜,实现了中国的形式统一,之后,国民政府宣布实行训政。

环节4:出示材料四、五,对比孙中山"训政"思想与南京国民政府"训政"的区别。

引导学生在阅读材料的过程中通过比较,总结出两者的区别,即孙中山训政思想以"主权在民"理论为基础,旨在通过地方自治、发展民权、开启民智,进而实现宪政。而南京国民政府的"训政"实质是国民党的一党专政和蒋介石的个人独裁。

设计意图:本环节在史料选择方面,意在培养学生通过比较材料提取有效信息的能力,了解"训政"失败的本质原因,继而引出宪政的失败。

教师总结:按照原计划,"训政"的期限是六年,即到1935年结束。但是1935年以后,国民党中央一直寻找借口拖延结束"训政"的时间。随着全面抗战的爆发,"宪政"一度被搁置。抗战结束后,面对举国要求"和平建国"的呼声,蒋介石一面假意邀请毛泽东赴重庆谈判,一面加快内战步伐。"双十协定"签订后,1946年,政治协商会议召开,会议通过一系列决议,确立了结束国民党独裁,实现和平建国的原则。但仅仅半年之后,国民党撕毁协议,引爆了内战。直到1948年,国民党才召开了"行宪国大",而此时,国民党大势已去。资产阶级共和制方案失败。

就在国民党"行宪国大"期间,延安重新被西北人民解放军收复,这是很有象征意义的变动。会议闭幕的前一天,中共中央发布纪念五一节口号,提出:"各民主党派、各人民团体、各社会贤达迅速召开政治协商会议,讨论并实现召集人民代表大会,成立民主联合政府。""为着打倒蒋介石建立新中国而共同奋斗!"中共成立民主联合政府的主张,得到各民主党派和无党派民主人士的热烈响应。下面我们了解一下近代中国共产党对政治制度的探索。

环节5:出示"中国共产党在革命时期的制度探索"表格,依据教材内容填写。

引导学生在仔细阅读教材的基础上填写表格,并补充完善。在此基础上,引导学生思考"为什么中国共产党在不同的历史时期采用了不同的政权模式"?

学生活动:依据教科书完成表格。

时 期	制度建设	地 区	意 义
土地革命	苏维埃政权	农村革命根据地	创建人民革命政权的尝试,开辟人民政权的重要实践,积累了治国安民的宝贵经验
抗日战争	边区政府、参议会,三三制原则	抗日民主根据地	巩固和扩大了抗日民族统一战线,加强了抗日民主政权建设,为抗战胜利奠定了政治基础
解放战争	行政区	解放区	加速了解放战争的胜利,巩固了人民政权,为新中国的政权建设奠定了坚实基础

设计意图:表格填写有助于学生从教材中寻找相关信息并进行知识的梳理,通过在不同历史时期采用不同政权模式的思考,引导学生认识中国共产党在政治制度探索过程中能依据国情的变化做出尝试,理解政治制度探索的曲折和艰难,民主化的进程不是一蹴而就的。这些实践探索为新中国的政权建设奠定了坚实的基础。

教师过渡:除了实践的探索,在抗日战争和解放战争时期,毛泽东相继提出了新民主主义思想和人民民主专政思想,这为人民共和国的建立奠定了理论的基础。

环节6:再次出示材料一(教材17页的史料阅读)。

在史实介绍的基础上再次引导学生阅读材料一,加深对中国政治道路选择的理解。

设计意图:教材第二个子目和第三个子目关联密切,这段材料深刻揭示了中国特色的社会主义制度的建立与完善是历史的选择、人民的选择,是由中国国情决定的。承上启下进入第三子目的学习。

环节7：出示全国人民代表大会制度形成和发展完善的时间轴。

在阅读教材的基础上，梳理中国最根本的政治制度——人民代表大会制的发展历程。

设计意图：人民代表大会制作为中国最根本的政治制度，学生在初高中的政治、历史的学习中都有接触，本课着重从历史脉络的梳理中，让学生体会这一制度的发展也不是一帆风顺的。

环节8：阅读教材第21页的问题探究。

在简单介绍中国共产党领导的多党合作和政治协商制度的基础上，引导学生阅读材料并思考北洋政府时期的政党政治与中国共产党领导的多党合作和政治协商制度的主要区别。

设计意图：中华人民共和国的基本政治制度是中国共产党领导的多党合作和政治协商制度、民族区域自治制度、基层群众自治制度。后两个制度在选择性必修1的13课和18课都有详细介绍，故本课主要介绍中国共产党领导的多党合作和政治协商制度。与北洋政府时期的政党政治做比较，有助于学生更好地理解这一制度的优越性。

环节9：总结

辛亥革命推翻了清政府，中华民国建立。在北洋军阀政府统治时期和南京国民政府统治时期，民主共和名存实亡，一个真正的资产阶级共和国始终没有建立起来。

从20世纪30年代，中国共产党在根据地和解放区的制度探索为建立人民共和国积累了宝贵的经验。新中国成立后，中国共产党逐步建立和完善了具有中国特色的社会主义制度，并努力推进国家治理体系和治理能力现代化。

中国特色社会主义制度具有强大的生命力和巨大优越性，中国共产党的领导是中国特色社会主义最本质的特征，是中国特色社会主义制度的最大优势。

历史证明，只有中国共产党才能救中国，才能发展中国民主。今天我们比任何时候都更接近中华民族的复兴，我们更要砥砺前行，为努力实现中华民族伟大复兴而奋斗！

【教学策略】

环节8中对北洋政府时期的政党政治与中国共产党领导的多党合作和政治协商制度主要区别的分析。

若学生能归纳出阶级基础、国体、特征、实践基础、理论基础等方面的区别，则在此基础上进行本课的总结,强调中国特色社会主义制度具有强大的生命力和巨大优越性,中国共产党的领导是中国特色社会主义最本质的特征,是中国特色社会主义制度的最大优势。

若学生无法顺利地归纳出两者的区别,教师可引导学生回忆环节3中对"民国初年政党政治失败的原因的分析",从"缺乏经济基础和阶级基础、缺乏政党文化,又面临以袁世凯为首的北洋军阀实力强大,破坏政党政治,政党建设先天不足后天畸形"等角度进行对比。

【板书设计】

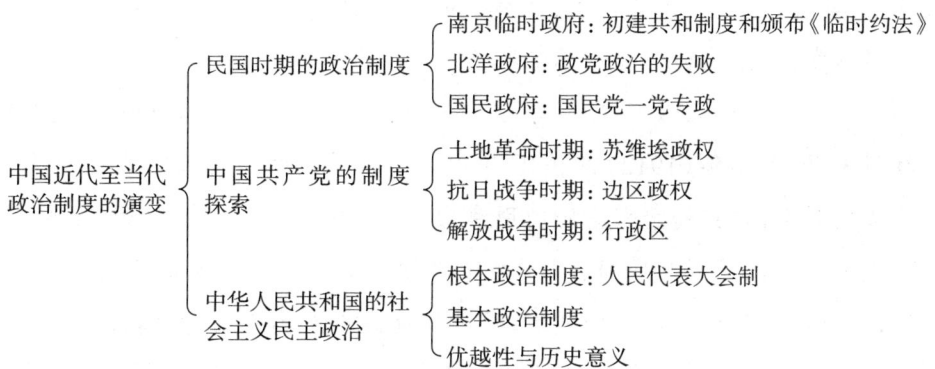

【作业设计】

著名学者约瑟夫·奈这样评价:"中国的经济增长不仅使发展中国家获益巨大,中国的特殊发展模式包括特殊的民主方式也被一些发达国家称为可效仿的榜样。"

有学者也感慨:"中国的成功,恰恰是没有采用西方民主模式才取得的。"

——《人民日报》2009年9月4日01版

提问:结合本课所学,从学者的评价和感慨中你可得到哪些启示?

设计意图:通过史料探究,进一步涵养学生的家国情怀,进一步增强学生对当前中国制度建设与发展的自信心和责任感。

【资料附录】

材料1:就是这样,西方资产阶级的文明,资产阶级的民主主义,资产阶级共和国的方案,在中国人民的心目中,一齐破了产。资产阶级的民主主义让位给工人阶级领导的人民民主主义,资产阶级共和国让位给人民共和国。这样就造就了一种可能性:经过人民共和国,到达社会主义和共产主义,到达阶级的消灭和世界的大同。康有为写了《大同书》,他没有也不可能找到一条到达大同的路。资产阶级的共和国,外国有过的,中国不能有,因为中国是受帝国主义压迫的国家。唯一的路是经过工人阶级领导的人民共和国。

——毛泽东《论人民民主专政》(1949年6月30日)

材料2:他们看重的只是自己的政治前途,搞政治的目的是入朝为官,因此他们并不代表什么阶级。以前入朝为官的快捷方式是参加科举;现在科举没有了,党就变成科举的代替品了。入党做官,或组党做官,就成了有志青年的正途。这是我们社会政治大转型还未转完的一条大尾巴。

总之,要搞政治,你就得组党,入党,毁党,造党,分党,合党……一言以蔽之,万变不离其党,才是入朝为官的不二法门。

——唐德刚《袁氏当国》

材料3:民国元年(1912)的民国有民国必须具备的条件吗?当然没有。在上了轨道的国家,政党的争权绝不使用武力,所以不致引起内战。军队是国家的,不是私人的。军队总服从政府,不问主政者属于哪一党派。但是民国初年,在我们这里,军权就是政权。辛亥的秋天,清政府请袁世凯出来主持大政,正因为当时全国最精的北洋军队是忠于袁世凯的。中山先生在民国元年所以把总统的位置让给袁世凯也与这个缘故有关。

——蒋廷黻《中国近代史》

材料4:孙中山……提出了著名的革命程序论,即:"规定革命进行之时期为三:第一、军政时期,第二、训政时期,第三、宪政时期。"按照孙中山的解释,所谓军政时期,为破坏时期。即在此时期内施行军法,以革命军打破满清专制,扫除腐败,改革风俗,解放奴婢等等。所谓训政时期,为过渡时期。在此时期内施行约法,建设地方自治,促进民权发达,以县为单位,扫除积弊,积极开启民智,办理卫生、教育、道路改革等各事。各县已达完全自治程度,则选举代表,组织国民大会,制定五权宪法。所谓宪政时期,为建设完成时期。即施行宪政,实行直接民权。

——唐振常《唐振常文集第三卷》

材料5:第一条 中华民国于训政时期开始,由中国国民党代表大会,代表国民大会,领导国民行使政权。

第二条 中国国民党全国代表大会闭会时,以政权付托中国国民党中央执行委员会执行之。

第三条 依照总理建国大纲所定选举、罢免、创制、复决四种政权,应训练国民逐渐行使,以立宪政之基础。

第四条 治权之行政、立法、司法、考试、监察五项,付托于国民政府总揽而执行之,以立宪政时期民选政府之基础。

第五条 指导监督国民政府重大国务之施行,由中国国民党中央执行委员会政治会议行之。

第六条 中华民国国民政府组织法之修正及解释,由中国国民党中央执行委员会政治会议议决行之。

——《训政纲领》

时间轴1:民国初年大事年表

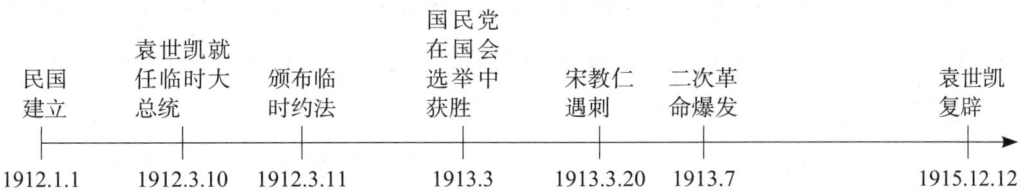

时间轴2:中国人民代表大会制的形成和发展

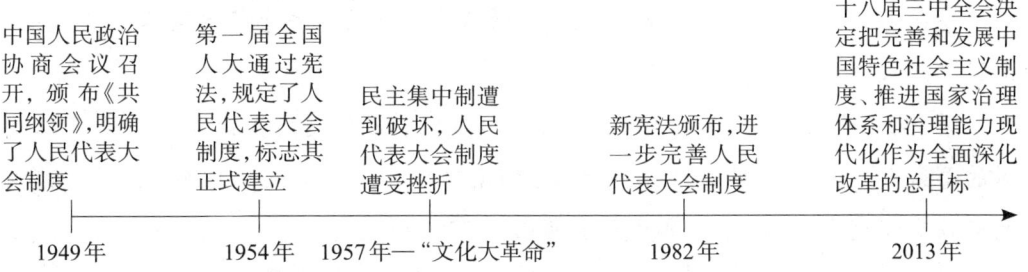

(三) 学生互动活动设计

重点挖掘能让学生通过体验解决问题的一些课。

必修1第13课"当代中国的民族政策"

【活动主题】

以"当代中华民族政策与民族交融、区域经济发展"为主题,以小组合作、班级探讨、主题展示等方式,认识当代中华民族政策的建立、发展和完善,在理解上层建筑与经济基础反作用的基础上,加深对中国解决民族问题的正确道理和制度保障的认识。

【活动目标】

搜集当代少数民族区域自治制度的相关资料,并分析对民族交融和少数民族区域经济发展发挥的巨大作用。从学生自身视角出发,以其身边的人和事为研究对象,认识少数民族区域自治区民族政策的不断发展完善的过程,深刻理解国家政策对民族交往交流、区域经济发展的影响。

【活动过程】

步骤一

在老师的指导下,以学生分组合作的形式,课前自主梳理当代中华民族政策的发展脉络,其中一组进行课堂展示(Presentation),介绍民族区域自治制度的建立、发展与完善,加深对中国解决民族问题的正确道理和制度保障的理论认识。

步骤二

基于本班(新疆班)学生多民族的特点,引导学生分享身边关于民族政策与民族交融的事例,从学生亲身亲历视角看新中华民族政策对于民族区域发展的影响,铸牢中华民族共同体意识。

事例1:学生身边直系亲属作为新疆基层工作人员,关于落实国家民族政策,加强思想教育工作的相关细节。

事例2:节假日(比如古尔邦节、春节)期间,少数民族家庭和汉族家庭以结对的形式共同庆祝中华民族传统节日,加深对彼此风俗文化的理解,加强民族间的交往交流交融,形成中华各民族大家庭一家亲的认同。

事例3:新疆校园内,开展"三进两联一交友"的活动(新疆大部分地区采取民汉合班的特色方式进行教学),"三进"即教师"进班级、进宿舍、进食堂","两联"即"联系学生、联系家长","一交友"是指与学生交朋友;加强不同民族内师生的友好交往交流。

步骤三

教师通过展示数据材料,学生探讨分析在新民族政策之下,不同少数民族自治区经济的发展概况。

步骤四

各组以"新疆经济发展"为主题,结合自己家乡的实例,课前搜集相关资料,查阅相关档案,拍摄相关主题的照片,录制相关的影像资料,通过组内合作和班级交流的形式进行成果汇报。通过丰富多样的材料及大家的分享,充分认识到民族政策对于区域经济发展的巨大推动作用。

步骤五

各小组根据本课所了解的当代中华民族政策及自身亲见亲听亲历,联系自己作为一名来自少数民族自治区的身份,将自身的发展与新疆的建设及国家赋予的历史使命相结合,谈谈自己的"中国梦·新疆梦",为实现中华民族一家亲、同心共筑中国梦而不断奋斗!

【活动拓展】

一方面,将本班各组研究报告、事例分享文稿,汇集成册,形成全班成果,发表在班级微信公众号、校刊、黑板报等多种平台;另一方面,将各组研究报告、事例分享及影像资料,制作成小视频,发布在B站、抖音、快手等新兴传媒平台,还可以将新疆经济发展的数据材料、影像资料,编辑成视频,分享在Facebook、Youtube等国际平台上,向世界展示中华民族自治区经济的腾飞。

二 经济与生活

(一) 必修教材中对经济史主题的梳理

必修2的主题是经济史,设置了六个单元的学习,分别是"食物生产与社会生活""生产工具与劳作方式""商业贸易与日常生活""村落、城镇与居住环境""交通与社会变迁""医疗与公共卫生"。每个单元主要包括中国古代、中国近现代、世界史部分的相关内容介绍。其大趋势与特征是经济的工业化、市场化。

(二) "日新月异,理解物质生产发展"——选择性必修2教材整体设计

必修2的主题虽然是经济史,但其标题为"经济与社会生活",相对来说,前三单元更偏重传统意义的经济学(生产与分配),而后三单元的内容更偏重社会

生活(城市、交通、医疗),但每个单元都同时照顾到了两方面的内容。每个单元内部大体按照时间顺序编排,如1、4、7、10、12、14均为古代史内容,2、5、8为近代史,3、6、9、11、13、15为现代史。也就是说,必修2教材的整体设计是通过了解经济与社会生活不同方面的发展,及不同因素之间的相互作用,理解现代社会是如何形成的。

基于这样一个整体设计理念,我们在进行单元设计和单课教学设计时,必须既注重具体某一方面本身的发展,又将这种发展与其他因素相关联,同时将其置于"现代社会"的体系中考察。否则,学生接收到的只会是不同方面在不同阶段的发展程度,即一堆零散的信息,而无法从整体上理解现代社会的形成。

设计案例

必修2第12课 "水陆交通的变迁"

【内容主旨】

社会的发展水平为交通的进步提供了基础和需求,交通对社会的发展也具有深远的影响。历史上交通的变迁从原始到机械化,受制于时代的经济基础、政治需求和技术条件等因素,在不同时段也表现出不同的特点。从中国第一条营运铁路——吴淞(淞沪)铁路的命运上,可以一窥这些因素的复杂作用。通过本课的教学,学生能够透过交通的变迁把握交通与时代、社会发展之间的关系,在交通的发展中体悟近代化的进程。

【教学目标】

了解20世纪之前水陆交通变迁的基本过程;认识到新航路开辟和工业革命对于交通发展的重要意义;理解交通与社会变迁之间的关系。

【重点难点】

重点:交通变迁的过程

难点:交通与社会变迁之间的关系

【教学过程】

环节1:"条条大路通罗马"——古代的水陆交通

列表归纳教材中罗马、秦、汉、唐、元的陆路交通网,注意这些交通网的中心,思考建设这些路网的国家或政权有什么特点。进而将该特点推广至内陆运河工程上,指出古代内陆水陆交通网的建设有服务于政治统治的特点。

设计意图:通过列表归纳的方式一方面帮助学生梳理这一部分的教材内容,另一方面也让学生认识到古代政治需求在交通建设中扮演的重要角色,为本课分析交通与社会的关系进行铺垫。

环节2:"条条大路向海洋"——殖民扩张与水路交通发展

阅读米迪运河的地图和阿姆斯特丹运河的材料,分析这两项交通工程与上一环节里所讲的交通工程有何区别,再从其中的不同之处入手分析产生这种变化的原因,指出古代至近代影响交通的因素的变化。

设计意图:结合地图与材料,学生可以认识到17世纪的两项工程更关注于海洋的联系而不是政治中心的联系,结合当时法国、荷兰正处于海外殖民扩张的时期,欧洲航运中心自地中海转移至大西洋的背景,可以发现这些运河工程背后的经济动因,丰富上一个环节对影响交通因素的分析。

环节3:新航路开辟与全球的联通

利用表格列举新航路开辟前中西方的航海活动范围,分析何以新航路区别于以往的航路而被称为"新"航路。阅读郑和船队的宝船和麦哲伦船队的相关数据,思考人类还需要从哪些方面提高交通运输能力。

设计意图:新航路开辟前的航海活动是学生了解相对比较少的内容,通过表格归纳的方式与新航路开辟相对比,突出新航路在沟通全世界上的重要意义。但新航路的顺利开辟的重大意义与当时远洋航行中的实际效率相对比形成反差,引导学生思考交通在航线和技术上的发展。

环节4:工业革命与交通近代化

结合教材内容,思考在新航路开辟后,人类从哪些方面进一步提高了交通运输的能力?展示苏伊士运河的相关数据和英国铁路网的运力数据,体现技术进步对交通发展的重要作用。

设计意图:虽然苏伊士、巴拿马运河的内容属于全球航路建立的内容,但是从时间上与工业革命时间相近,在技术上也与工业革命关系密切,因此与工业革命放在一起分析更符合本课逻辑。蒸汽机车和汽船等内容在纲要课程中已经学习过,在此只通过数据来体现其对交通行业的巨大影响。

环节5:吴淞铁路的公案——交通与社会的变迁

阅读吴淞铁路的纪念碑和建设的背景信息,读出历史信息并发现问题。带着问题分析展现当时清政府保守派、洋务派、上海商人和市民以及沿线居民态度的材料,思考这条铁路的存废受到了哪些因素的影响。

设计意图: 本环节旨在利用当时各方对待吴淞铁路的不同态度,比较全面地引导学生认识交通对社会的多面影响,在利用史料分析复杂问题的同时培养学生的史料实证和历史解释素养。

环节6: 影响交通发展因素的分析

阅读学者对吴淞(淞沪)铁路兴废史的评价,思考这条铁路为何能被称为"中国近代化的缩影",分析交通变迁与社会发展之间的关系。

设计意图: 将交通史放到整个中国近代化的视角下分析,在复杂的社会因素中找到社会发展的大趋势,涵养学生的唯物史观。

【结构板书】

```
            第12课  水陆交通的变迁
   交通变迁:                  影响因素:
   古代社会:天然的道路、河流——自然条件的限制
           道路网以都城为中心——政治统治的要求
   近代社会:内陆向海洋集中——经济发展的推动——对社会的复杂影响
           航路联系全世界
   工业革命:蒸汽动力的应用——技术水平的基础
```

【作业设计】

除了第一条营运铁路,上海见证了中国交通史上多个"第一",例如,中国第一家轮船航运公司、中国第一家出租车公司等。请任意寻找一项开上海乃至全国交通行业风气之先的工程或企业,介绍它们的发展情况,并简要分析影响其发展的主要因素。

【资料附录】

材料1:吴淞铁路是清光绪二年(1876年)以英国怡和洋行为首的英国资本集团擅自修建的,是中国的第一条营运铁路,全长14.5公里。光绪二年闰五月初九(1876年6月30日),上海至江湾段竣工通车,闰五月十二日(7月3日),吴淞铁路上海江湾段正式营业。

材料2：臣等察开筑铁路，为中国未有之事，而洋人久蓄之谋。利害固应统筹，行止尤应自主……况火轮车路，中国诸多未便，未能允行。中国地方，中国有自主之权，条约所不载，地方上难行，中国未便勉强相从，外国亦未便勉强中国。

——1876年3月29日 总理事务衙门奏折

材料3：将洋商购置车铁木石器料及租地价，仍由中国照原值买回，另招华商股份承办。若资本过巨，或分年，或分限，如数还清，永归中国管业。

——1876年3月16日 李鸿章与英国正使的谈话纪要

材料4：上海、江湾、吴淞三处商民145人曾联名公禀两江总督"请准铁路继续办理"，清政府置而不顾。其后上海道饬铁厂工匠拆卸铁路机车器材，将其储于板箱之中。至十一月十四日（12月18日），铁路路轨全部拆除。

——上海铁路局编《上海铁路志》

材料5：前日吴淞至江湾之火车正驶行时，中途陡遇男妇老稚八九百人前来拦阻，诘其故，称因前日机器车中之火星飞入该处附近之草屋上，致火焚如也。管车洋人即温语慰之并许以当令惜事前来查看众人方始让路乃开行，甫数步众人中有谓何为轻纵，前行者因积峰拥而来冀图拉住，后觉机器力大人不能敌，遂各释手，车遂启行。

——《申报》1877年10月13日

材料6：1898年，在吴淞铁路原路基的基础上又重新筑成了铁路（淞沪铁路），此时距吴淞铁路拆除已过了21年。考虑到清政府也正是这个时候才开始大规模地修筑铁路，吴淞（淞沪）铁路的拆和建，可以看作中国近代化迟误的一个缩影。让国人痛心的是，1898年铁路重建的时候，国家主权的丧失，不仅没有比1877年减少，反而是大大地增加了。

——苏生文《中国早期的交通近代化研究》

（三）学生互动活动设计

必修2第15课"现代医疗卫生体系与社会生活"

【活动主题】

以"中国的现代医疗卫生体系与抗击新冠肺炎疫情"为主题，锁定中国现代医疗卫生体系中的一个组成部分，通过个人查阅资料、小组专题研讨以及全班展示等方式，从历史学科的角度揭示中国现代医疗卫生体系的建立和发展，展现其对抗击新冠肺炎疫情的作用，以史论结合的方式谈一谈你的体会。

【活动目标】

搜集中国现代医疗卫生体系的相关资料，并分析其在抗击新冠肺炎疫情的过程中发挥的作用。从中选择感兴趣的，或认为意义重大的部分作为研究对象，查阅资料，弄清其建立健全的过程、发展的影响因素，以及在过去是否已在抗疫方面发挥过较大作用。

从历史学科的角度，探索中国现代医疗体系的发展过程，探索这一过程中的影响因素，形成自己的历史解释。

【活动过程】

步骤一

在老师的引领下，采取个人自主学习的方式，通过教科书和其他资源，首先了解中国现代医疗卫生体系的概况。在这一过程中，须思考若干问题：(1)中国现代医疗卫生体系分为哪几个部分？你对哪一部分最感兴趣？(2)你想进一步了解这一部分的哪些内容？(3)这一部分在抗击新冠肺炎疫情的过程中发挥了怎样的作用？

步骤二

进一步查阅资料，把自己的研究范围锁定在中国现代医疗卫生体系的某一具体部分。须研究若干问题：(1)这一部分体系在何时可以算"初步建成/全面建成"？自新中国成立以来花费了多长时间？(2)这部分体系的发展在全国范围内是否平均？有怎样的地区差异？(3)这一部分体系在此前的防疫抗灾，及此次抗击新冠肺炎疫情中，发挥了怎样的作用？

步骤三

在明确了自己的研究任务与具体问题之后，经过相互讨论，树立清晰的问题意识，写出自己的研究计划；也可以小组协作，明确人员的分工，明确搜集资料的路径方法、研究成果的呈现方式，共同完成研究任务。

如采取小组协作，可在小组内对研究问题进行初步讨论，拓宽研究思路，之后结合研究的问题，阅读文献资料，有序展开工作。

步骤四

在资料研究的基础上，从历史学科的角度解释以下问题：(1)在该部分体系的发展过程中,受到哪些因素的助力和阻碍?(2)在论证其在抗疫防灾方面所发挥的作用时,主要依据了哪些史料?进而完成书面研究报告,小组就报告进行讨论,打磨修改。

步骤五

各组形成书面研究报告后,在上课时进行分组展示。针对每一组的研究成果进行全班讨论,按照特定的体系编排每组的研究成果,形成全班的总结报告。

【活动拓展】

将本班的研究成果在期末学科节活动时以展板的方式向全校展示,也可发表在班级微信公众号、校刊、黑板报等多种平台上。

三 文化与思想

(一)必修教材中对文化史主题的梳理

必修3的主题是思想科技文化史,设置了六个单元的学习,分别是"源远流长的中华文化""丰富多样的世界文化""人口迁徙、文化交融与认同""商路、贸易与文化交流""战争与文化交锋""文化的传承与保护"。除一、二单元外,其他四个单元均同时包括了中国史和世界史。其大趋势与特征是思想的理性化、科学化、大众化。

(二)"美美与共,认同民族文化特色"——选择性必修3教材整体设计

必修3的标题为"文化交流与传播",从内容上来看,第一、二单元是对中西文化的概述,三、四、五则分别呈现了文化交流的不同方式(人口迁徙、商贸、战争),其中每个单元又是按照时间顺序进行编排。最后第六单元立足于文化的传承与保护。也就是说,必修3教材的整体设计是在了解中西文化的基础上,认识到文化在发展的过程中通过各种方式不断交融、演化、进步,并最终形成现代具有多样性的世界文化,最终树立作为现代中国人,一方面传承中华优秀传统文化,另一方面维护世界文化多样性和创造性的意识。

基于这样一个整体设计理念,我们在进行单元设计和单课教学设计时,必须

既注重文化本身的表现形态,又关注这种形态形成过程中其他文化及其他因素所施加的影响,同时将其置于"世界文化"的体系中看待。否则,学生只能了解不同文化的零散特点,而不能认识到世界文化在交融中呈现的多样性,以及世界文化在不断自我革新中体现出的创造性。

设计案例

必修3第9课"古代的商路、贸易与文化交流"教学设计

【内容主旨】

商路的开辟对促进文化交流发挥了重要作用。丝绸之路及其他重要的古代商路为中国与西方之间的物质、技术和文化交流提供了便利,是东西方经济和文化交流的重要象征,但这种交流受到许多因素的影响,具有不稳定性,而古代中西双方对彼此的认知也较为模糊。

【教学目标】

了解丝绸之路及欧亚大陆其他重要商路的基本时空信息,及主要流通商品。

认识到丝绸之路是东西方经济和文化交流的重要象征。

理解中西方如何通过商路进行文化交流,以及文化交流的具体表现。

树立传承丝路精神,加强中西交流的理想。

【重点难点】

重点:丝绸之路及其他重要商路的时空信息

难点:理解此时中西方文化交流的表现

【教学过程】

环节1:导入

以"南海I号"出土的六棱执壶(图片1)导入,教师出示图片及器物介绍,提问:为何中国宋代的瓷器会与中亚金银器的造型相似?引导学生体会到"南海I号"所代表的古代商业活动对文化交流的促进作用。

设计意图:以比较直观的实物导入,使学生迅速建立起文化交融的感受,引出本课商贸与文化的主题。

环节2:丝绸之路及其他重要商路

教师由"南海I号"引出海上丝绸之路的内容,引导学生回忆《纲要》上对丝

绸之路、海上丝绸之路的介绍（第4课第2目、第8课第4目等）。学生阅读本课前两目的内容，完成"古代欧亚大陆重要商路信息表"（表格1），同时教师请学生在黑板上画出重要商路的示意图（教师课前已在黑板上画出简易的世界地图）。

设计意图：通过学生自主学习，归纳梳理重要商路的基本信息，充分发挥学生的主体作用。以板书的方式加深学生的记忆。

环节3：商路上的文化交流

教师回顾导入环节的六棱执壶，指出其在造型方面体现出中西文化交融。学生阅读本课第三目的三幅插图（图片2、图片3、图片4），尝试讨论分析这三件器物是如何体现出中西文化交流的。教师引导学生认识到中西交流既有物质层面（如器型），也有技术层面（如仿制陶器、玻璃技术），也有审美层面。学生阅读第三目其他内容，感受中西文化交流的多样性、多层次。

设计意图：本环节主要培养学生的史料实证能力，通过教师示范，学习分析图像史料的信息。本目内容比较琐碎，教师讲授时应抓住核心，即商路在不同层次、不同方面促进了文化的交流，这种交流具有广泛性。

环节4：商路的兴衰

教师回顾导入环节的海上丝绸之路内容，引导学生注意教材"郑和下西洋达到了海上丝绸之路交通的巅峰"表述，提问：在此之后，海上丝绸之路发生了怎样的变化？学生结合此前学习的内容，得出明代后期倭寇、海禁，及清代的闭关锁国，使中国与西方的交流逐渐减少。学生继续阅读本课的前两目内容，补充表格一中"中断或衰败原因"一栏，认识到政权更迭、替代性商路的出现、战乱等政治、经济、军事因素均会影响商路的存续。学生阅读教材"学思之窗"的内容（材料1），并尝试分析张骞提出开辟西南丝绸之路的原因，结合教材对张骞通西域的介绍，认识到商路的开辟可能出于政治、外交的原因，但结果是促进了经济交流和文化繁荣。教师小结：商路的兴衰受到种种因素影响，而其承载的文化交流也相应地具有一种不稳定性。

设计意图：在学习本课内容时，应引导学生联系纲要上的内容，以形成更全面的知识结构。充分利用教材提供的史料，培养学生的历史解释能力。

环节5：中西文化交流的模糊性

学生阅读教材"史料阅读"内容（材料2、材料3），教师提问：古希腊人和古罗马人对"丝国"的描述与古代中国的实际情况有何相同之处和不同之处？引导学生注意如"森林里所产的羊毛""比最大的金甲虫还要大两倍"等表述。教师继续提问：这种错误的表述为何会产生？学生讨论，得出古希腊、古罗马本身的文化属性影响了他们对其他文化的认知。教师出示纲要下第2课"问题探究"中《后汉书·西域传》对"大秦"的记述（材料四），提问：与此同时，中国对西方文明的认知是否也存在问题？学生以同样的模式分析文本。教师提问：为何中西方对彼此的认知处于低水平，模糊且充满错误信息？学生讨论。

设计意图：本环节意在以迁移的形式培养学生历史解释的能力，并将"文化交流"由单纯的物质、技术交流上升至认知、观念的交流。

环节6：本课总结

教师结合板书总结本课，古代重要商路促进了中西双方多层次的文化交流，丝绸之路是其中的重要象征。但这种交流受到政治、经济、军事等多种因素的影响，并不稳定，导致古代的中国和西方对彼此的认知仍然处于低水平。当近代新航路开辟和西欧各国开始殖民扩张后，全球的商贸和文化交流都将进入一个全新的阶段。

设计意图：总结本课，并引出下一课的内容。

【板书设计】

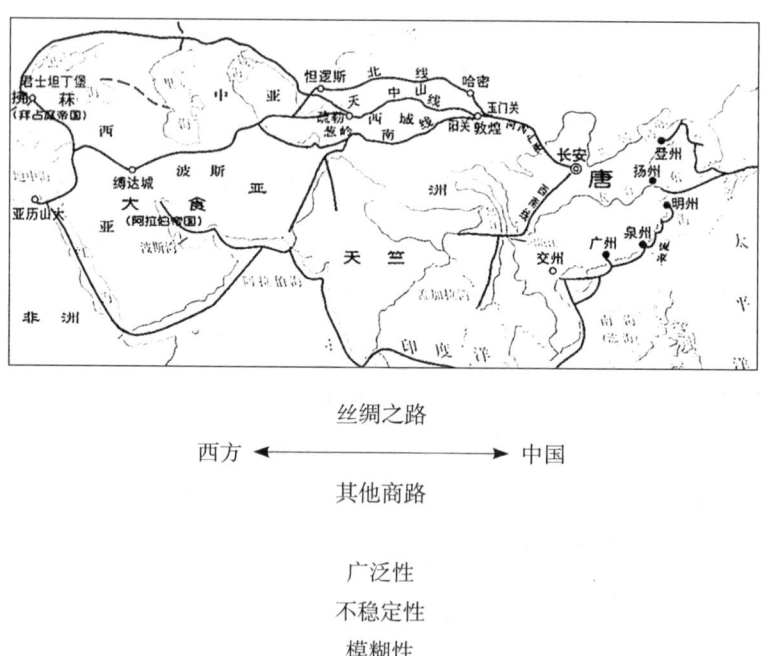

丝绸之路

西方 ←——————→ 中国

其他商路

广泛性
不稳定性
模糊性

【作业设计】

结合本课的"学习拓展"内容，了解"丝绸之路"及其他重要商路在衰落后是如何在近代被重新"发现"的，与其他同学交流成果。

【资料附录】

材料1：臣在大夏时，见邛竹杖、蜀布，问安得此，大夏国人曰："吾贾人往市之身毒国。身毒国在大夏东南可数千里。其俗土著，与大夏同，而卑湿暑热。其民乘象以战。其国临大水焉。"以骞度之，大夏去汉万二千里，居西南。今身毒国又居大夏东南数千里，有蜀物，此其去蜀不远矣。今使大夏，从羌中，险，羌人恶之；少北，则为匈奴所得；从蜀，宜径，又无寇。

——《汉书·张骞传》

材料2：人们在那里所遇到的第一批人是赛里斯人，这一民族以他们森林里所产的羊毛而名震遐迩。他们向树木喷水而冲刷下树叶上的白色绒毛，然后再由他们的妻室来完成纺线和织布这两道工序。由于在遥远的地区有人完成了如此复杂的劳动，罗马的贵妇人们才能够穿上透明的衣衫而出现于大庭广众之中。

——[古罗马]老普林尼《自然史》

材料3：至于赛里斯人用作制作衣装的那些丝线，它并不是从树皮中提取的，而是另有其他来源。在他们国内生存一种小动物……比最大的金甲虫还要大两倍。在其他特点方面，则与树上织网的蜘蛛相似，完全如同蜘蛛一样也有八只足。赛里斯人制造了于冬夏咸宜的小笼来饲养这些动物。这些动物作出一种缠绕在它们的足上的细丝。

——[法]戈岱司编，耿昇译《希腊拉丁作家远东古文献辑录》

材料4：以金银为钱，银钱十当金钱一。与安息、天竺交市于海中，利有十倍。其人质直，市无二价。谷食常贱，国用富饶。邻国使到其界首者，乘驿诣王都，至则给以金钱。其王常欲通使于汉，而安息欲以汉缯彩与之交市，故遮阂不得自达。至桓帝延熹九年，大秦王安敦遣使自日南徼外献象牙、犀角、玳瑁，始乃一通焉。其所表贡，并无珍异，疑传者过焉。

——《后汉书·西域传》

表格1　古代欧亚大陆重要商路信息表

名　　称	路　　线	主要持续时间	中断或衰败原因
丝绸之路	长安—河西走廊—新疆—中亚—欧洲	汉—唐中期以后	割据、战乱 海路活跃
草原丝绸之路	漠北草原/南西伯利亚—咸海—里海—欧洲/小亚细亚		

续　表

名　　称	路　　线	主要持续时间	中断或衰败原因
西南丝绸之路	关中平原—成都平原—缅甸—印度—中亚—西亚	汉—	
海上丝绸之路	中国—东南亚、南亚、西亚、东非	西汉—明初	倭寇、海禁、闭关锁国
汉志商道	也门—巴勒斯坦、叙利亚—欧洲		

照片	
名称	六棱执壶
说明	这种器皿在中国考古发掘中尚未发现，但是造型与中亚大食地区使用的金银器皿相仿

图片1　"南海I号"六棱执壶

图片2　波斯人模仿明朝青花瓷制造的釉下彩青花陶壶

图片3　汉朝的鎏金铜马

这件鎏金铜马现藏于茂陵博物馆。据考证，它的艺术造型源自汉朝御厩中饲养的大宛"汗血马"。

图片4　玻璃水注

玻璃是古代埃及人最早制造的，从东罗马帝国传入中国。这件玻璃水注出土于辽宁北票十六国墓葬。

（三）学生互动活动设计

必修3第14课"文化传承的多种载体及其发展"

【活动主题】

以"交大附中校史"为主题，锁定交大附中发展的某一时间段，通过个人查阅资料、小组专题研讨以及全班展示等方式，从历史学科的角度揭示交大附中的建立和发展过程，以及国家命运与学校命运的关系，以史论结合的方式谈一谈你的体会。

【活动目标】

搜集交大附中校史的相关资料，并分析其发展过程中的影响因素。从中选择感兴趣的，或认为意义重大的时段作为研究对象，查阅资料，了解这一时段的历史背景和学校发展。

从历史学科的角度，探索这一过程中的影响因素，形成自己的历史解释。

通过本活动，强化学生对"饮水思源，爱国荣校"的认识，涵养家国情怀。

【活动过程】

步骤一

在老师的引领下，采取个人自主学习的方式，通过教科书和其他资源，首先了解交大附中的发展概况。在这一过程中，需思考若干问题：(1) 本校校史按时段大致可以分为哪几个部分？你对哪一部分最感兴趣？(2) 你想进一步了解这一部分的哪些内容？(3) 这一时期发生了哪些重大的历史事件？

步骤二

进一步查阅资料，把自己的研究范围锁定在具体的时间段。需研究若干问题：(1) 这一时期交大附中的发展取得了怎样的成果？(2) 这一时期我国的哪些重大历史事件影响了学校的发展？(3) 在这一过程中是否有值得特别注意的人物/事件？

步骤三

在明确了自己的研究任务与具体问题之后，经过相互讨论，树立清晰的问题意识，写出自己的研究计划；也可以小组协作，明确人员的分工，明确搜集资料的路径方法、研究成果的呈现方式,共同完成研究任务。

如采取小组协作的方式,可在小组内对研究问题进行初步讨论,拓宽研究思路,之后结合研究的问题,阅读文献资料,确定访谈对象,有序展开工作。

步骤四

在资料研究的基础上,从历史学科的角度进一步解答以下问题:(1)在论证重大历史事件对学校发展的影响时,主要依据了哪些史料?(2)这些史料(如文献材料和口述史料)之间存在哪些冲突?你如何处理这种冲突?(3)经过研究后,你对学校的认识是否产生了变化?进而完成书面研究报告,小组就报告进行讨论,打磨修改。

步骤五

各组形成书面研究报告后,在上课时进行分组展示。针对每一组的研究成果进行全班讨论,按照特定的体系编排每组的研究成果,形成全班的总结报告。

【活动拓展】

将本班的研究成果在期末学科节活动时以展板的方式向全校展示,也可发表在班级微信公众号、校刊、黑板报等多种平台上。

四 主题导向下的教材整合

近年来,随着"新课程新教材"改革的持续深化,以及全球教育界对高阶思维能力和核心素养培养的日益重视,历史教育领域内关于主题导向下的教材整合研究,已经逐渐成为学术界和实践领域共同关注的焦点议题。在这一宏观背景下,如何科学、有效地整合历史教材资源,以鲜明的主题为核心,引领教学设计与实施,进而提升历史教育的整体质量和效益,成为当前历史教育改革与发展面临的重要课题。

本部分旨在全面而深入地探讨主题导向下的必修与选择性必修教材的整合策略,通过细致解析统编高中历史教材在诸如"民族复兴"等核心主题引领下的具体教学设计,充分展现其如何为学生精心搭建一个既全面系统又深入细致,且主题特征鲜明的历史学习框架。本部分将紧密围绕以下三个方面展开系统论述：一是主题导向下的必修教材整合，重点探讨必修教材内部各单元、各章节之间如何围绕特定主题进行有机整合；二是主题牵引下的必修与选择性必修教材整合，深入分析必修与选择性必修教材之间如何以主题为主线，实现跨模块、跨领域的深度融合；三是整合实践中的比较与联系，通过具体的教学案例，展示教材整合在实际教学中的应用效果，并探讨不同整合策略之间的优劣与联系。

通过上述三个方面的系统阐述，本部分期望能够为历史教育的创新与发展提供有益的借鉴和启示，推动历史教育在培养具有全面素养和创新能力的人才方面发挥更加积极的作用。

（一）主题导向下的必修教材整合

本部分旨在深入探讨统编高中历史教材如何在"主题导向"的核心理念引领下，精心规划并实施了一系列富有创意与深度的教学设计，这些设计不仅彰显了历史教育的时代性、前瞻性与系统性，更为学生提供了一个多维度的历史学习体验。统编高中历史教材在《中外历史纲要》的基础上，进一步通过三本选择性必修教材——《国家制度与社会治理》《经济与社会生活》以及《文化交流与传播》，为学生构建了一个全面、深入且主题鲜明的历史学习框架。这些教材不仅各自围绕一个核心主题展开，而且通过精心挑选与组织的内容，旨在呈现专业领域中最具代表性的中外重大历史事件，从而培养学生全面、深入地看待历史的视角。

本部分将在这一基础上，深入探讨"主题导向下的教学设计与实施探究"。在"民族复兴"这一主题引领下，我们将分析如何将《中外历史纲要》（上）和《中外历史纲要》（下）的部分自然单元相关内容相融，以中国"古代之繁荣、近代之沉沦、现代之复兴"为三大线索展开教学设计。通过打通中外历史、突破自然单元的方式，我们旨在聚焦主题单元，更有效地落实家国情怀学科核心素养的培养。

在具体的教学设计与实施过程中，我们将依托统编教材的丰富内容，结合高一学生的认知特点和学习需求，采用多样化的教学策略和方法。通过创设情景、任务驱动、问题引领等手段，逐步有层次地推动学生的深度学习。同时，我们还将注重史料的运用和史证的实证，引导学生在对历史和现实问题进行独立探究的过程中，能够将其置于具体的时空框架下，并运用史料作为证据论证自己的观点。

这三本教材各自围绕一个核心主题，深入挖掘并呈现了各自专业领域内的历史大趋势与核心特征。通过精心挑选与组织的中外重大历史事件，教材为学生搭建了一个既全面又深入的历史学习平台。在此基础上，教材进一步设计了十个紧密围绕主题的教学方案，这些方案不仅各具特色，而且逻辑严谨，共同构成了一个完整的教学体系。以下是对这十个教学设计的剖析与介绍。

（1）两宋的政治与军事：此设计以"古代之繁荣"为线索，聚焦两宋时期的政治与军事制度，通过时间轴、疆域形势图等直观教学手段，帮助学生理解宋初加强中央集权的背景与措施，以及这些措施对后世的影响。其特点在于将历史事件置于宏观的历史背景下进行考察，培养学生的历史解释能力。

（2）辽夏金元的统治：此设计承接上一课，进一步梳理了辽夏金元时期多民族政权并立的局面，通过地图、文字材料等多元教学资源，引导学生全面认识各民族间的交锋与融合。其逻辑在于揭示历史发展的多元性与互动性，培养学生的全球视野与家国情怀。

（3）辽宋夏金元的经济与社会：本课以经济与社会变迁为切入点，通过丰富的史料与图表，展现了辽宋夏金元时期物质文明的空前繁荣。其特点在于将经济、社会、政治等领域紧密联系起来，引导学生认识历史发展的整体性与互动性。

（4）两次鸦片战争：此设计以"近代之沉沦"为主题，通过创设历史情境、任务驱动等方式，引导学生深入探讨两次鸦片战争对中国社会的影响。其逻辑在于揭示近代中国历史的转折点，培养学生的批判性思维与爱国情怀。

（5）挽救民族危亡的斗争：本课聚焦晚清时期中国人民反抗外来侵略的斗争事迹，通过丰富的史料与生动的叙事，展现了中国人民不屈不挠的抗争精神。其特点在于强调历史事件的情感价值与人文意义，激发学生的民族自豪感与责任感。

（6）辛亥革命：此设计以辛亥革命为核心事件，通过多维度的史料分析与问题引领，引导学生深入理解革命的背景、过程与意义。其逻辑在于揭示历史发展的必然性与偶然性，培养学生的历史唯物主义观念。

（7）北洋军阀统治时期的政治、经济与文化：本课全面梳理了北洋军阀统治时期的社会状况，通过丰富的历史细节与深入的剖析，帮助学生认识这一时期的政治动荡与社会变迁。其特点在于将历史现象置于具体的历史语境中进行考察，培养学生的历史解释与批判能力。

（8）第一次世界大战与战后国际秩序：此设计以第一次世界大战为起点，通过探讨战后国际秩序的变动，引导学生认识战争对国际关系的影响。其逻辑在于揭示历史事件的连锁反应与长期影响，培养学生的全球视野与国际意识。

（9）第二次世界大战与战后国际秩序的形成：本课深入剖析了第二次世界大战的爆发原因、进程与结果，以及战后国际秩序的形成与演变。其特点在于将历史事件与当代国际格局紧密联系起来，培养学生的历史联系与前瞻性思维。

（10）冷战与国际格局的演变：此设计以冷战为核心主题，通过梳理冷战的发生、发展与影响，引导学生认识国际格局的演变规律。其逻辑在于揭示历史发展中的冲突与合作、竞争与共赢等复杂关系，培养学生的辩证思维与国际视野。

综上所述，这十个教学设计在主题导向的核心理念引领下，不仅各具特色、逻辑严谨，而且共同构成了一个完整、系统的历史教学体系。它们通过多元的教学资源与手段、深入的历史剖析与阐释、丰富的历史情感与人文价值，共同培养了学生的历史解释、批判性思维、全球视野与家国情怀等核心素养。这些教学设计的成功实践，不仅为历史教育的创新与发展提供了有益的借鉴与启示，更为学生构建了一个全面、深入且充满逻辑性的历史认知框架。

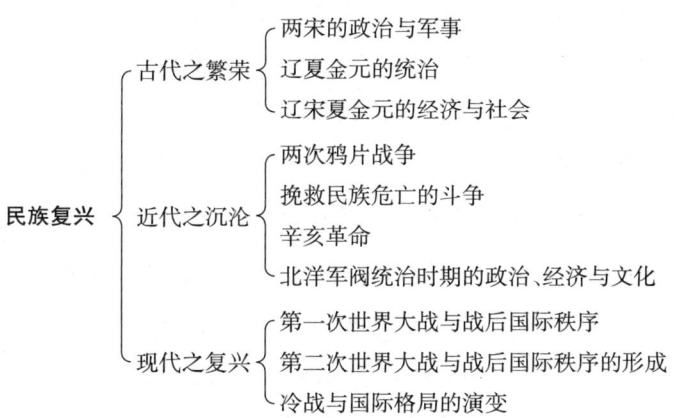

主题引领下的大单元设计示意图

具体设计

1.两宋的政治和军事

【教材解析】

主题单元解析：统编版高中历史教材（必修）一共有2册：《中外历史纲要》（上）和《中外历史纲要》（下），分别对应的是中国史和世界史。

基于对教材的分析，本次10个教学设计以"民族复兴"为主题引领整个大单元，将《中外历史纲要》（上）和《中外历史纲要》（下）的部分自然单元相关内容相融，以中国"古代之繁荣、近代之沉沦、现代之复兴"为三大线索展开。教师在尝试理解教材编写体系的基础上，打通中外历史，突破自然单元，聚焦主题单元，落实家国情怀学科核心素养。

自然单元解析：在长视距视野下，中国古代历史的发展趋势，围绕着国家统一与中央集权、疆域开拓与民族交融两大重要线索而展开。本单元：上承秦汉统一多民族封建国家的建立与巩固，再接魏晋民族交融与隋唐统一多民族封建国家的发展，而宋元呈现出民族融合进一步加强、封建国家继续发展完善、经济文化高度繁荣的时代特征。总之，从纵向上看，宋元时期延续了自秦朝以来君主专制中央集权的政治特征；从横向上看，宋元处于辽夏金多民族政权并立到大一统的政治格局之下，各民族在政治、军事、经济交往中不断交流融合，共同推动了我国统一多民族国家的发展和中华民族多元一体格局的形成。

本课解析：本课是统编版《中外历史纲要》（上）第三单元《辽宋夏金多民族政权的并立与元朝的统一》的第1课。本课在单元中起到开端和奠基的作用，是分析这一时期各政权的政治制度、经济发展、民族交融等方面内容的思维逻辑支撑点。《普通高中历史课程标准》（2017年版）对本课的要求是：通过了解两宋的政治和军事，认识这一时期在政治方面的新变化。

本课分为四个子目：宋初中央集权的加强、边防压力与财政危机、王安石变法、南宋的偏安。教材主要讲述了两宋政权的政治和军事发展概况。四个子目之间存在着严密的因果逻辑关系：宋初统治者汲取唐末以来藩镇割据的历史教训，针对性地采取了一系列加强君主专制中央集权的措施，一方面维护了政权的稳固，另一方面严重的边防压力与财政危机却愈发明显，继而引发了统治危机。为挽救危机，范仲淹、王安石相继主持变法改革，虽取得一些成果，但也导致了统治集团内部的分化，加速了北宋的灭亡。金灭北宋后，南宋因循旧制，对外仍然以钱财换和平，对内加强中央集权，延续了100多年的统治。

【学情分析】

本课授课的对象为高一学生。经过初中对统编版《中国历史》（七年级下册）第二单元辽宋夏金元时期的学习，学生已初步了解北宋建立的背景、重文轻武的政策、与少数民族政权的并立等相关知识。但学生对于中国古代的政治文明，特别是像两宋这种特定时代下的政治制度难以理解其时代价值，整体看问题的能力尚且比较薄弱。因此，教师应在"建构主义"理论的指导下，以促进学生身心发展为要旨，以多元的教学方式促进学生学习方式的进步，通过探究拓展学生思维，调动学生积极性参与性，最终实现新旧知识的融合与迁移，提升整体看问题的能力。

【设计思想】

高中历史教学始终坚持以学生为本，注重学生历史学科核心素养的培养。本课基于学生初中所得，以历史课程标准为依据，以落实历史学科核心素养为目的，通过创设情景、任务驱动、问题引领，逐步有层次地推动深度学习，在转变学生学习方式的同时促进学生历史思维的进步和发展。

【方法与策略】

讲授法、自主学习法、任务驱动法、文献解读法、史实比较法等。

【资源与工具】

教材、PowerPoint、文献、地图、黑板、粉笔、多媒体播放器等。

【教学目标】

通过时间轴和疆域形势图，了解两宋所处的辽夏金多民族政权并立的政治格局。通过地图和表格信息分析宋朝立国的背景，理解宋初制度变革的原因与措施。通过研读史料，理解两宋政治制度变革带来的利与弊。通过阅读、分析史料，学习理解王安石变法，加深对改革问题的认识，落实史料实证核心素养。通过对两宋历史的学习和王安石、岳飞等伟大历史人物的了解，激发学生对民族国家的认同感、增强忧患意识，升华家国情怀。

【重点难点】

重点：宋初加强君主专制中央集权的政治、军事建设

难点：理解宋初政治、军事建设对两宋历史的深刻影响

【教学过程】

导入：

请同学说一说自己眼中的宋朝。再出示两则关于宋褒贬不一的材料：历史学家钱穆和法国汉学家谢和耐眼中的宋朝，引发思考，之后从政治和军事视角解读两宋。

设计意图：通过"你眼中的宋朝"这一问题的设置，既能够发挥学生主观能动性，又能在一定程度上掌握学生对宋朝的了解程度。再结合两则观点不同的史料，激发学生好奇心，进而带着思考进入本课。

环节1：时空定位

出示时间轴和三幅不同时期（北宋、南宋和元）的疆域形势图，设问：概括两宋所处这一时期历史发展的阶段特征。再出示北宋时期三维地形图和宋太祖的话，引导学生从地形视角思考宋初可能面临的边防困境，以及宋初统治者的治国观念对其之后的政治制度建设产生的影响。

设计意图：通过对时间轴和疆域形势图的解读，了解两宋的时空信息，并认识其所处的政治格局和时代发展趋势：从多民族政权并立到大一统，落实时空观念核心素养。再通过三维地形图，引发学生思考宋初可能面临的边防问题，为之后的学习做铺垫。

环节2：防弊之政——中央集权的加强

出示五代十国形势图及政局更替表，设问：自唐末以来政局有何特点？据此把握宋初建立的时代背景。再出示材料（赵普的治国之策），引导学生自主学习从教材中概括宋初为防前朝之弊政所采取的措施。之后教师通过官制体系图，呈现宋初从地方到中央加强集权的概况；最后出示观点迥异的两则材料，设问你认为这一系列防弊之政合理吗？

设计意图：通过形势图和表格，引导学生分析宋朝建立时的历史背景，完成新旧知识迁移。再通过材料引领，外加自主学习，培养学生从教材中获取相关信息的能力。最后通过观点迥异的材料，引发学生深度思考，培养学生辩证思维能力。

环节3：新弊之殇——边防财政的危机

以"防弊之政"的局限性作为过渡，教师呈现辽宋夏金政权交锋的表格，引导学生自主学习梳理两宋边防概况。再提出问题：两宋时期处境有何变化？并引导学生思考处境变化所带来的统治危机。最后出示"赐予之费皆出榷场"的史料，设问：两宋"以钱财换和平"的做法是否可取？

设计意图：两宋与北方政权交锋分散在教科书不同子目，学生通过自主学习从教材中获取相关信息。这一时期边防问题，历史事件较多，且分在两个子目，使用表格可以帮助学生整理相关知识，有助于学生思考史实背后内在的历史逻辑。

环节4：解弊之法——改革新政的困境

出示王安石变法的举措，设置情景：假如你是北宋贫民或地主，是否支持变法？再呈现学者对王安石的不同评价材料，设问：你如何看待学者眼中的王安石变法？

设计意图：设置历史情景，代入不同身份的角色，有助于对变法内容和影响的理解；评析学者对王安石变法的不同评价，训练学生探究问题的能力，利用不同类型史料进行互证，并说明导致不同评价的原因，提升学生史料实证和历史解释的核心素养。

环节5：积弊难返——偏安一隅的无奈

教师出示靖康之耻的图片和南宋形势图，简述金灭北宋、南宋偏安的过程。再出示宋词和岳飞还我河山的图片，设置问题链：百姓渴望北归，将领战绩卓越，南宋却为何还是偏安，还是以莫须有的罪名杀害岳飞？既偏安一隅，又为何能够再维持百余年的统治。

设计意图：通过图片和地形图简述，学生快速把握政权更迭信息，再通过2个设问，引发学生对两宋政治军事的全面思考，建立自己的历史解释；通过第2问的设置，引发学生超脱本课，从另一视角看两宋，为本单元接下来的两宋时期的经济文化等内容的学习做铺垫。

【结构板书】

第9课 两宋的政治和军事

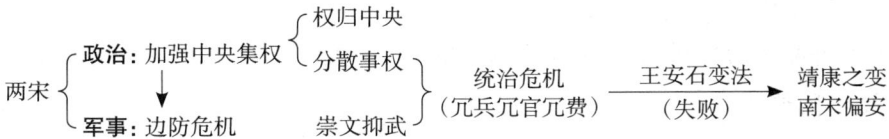

【作业设计与学习评价】

阅读以下材料，结合所学，回答问题。

材料1：宁为百夫长，胜作一书生。

——〔唐〕杨炯《从军行》

男儿何不带吴钩，收取关山五十州？请君暂上凌烟阁，若（哪）个书生万户侯？

——〔唐〕李贺《南园十三首·其五》

材料2：富家不用买良田，书中自有千钟粟。安居不用架高堂，书中自有黄金屋。

——〔北宋〕赵恒《宋真宗励学篇》

莫道儒冠误，诗书不负人。达而相天下，穷则善其身。

——〔北宋〕汪洙编《神童诗》

1. 从上述两段材料可看出唐宋社会发生了怎样的变化？导致这种变化的原因是什么？

2. 依据上述分析，你如何看待文学作品的史料价值。

参考答案：

1. 从唐时的尚武到宋时的崇文。鉴于唐末以来藩镇拥兵自重、禁军将领篡夺皇位的教训，宋朝统治者以"重文轻武"为基本国策：发展完善科举制度，提拔文人担任要职；形成文官体制。

2. 文学作品能在一定程度上反映历史细节及社会价值观念的变迁等，如从材料看，宋代确有"崇文"之风；但艺术作品有虚构想象、夸张杜撰的成分，或带有作者的主观认识，需逐步辨析，如宋真宗之诗作，可能暗含统治者维护统治之目的等。

设计意图： 一方面巩固课堂所学，另一方面落实史料实证的核心素养。

水平要求： 综合运用

评价目标： 时空观念–3，能够把握相关史事的时间、空间联系，并用特定的时间和空间术语对较长时段的史事加以概括和说明。时空观念–4，在对历史和现实问题进行独立探究的过程中，能够将其置于具体的时空框架下；能够选择恰当的时空尺度对其进行分析、综合、比较，在此基础上作出合理的论述。史料实证–2能够认识不同类型的史料所具有的不同价值；明了史料在历史叙述中的基础作用。

【资料附录】

材料1：(赵)普曰：节镇太重……今之所以治之，无他奇巧也，惟稍夺其权，制其钱谷，收其精兵，天下自安矣！

——《续资治通鉴长编》卷二

材料2：雪夜访普图和杯酒释兵权图

材料3：辽夏金元形势图

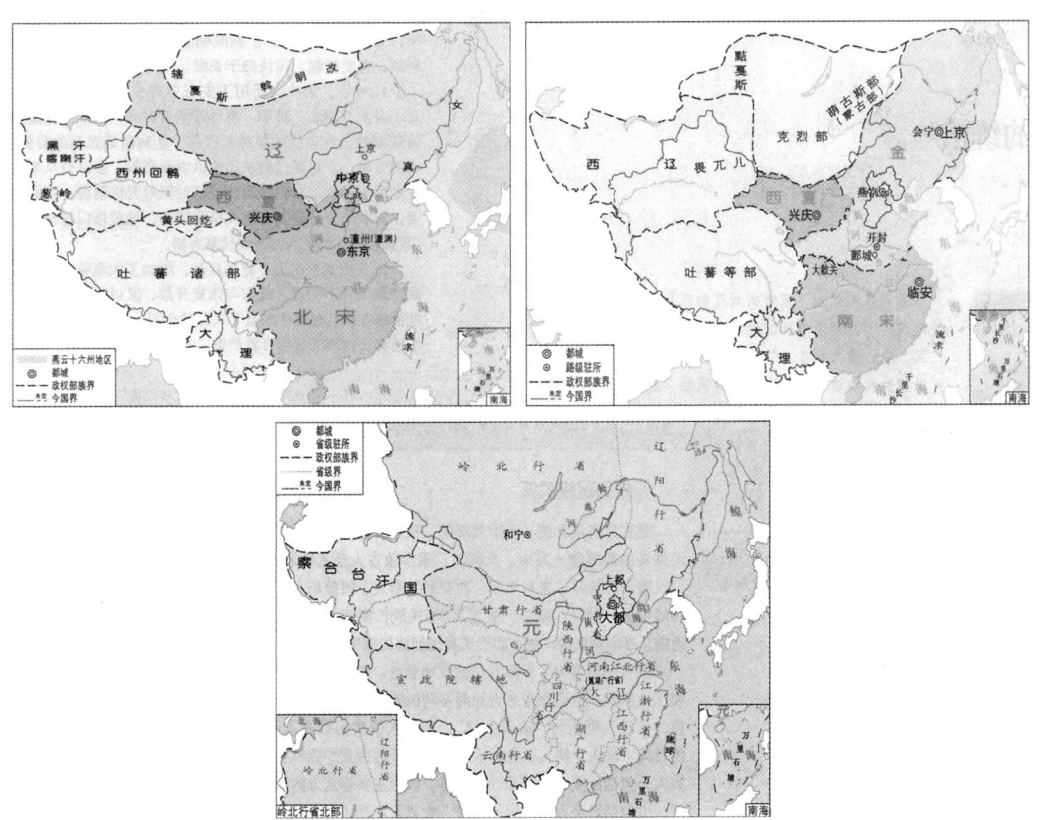

材料4：国家无外忧，必有内患，外忧不过边事，皆可预防。若为内患，深可惧也。帝王当用心于此。

——〔宋〕李焘《续资治通鉴长编》

材料5：五代十国形势图

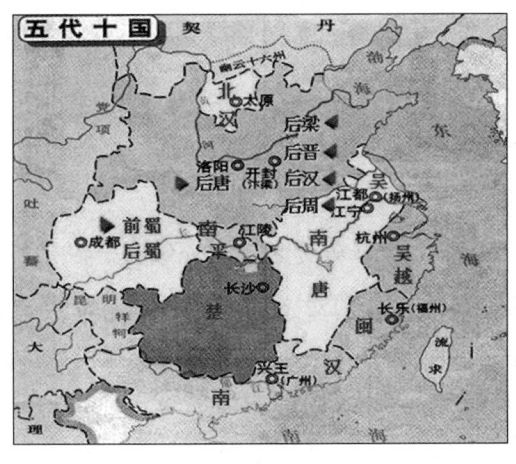

材料6：唯本朝之法……藩方守臣，统制列城，付以数千里之地，十万之师，然单车之使，尺纸之诏，朝召而夕至，则为匹夫（平民百姓）！

——〔宋〕范祖禹《范太史集》

材料7：本朝见五代藩镇之弊，遂尽夺藩镇之权，兵也收了，财也收了，赏罚行政一切收了，州郡遂日就困弱。

——〔宋〕《朱子语类》

材料8：盖祖宗朝赐予之费，皆出于榷场。岁得之息，取之于虏而复以予虏，中国初无毫发损也。

——〔宋〕徐梦莘《三朝北盟会编》卷八《政宣上帙八》

材料9：（司马光）请更张新法，曰："……王安石不达政体，专用私见，变乱旧章，误先帝任使，遂至民多失业，闾里怨嗟。……敛免役钱，宽富而困贫，以养浮浪之人，使农民失业，穷愁无告。"

——《续资治通鉴长编》

材料10：依照当时情况，非先澄清吏治，不足以宽养民生。非宽养民生，不足以厚培国本。非厚培国本，不足以隧希武功，安石的新政，一方面既忽略了基本的人的问题，一面又抱有急公速效的心理。

——钱穆《国史大纲》

材料11：若乃于三代下求完人，惟公庶足以当之矣。……以不世出之杰，而蒙天下之诟，易世而未之前者，在泰西则有克林威尔，而在吾国则荆公。

——梁启超《王安石传》

材料12：山外青山楼外楼，西湖歌舞几时休？暖风熏得游人醉，直把杭州作汴州。

——〔南宋〕林升《题临安邸》

2. 辽夏金元的统治

【教材解析】

主题单元解析：统编版高中历史教材（必修）一共有2册：《中外历史纲要》（上）和《中外历史纲要》（下），分别对应的是中国史和世界史。

基于对教材的分析，本次10个教学设计以"民族复兴"为主题引领整个大单元，将《中外历史纲要》（上）和《中外历史纲要》（下）的部分自然单元相关内容相融,以中国"古代之繁荣、近代之沉沦、现代之复兴"为三大线索展开。教师在尝试理解教材编写体系的基础上,打通中外历史,突破自然单元,聚焦主题单元,落实家国情怀学科核心素养。

自然单元解析:在长视距视野下,中国古代历史的发展趋势,围绕着国家统一与中央集权、疆域开拓与民族交融两大重要线索而展开。其中,少数民族的迁徙和发展,既推动了欧亚大陆历史的发展,也影响着中国历史的变迁。本单元是继承三国两晋南北朝之后又一个北方少数民族活跃的时期。这一时期,中国的经济、文化成就在世界上处于领先水平,各民族之间也呈现出相互交融、共同发展的趋势。

本课解析:本课是统编版《中外历史纲要》(上)第三单元《辽宋夏金多民族政权的并立与元朝的统一》的第2课。本课在单元中,承接上一课"两宋的政治与军事",与前课共同构建了多民族政权并立的局面,梳理了政权更迭的时序脉络,为后两课经济、社会、文化做了时代背景的铺垫。《普通高中历史课程标准》(2017年版)对本课的要求是:通过了解辽夏金元诸政权的建立、发展和相关制度建设,认识北方少数民族政权在统一多民族封建国家发展中的重要作用。

本课分为四个子目:"辽与西夏""金朝入主中原""从蒙古崛起到元朝统一""元朝的民族关系"。教材主要按照时序对辽、夏、金、元诸政权的建立、发展及相关制度做了详细的介绍。少数民族诸政权在发展过程中,从时空上看,呈现出从并立到大一统的趋势,为中国大一统版图的形成奠定基础;从政治制度建设来看,从二元体制到多元一体,推动封建国家继续发展;从民族关系看,呈现出进一步交流融合的趋势。总之,辽宋夏金元诸政权共同推动了我国统一多民族国家的发展和中华民族多元一体格局的形成。

【学情分析】

本课授课的对象为高一学生。经过初中对统编版《中国历史》(七年级下册)第二单元辽宋夏金元时期的学习,学生已初步了解辽夏金元政权的更迭和相关制度建设,但是就少数民族政权在疆域和制度建设等方面的贡献认识较浅,整体看问题的能力尚且比较薄弱。此外,受到传统史学观念影响,学生容易将南北政权关系简单化理解为北方少数民族政权对汉民族政权的"入侵""压迫",教师需要引导学生打破传统的"汉文化正统"的偏见,从大中国(统一多民族国家发展)的视角认识少数民族政权对历史的推动作用。

【设计思想】

文明在碰撞、交流中发展、重构,本课北方少数民族诸政权的建立不仅在历史上推动多民族封建国家的发展,而且从当今视角来看,也是我国统一多民族国家和多元一体格局中不可或缺的一环。诸政权在制度建设上学习两宋并结合自身特点进行创新性发展,这不仅推动封建国家的发展,也为今天的国家治理提供经验借鉴;此外,多民族的交融丰富了中国传统文化和民族精神。本课基于学生初中所学,以历史课程标准为依据,以落实历史学科核心素养为目的,通过创设情景、任务驱动、问题引领,逐步有层次地推动深度学习。

【方法与策略】

讲授法、自主学习法、任务驱动法、文献解读法、史实比较法等

【资源与工具】

教材、PowerPoint、文献、地图、黑板、粉笔、多媒体播放器等

【教学目标】

通过时间轴和不同时期疆域图的比较,了解辽夏金元诸政权的建立和发展过程,初步认识北方少数民族政权为中华大一统版图的形成奠定基础。通过分析辽夏金的政治制度、归纳共同模式,初步感受北方少数民族的政治智慧;结合地图和文字史料概括元代交通建设、地方管理的行省制度等基本内容,剖析行省制的创新之处,认识它们在多元一体的国家制度建设上所作的贡献。通过解读图文史料,认识到这一时期民族歧视和民族融合并存,统一多民族的大中国正在逐步形成、发展。

【重点难点】

重点: 辽夏金元政权对中华大一统版图和多元一体国家制度形成的贡献

难点: 理解辽夏金元等北方少数民族在统一多民族国家发展中的重要作用

【教学过程】

导入:

出示俄语单词Китай,设问:有哪位同学知道它的意思吗?谁愿意来尝试读一读?以俄国为代表的许多中亚国家语言体系中,"契丹"这个发音就代表着中国。在此基础上,追问:本课所涉及的辽宋夏金元诸政权,谁能代表中国?

设计意图:通过猜测词义和尝试朗读,引发学生的认知冲突,激发学生学习兴趣,促使其思考为什么一个少数民族的国号(契丹)会在俄语中代表着"中国",通过"谁能代表中国"的问题,使学生带着疑问思考进入本课的教学。

环节1：时空观念——从政权并立到全国一统

出示时间轴和不同时期（北宋、南宋、元）疆域图，设置问题链：简述这一期时期政权建立的信息，概括历史发展特征？从疆域版图视角，思考元的统一对后世的影响？

设计意图： 通过对时间轴和不同时期疆域图的分析，把握历史阶段整体特征，落实时空观念核心素养，构建本课时空大背景。通过横向元、明、清地图直观对比，把握北方少数民族政权对大中国疆域的开拓贡献，初步认识元的统一为中华大一统版图的形成奠定基础。

环节2：制度创新——从胡汉分治到胡汉相济

出示农牧分界线示意图和辽夏金疆域图（含农牧分界线），提出问题：辽金元的经济生产方式有何异同？这种差异，对政权的统治有什么影响。再出示《辽百官志》文献史料和辽功臣墓志考古史料，提出问题：辽在制度建设上的创新？再出示《金史》文献史料和金朝官制体系示意图，提出思考：金在制度建设上的创新？再结合教材，思考：辽夏金制度建设的共同特点，并分析其发展趋势？

设计意图： 通过地图、文献、考古等多重史料，认识经济生产方的地域性差异影响辽到金政治制度的演变，最终呈现从胡汉分治到胡汉相济的汉化渐深的发展趋势，落实经济基础决定上层建筑的唯物史观。在这一环节中，锻炼学生从不同史料中获取历史信息，初步落实史料实证核心素养。

环节3：制度创新——从二元体制到多元一体

出示元疆域形势图和元朝官制体系示意图，提出问题：元朝通过什么方式管理空前辽阔的疆域？再继续追问：你认为哪一种方式影响最深远？了解元朝政治制度，把握元时期各项政治制度的独特性和深远性。

设计意图： 通过阅读教材、研读地图，引导学生从中总结历史信息，认识元从中央到地方管理国家的方式，理解行省制是我国省制的开端，提升历史解释和家国情怀学科核心素养。

环节4：民族关系——从交锋碰撞到交流融合

出示《宋辽澶渊之战》《宋金战争》和《辽夏金元榷场分布图》，提出问题：概括这一时期各民族的交流方式；再出示文字材料，基于前一问题基础上进一步设问：你如何看待辽夏金时期的民族关系？最后出示元朝刘贯道的《元世祖出猎图》和元朝四等人示意图，设问：如何看待元朝民族关系？

设计意图：结合地图、联系上下课及本课所学，设置层层递进的问题，使学生辩证全面看待这一时期的民族交往，认识各政权并立中多民族之间既存在交锋碰撞，也存在在交流交往中不断融合的现象。通过两组看似矛盾的材料（元世祖录用各民族人才和元朝四等人制），引发学生思考，剖析元时期虽然对不同民族采取差别对待，但是同时也对各民族优秀人才予以重用。此外，四等人制中对很多不同民族归于同一等第来对待，客观上就促进了各民族的交流融合。

环节5：小结

回扣开头的问题"谁能代表中国"？再出示习近平全国民族团结进步表彰大会上的讲话。呼吁"摒弃'华夷'傲慢，打破'正统'偏见"，学生在诵读习近平讲话的同时，意识到：辽宋夏金元这些政权都能代表中国，而中国就是各民族共同缔造的；中国史，就是一部各民族交融汇聚成多元一体中华民族的历史。

设计意图：通过回扣导入的问题，再次引发学生深思，进而认识到中国就是辽夏金元等各民族共同缔造的。通过诵读习近平讲话，领悟我们需打破传统的"汉文化正统"的偏见，正视少数民族政权对历史的推动作用，培养学生家国情怀的核心素养。

【结构板书】

第10课 辽夏金元的统治

时空定位	制度创新	
辽	官分南北	因俗而治
夏	模仿北宋	一官二称
金	沿袭宋制	猛安谋克
元	行中原制	行省制度

民族交融达到空前高度

并立到统一　二元到一体

【作业设计与学习评价】

中国自古以来就是一个统一的多民族国家，追求和维护统一是中华民族历来的主流诉求。

阅读材料，完成下列要求。（12分）

材料1：西周的分封制度，造就了华夏系民族共同体与戎、夷、蛮、狄共同体犬牙交错、夷夏混居的族群分布格局。春秋以降，周王室在"礼崩乐坏"的大趋势下日益式微,由此失去了制衡诸侯和四夷诸族的天下共主地位。大国争霸、四夷交侵背景下的剧烈社会动荡,极大地推动和促进了各地族群的空前融合和相互认同。华夏、蛮、夷、戎、狄之间的文化差距和心理隔阂日益消弭,华夏与蛮夷戎狄一体同源的思想观念应运而生。这种观念的广泛流行,代表了当时"中国"认同的最高境界。这种观念主要体现为"诸族同源",它有横向和纵向两种维度的考量:从横向关联的角度上说,是华夏与夷、蛮、戎、狄同源;从纵向历程角度上说,是三皇、五帝、虞夏商周一脉承袭、同根共体。

——摘编自田广林、任妮娜《从夷夏异制到华夷一体:
春秋战国时期的中国认同》

材料2:安史之乱是唐朝由盛转衰的转折点,但它从侧面也反映了边城范阳(安史叛军大本营)之地位的不断提升,即范阳作为横跨"华夷"政治中心地位的开始显赫,最终依次作为契丹—辽帝国的副都南京、女真金帝国的首都中都、蒙古世界帝国的首都大都。换一句话说,它意味着这不平凡的六百年孕育并实现了"中华"从"小中国"(这个"小中国"在盛唐时期曾膨胀到它的极限)变型为"大中国"的"一次漂亮的转身"。此种"变身"初见端倪于契丹建立的辽王朝,而一个完全不一样的"中华的框架是在13到14世纪的蒙古时代一下子扩大起来的",此后的清朝将此种"框架"发展到了新的高峰;正是这样一个崭新的建国框架,才真正把中华引上了通向"多民族之巨大中国"的道路。

——摘编自[日]杉山正明《疾驰的草原征服者:辽夏金元》

(1)根据材料一并结合所学知识,从制度和战争两个方面分别说明其与中华各族一体同源观念形成的关系。

(2)根据材料二并结合所学知识,列举辽、西夏、金、元四个民族政权为"大中国"发展所采取的措施。

(3)根据材料一、二并结合所学知识,谈谈你对中国古代统一多民族国家形成和发展的认识。

参考答案:

(1)制度——西周实行的分封制,开发了边疆地区(或扩大了周朝的疆域),加强了各地间的文化交流,传播了周文化(或扩大了周文化的影响),有利于统一、同一文化观念的形成。战争——春秋战国时期,战争连绵不断,中原诸侯国与周边各民族(或各族群)的冲突增多,客观上促使他们的联系和往来日益频繁,彼此间的认知不断加深,相对先进的华夏文化持续向周边传播,这有利于"一体同源"观念的形成和发展。

(2)辽朝的职官设置为南、北面官;西夏的政治制度基本模仿北宋,中央机构有汉式和本民族两套官称;金朝基本沿袭唐宋制度,同时保持了一套女真民族的管理系统"猛安谋克";元朝在推行中原传统政治制度外,还实行行省、宣慰司、驿道(站)等开创性制度和措施。

(3)是一个持续不断的发展过程(或源远流长);不同时期各有侧重;多元一体格局;具有较大的包容性和开放性;各民族都作出了贡献。

设计意图:一方面巩固课堂所学,另一方面打破"正统"偏见,认识辽宋夏金元这些政权都是中国,而中国就是各民族共同缔造的;中国史,就是一部各民族交融汇聚成多元一体中华民族的历史。

水平要求:综合运用

评价目标:时空观念-3,能够把握相关史事的时间、空间联系,并用特定的时间和空间术语对较长时段的史事加以概括和说明。时空观念-4,在对历史和现实问题进行独立探究的过程中,能够将其置于具体的时空框架下,选择恰当的时空尺度对其进行分析、综合、比较,在此基础上作出合理的论述。史料实证-1能够从所获的材料中提取相关的信息。历史解释-4,在独立探究问题时,能够在占有史料的基础上,尝试验证以往说法或提出新的解释。家国情怀-4,能够把握中华民族多元一体的发展趋势,形成正确的世界观、人生观、价值观和历史观。

【资料附录】

材料1:辽夏金元形势图

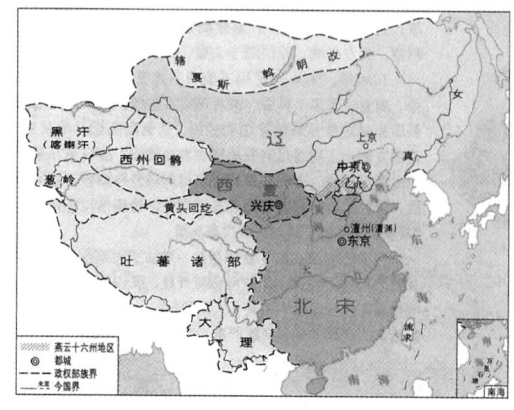
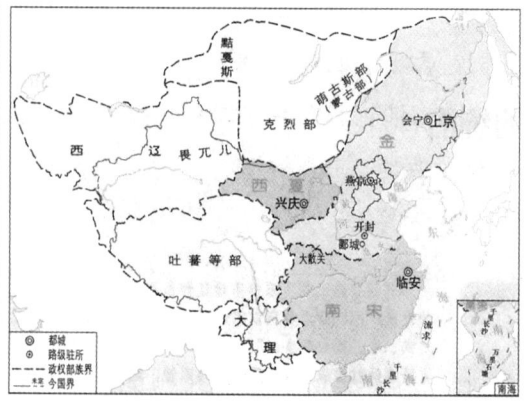

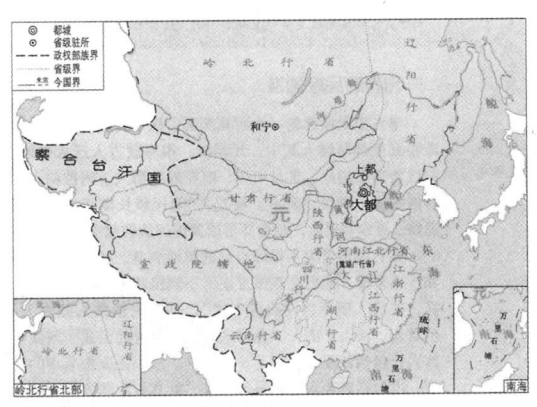

材料2：农牧业分界图

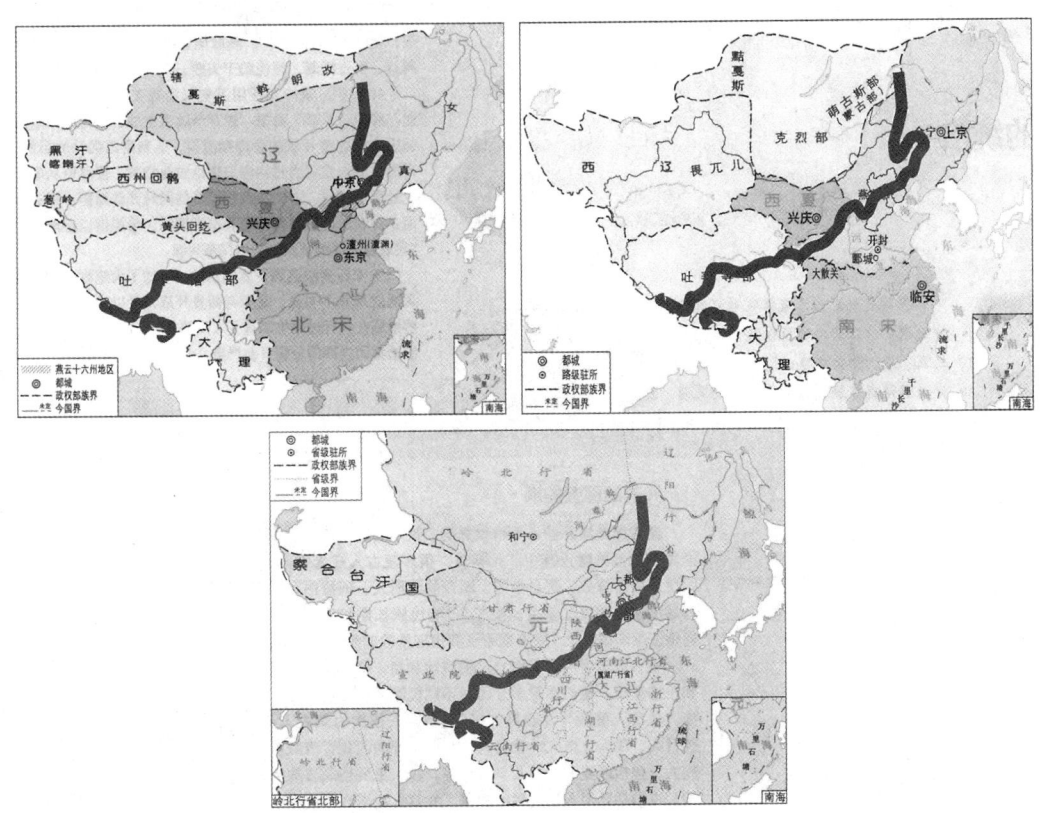

材料3：契丹……官分南北，以国制治契丹，以汉制待汉人……北面治宫帐、部族、属国之政，南面治汉人州县、租赋、军马之事。因俗而治，得其宜矣。

——《辽史·百官志一》

材料4：猛安谋克人户，兄弟亲属若各随所分土，与汉人错居，每四五十户结为保聚，农作时令相助济，此亦劝相之道也。

——〔元〕脱脱：《金史》卷46《志第二十七·食货一》

材料5：

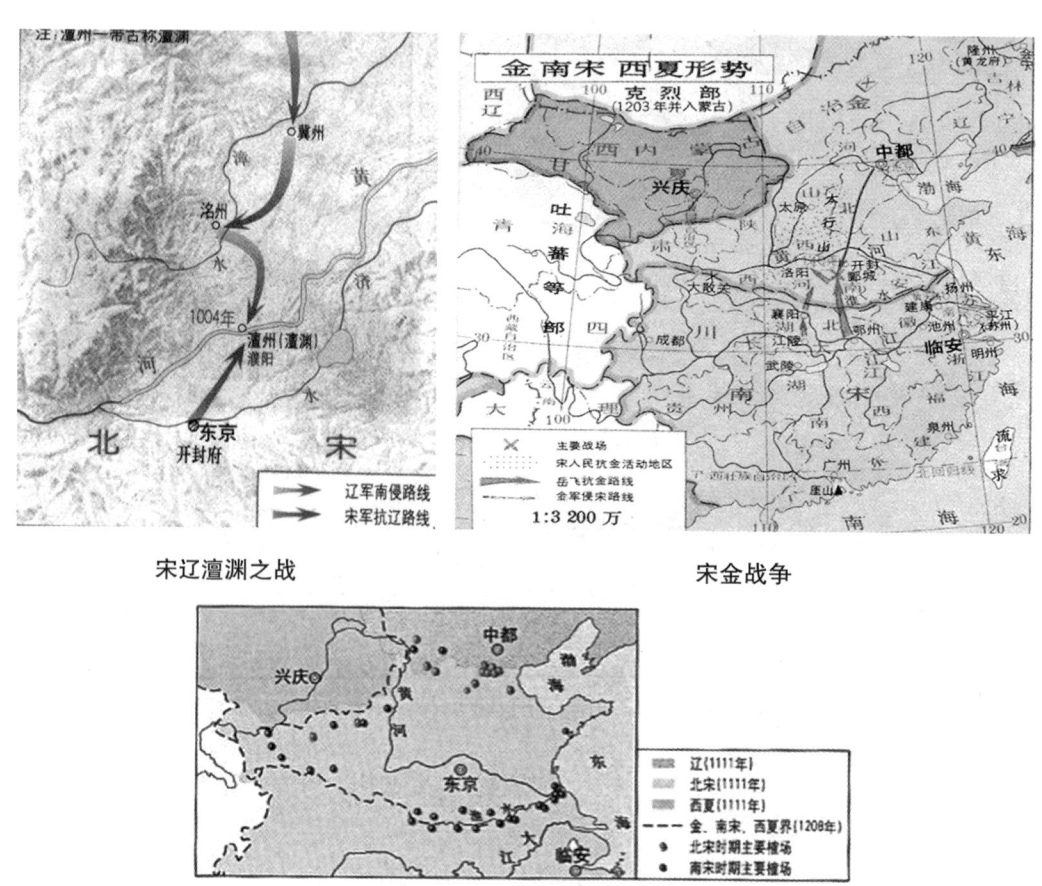

宋辽澶渊之战　　　　　　　　　宋金战争

辽宋夏金时期主要榷场分布图

材料6：契丹、党项、女真等每年从汉地引进不少米面、茶叶等食品，其饮食结构发生了变化，尤其是迁居中原的女真族，饮食习俗与汉族已经没有什么差异。中原地区则从北方地区引进大量的羊。各民族与汉族交错杂居，通婚现象愈益普遍，并得到官方的认可。

——关树东《一部描述民族历史风俗的佳作——读〈辽宋夏金社会生活史〉》

材料7：

〔元〕刘贯道《元世祖出猎图》

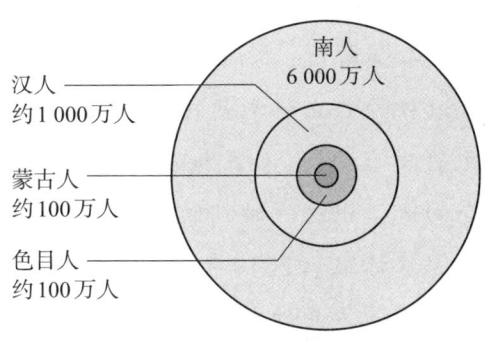

元朝四等人人数示意图

材料8：中国史，就是一部各民族交融汇聚成多元一体中华民族的历史，就是各民族共同缔造、发展、巩固统一的伟大祖国的历史。

我们辽阔的疆域是各民族共同开拓的，我们悠久的历史是各民族共同书写的，我们灿烂的文化是各民族共同创造的，我们伟大的精神是各民族共同培育的。

——习近平：全国民族团结进步表彰大会2019年

3. 辽宋夏金元的经济和社会

【教材解析】

主题单元解析：统编版高中历史教材（必修）一共有2册：《中外历史纲要》（上）和《中外历史纲要》（下），分别对应的是中国史和世界史。

基于对教材的分析，本次10个教学设计以"民族复兴"为主题引领整个大单元，将《中外历史纲要》（上）和《中外历史纲要》（下）的部分自然单元相关内容相融，以中国"古代之繁荣、近代之沉沦、现代之复兴"为三大线索展开。教师在尝试理解教材编写体系的基础上，打通中外历史，突破自然单元，聚焦主题单元，落实家国情怀学科核心素养。

自然单元解析：在长视距视野下，中国古代历史的发展趋势，围绕着国家统一与中央集权、疆域开拓与民族交融两大重要线索而展开。而本单元是继三国两晋南北朝之后又一个北方少数民族活跃的时期。这一时期，中国的经济、文化成就在世界上处于领先水平，各民族之间也呈现出相互交融的趋势。

本课解析：本课是统编版《中外历史纲要》（上）第三单元《辽宋夏金多民族政权的并立与元朝的统一》的第3课。本课在单元中，承接上两课辽宋夏金元的政治发展、多民族政权并立的时代特征，以经济和社会的视角为切入口，全面地认识这一时期的发展，同时为下一课文化的繁盛做铺垫。《普通高中历史课程标准》（2017年版）对本课的要求是：认识辽宋夏金元这一时期在经济与社会等方面的新变化，认识北方少数民族政权在统一多民族封建国家发展中的重要作用。

本课分为四个子目："农业和手工业的发展""商业和城市的繁荣""经济重心南移""社会的变化"。教材主要讲述了辽宋夏金元时期经济和社会方面的新变化。这一时期物质文明所达到的高度在中国整个封建社会是空前绝后的。农业是宋元经济发展的基石，农业和手工业的进步促进了宋元商品经济的发展和城市的繁荣；继而推动社会层面的新变化，包括门第观念淡化、社会身份趋于平等、国家对社会的控制相对松弛等。而社会的新变化也反过来推动这一时期经济的发展。同时，少数民族政权开发建设边疆地区，为中华民族多元一体格局的发展作出重要贡献。

【学情分析】

本课授课的对象为高一学生。经过初中统编版《中国历史》（七年级下册）第二单元《辽宋夏金元时期》第9、12课的学习，对宋元经济和都市生活的繁华等内容有一定了解，而对高中教材中涉及的经济重心南移和社会的变化了解较少，即学生对宋元时期经济、社会、政治等领域之间关系的认识是孤立、割裂、缺乏联系的。因此，教师可引导学生从经济和社会等多视角看待两宋，归纳其新变化，并基于此探究认识宋元时期的变化是整体的、全方位的、各方面互动的，据此把握历史发展的内在线索，涵养家国情怀。

【设计思想】

本课从多层次、多视角、多维度观察宋元时期的经济与社会。这一时期的物质文明所达到的高度在中国整个封建社会空前绝后，甚至与当今世界相比，都毫不逊色。本课基于学生初中所学，以历史课程标准为依据，以落实历史学科核心素养为目的,以立德树人为根本任务,通过创设情景、任务驱动、问题引领,采取史料文本分析和探究性学习的教学策略,逐步有层次地推动深度学习,训练学生的历史思维,落实学科核心素养。

【方法与策略】

讲授法、自主学习法、任务驱动法、文献解读法、多重印证法等

【资源与工具】

教材、PowerPoint、文献、地图、黑板、粉笔、多媒体播放器等

【教学目标】

通过自主学习梳理辽宋夏金元时期农业和手工业发展的主要成就,认识农业、手工业和商业之间的关系,落实唯物史观素养。通过解读《清明上河图》《东京梦华录》《宋史》等多类型史料,认识两宋时期商品经济繁荣发展,落实史料实证学科核心素养。通过解析不同时期经济形势图和进士籍贯分布图,尝试在"经济基础决定上层建筑,上层建筑反映经济基础"的辩证唯物史观指导下认识"经济重心南移"与"社会变化"的关系。通过解析史料,了解两宋时期社会方面的新变化,认识经济发展与社会变化之间的辩证关系。

【重点难点】

重点:两宋时期经济的新发展

难点:经济发展与社会变化的辩证关系

【教学过程】

导入:

出示三个视角(怀念古代的人、忧患意识的人、引领时代的人),请同学们以这3个身份视角说一说自己眼中的两宋。

设计意图:通过"3个视角中的两宋"这一问题的设置,既能够发挥学生主观能动性,又能在一定程度上把握学生对两宋的了解,还能联系前后课文,勾连课与课之间的内在关系,呈现本课的核心主旨,引导学生从整体上构建对本课乃至本单元的初步认识,明确本课的总体框架。

环节1:经济新发展:农业和手工业

出示两宋经济发展示意图,学生根据教材自主学习梳理农业和手工业的新发展;再引导学生思考农业、手工业和商业之间的关系。

设计意图:通过梳理农业和手工业的新发展,培养学生从教材中获取历史信

息的能力。引导学生用唯物史观认识农业手工业和商业之间的关系,落实唯物史观核心素养。

环节2:经济新发展:农业、手工业→商业和城市的繁荣

出示《清明上河图》《东京梦华录》《宋史》等多类型史料,提出学习任务:辨别史料的类型,提取与商业和城市繁荣相关历史信息;思考这些史料的证史价值。

设计意图:通过对多类型史料的解析,锻炼从不同史料中获取历史信息的能力,通过分析不同史料证史价值,认识两宋时期商业发展情况,落实学生史料实证核心素养。

环节3:经济新发展:经济重心南移

出示西汉、唐、宋三个时期经济形势图,认识南北经济格局的变化。再对比出示唐宋进士籍贯分布图,引导学生思考其变化及变化的根源和影响。

设计意图:对比不同朝代经济形势图和进士籍贯分布图,锻炼学生从地图中获取历史信息的能力,培养"经济基础决定上层建筑,上层建筑反映经济基础"的唯物史观。

环节4:社会新气象

出示司马光和欧阳修关于科举考试选拔标准的材料,设问:司马光和欧阳修两人的主张,你支持谁?说明理由。再出示三则材料(宋代科举社会、婚姻变迁、良贱制度消亡)和土地契约的图片材料,设问:取仕、婚姻观念发生了什么变化?引导学生把握社会层面的新变化,思考社会的变化与经济的关系。

设计意图:设置历史情景,通过对南北两位官员科考标准的争论,认识经济发展带动文化进步继而影响社会变化。再通过多类型的史料,从不同视角认识两宋时期社会方面的新变化,培养史料实证核心素养。

环节5:小结

出示辽夏金元形势图,回顾本单元所学,认识这一时期各民族政权之间不仅有政治博弈、战争交锋,也有经济交往、商业交换;还有民族交融和文化认同;认识辽夏金元等北方少数民族共同推动了我国统一多民族国家的发展。

设计意图:通过政权形势图的变迁,回顾本单元所学,全面认识这一阶段的时代特征,落实历史解释的核心素养,涵养家国情怀。

【结构板书】

第11课　辽宋夏金元的经济与社会

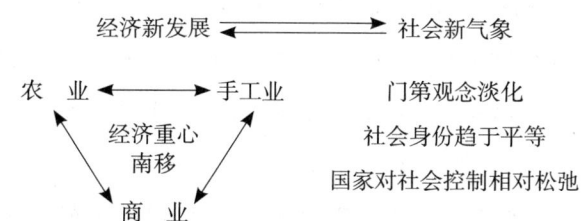

【作业设计与学习评价】

阅读下列材料,完成问题。(22分)

材料1：宋代是封建生产关系发生变化和转型的时期,立国之初就"田制不立""不抑兼并",使社会上形成了一种"贫富无定势,田宅无定主"的趋势。与土地制度的变化相适应,封建剥削方式也发生变化。同时,在官私手工业作坊中也普遍实行了有利于提高生产积极性的雇佣制度。新的社会经济关系使宋代商品经济得以迅速发展,以至于有人认为宋代发生了"商业革命"。

——梁泉《我们只要一个中国》

材料2：宋朝是中国社会市民阶级正式产生的年代,大批的手工业者、商人、小业主构成了宋朝的中产阶级。他们经济富足,又有自己独立的价值追求。市民的富裕闲暇生活及审美趣味和生活情趣促成了宋朝文化高度繁荣,戏曲、杂技、音乐、诗歌、小说等都在宋代高度繁荣。

——詹子庆编《中国古代史参考资料》

材料3：若说近世史应从什么时候开始？这应当是宋以后……宋代发生了商业革命……北宋以后堪称近代史。

——内藤湖南《中国史通论》

对中国历史和世界历史而言,最重要的事实是,宋朝时的名副其实的商业革命,丝毫未对中国社会产生爆炸性的影响,而西方与此相应的商业革命却对西方社会产生了爆炸性的影响。

——［美］斯塔夫里阿诺斯《全球通史》

(1) 结合所学知识指出宋代"商业革命"的主要表现，并据材料一概括推动宋代"商业革命"发生的主要因素。

(2) 根据材料二，简述宋朝经济发展的主要影响。

(3) 材料三中内藤湖南和斯塔夫里阿诺斯对宋代历史地位的认识有何不同？结合欧洲新航路开辟的史实，评价材料三中关于"西方与此相应的商业革命却对西方社会产生了爆炸性的影响"的观点。

参考答案：(1)表现："市"突破了原先时间和空间上的限制，商业活动不再受到官吏的直接监管；"草市"已具有较完备的饮食服务设施；城市经济繁荣，海外贸易迅速发展。因素：政府"不抑兼并"，土地买卖频繁；封建剥削方式发生变化，租佃关系日益发展；雇值制度的推行，促进了手工业的发展。

(2) 影响：促使市民阶层产生；出现了其独立的价值追求和社会生活方式；促进了宋朝文化高度繁荣。

(3) 不同：前者认为宋朝开始具备近代世界的特征。后者认为宋朝的商业革命没有把中国引向近代社会。

评价：材料三的观点符合史实。新航路的开辟引起了欧洲的"商业革命"和"价格革命"，促进了西欧封建制度的解体和资本主义的发展。

设计意图：一方面巩固课堂所学，另一方面，认识两宋时期商品经济发达和城市的繁荣，认识经济发展与"社会变化"的辩证关系。

水平要求：综合运用

评价目标：唯物史观-3，能够将唯物史观运用于历史学习、探究中。时空观念-3，能够把握相关史事的时间、空间联系，并用特定的时间和空间术语对较长时段的史事加以概括和说明。时空观念-4，在对历史问题进行独立探究的过程中，能够将其置于具体的时空框架下；能够选择恰当的时空尺度对其进行分析、综合、比较，在此基础上作出合理的论述。史料实证-4，能够比较、分析不同来源，不同观点的史料；在对历史和现实问题进行独立探究的过程中，能够恰当地运用史料对所探究问题进行论述。家国情怀-2，能够具有对民族、国家的认同感，理解中华优秀文化，具有对祖国和人民的深情大爱。

【资料附录】

材料1：两宋时期经济发展示意图和棉花种植推广图

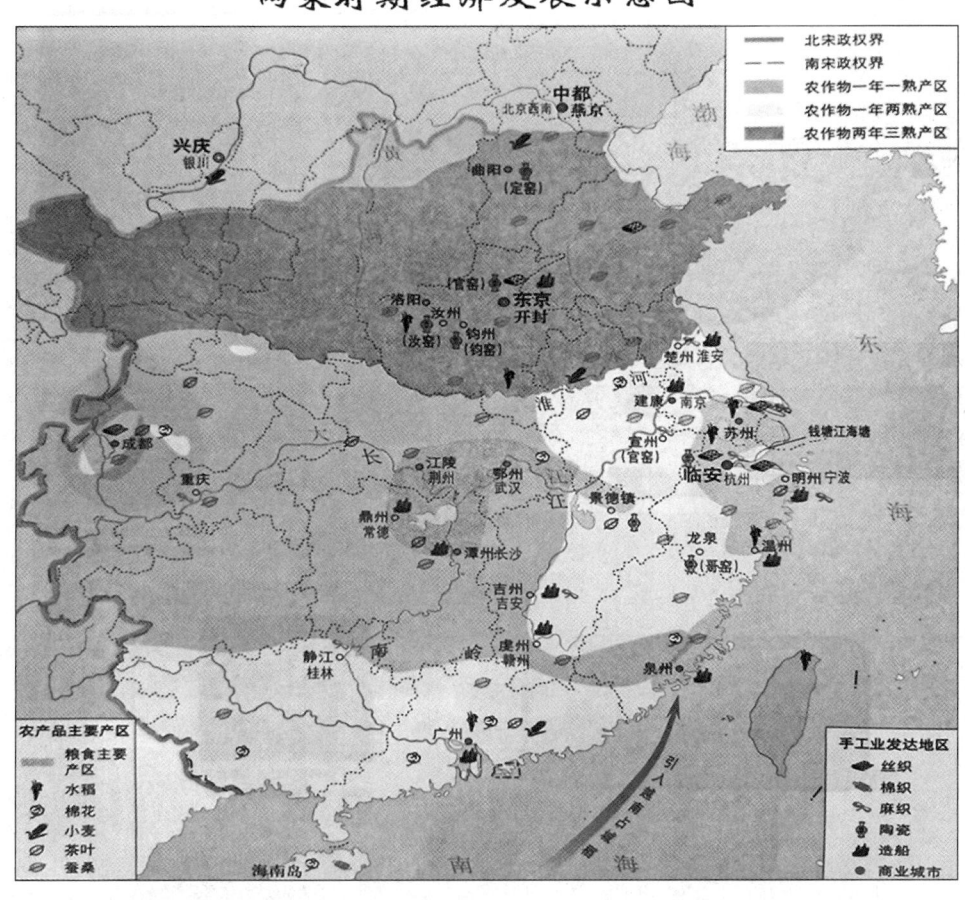

两宋时期经济发展示意图

棉花种植的推广

材料2：清明上河图（部分）

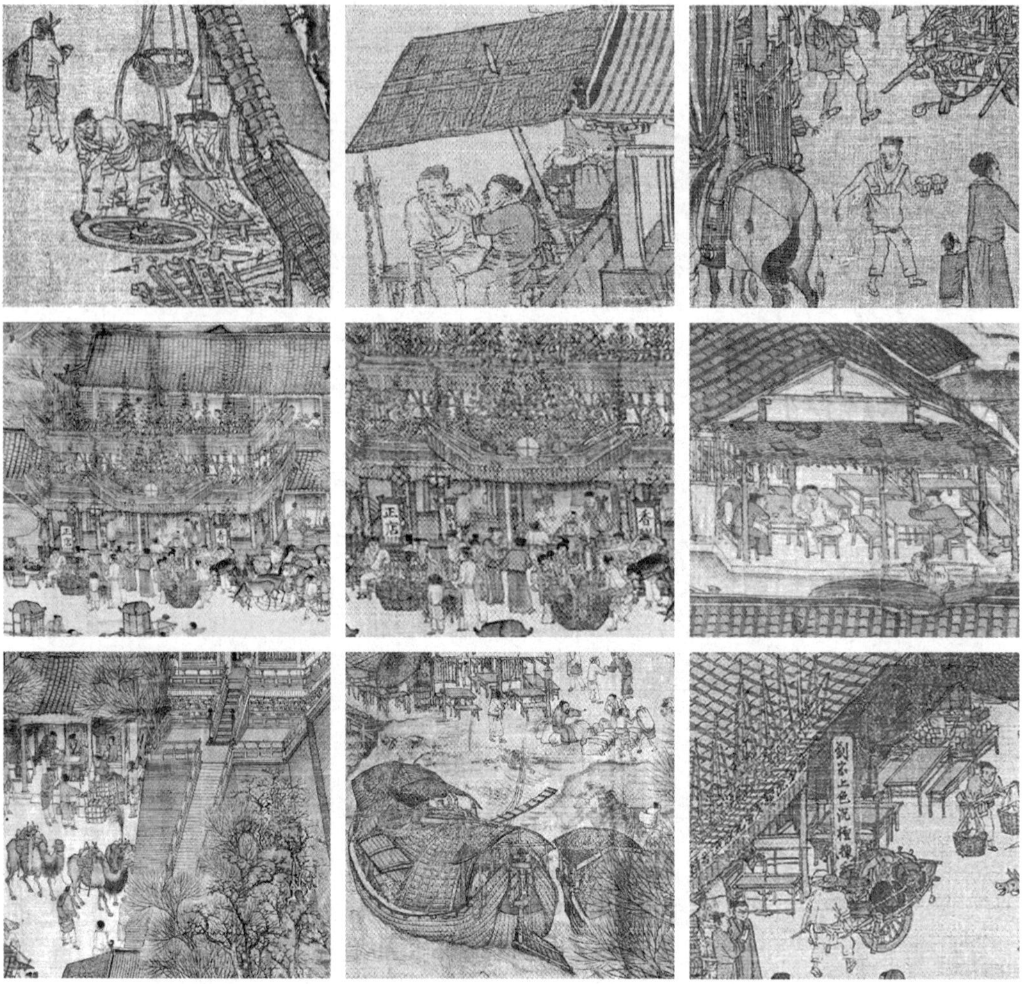

材料3：正当辇毂之下，太平日久，人物繁阜。……灯宵月夕，雪际花时，乞巧登高，教池游苑。……新声巧笑于柳陌花街，按管调弦于茶坊酒肆。八荒争凑，万国咸通，集四海之珍奇，皆归市易，会寰区之异味，悉在庖厨。花光满路，何限春游，箫鼓喧空，几家夜宴？

——〔宋〕孟元老《东京梦华录》

材料4：泉（州）有蕃舶之饶，杂货山积。

——〔元〕脱脱《宋史·杜纯传》

材料5：西汉、唐朝、两宋经济发展示意图

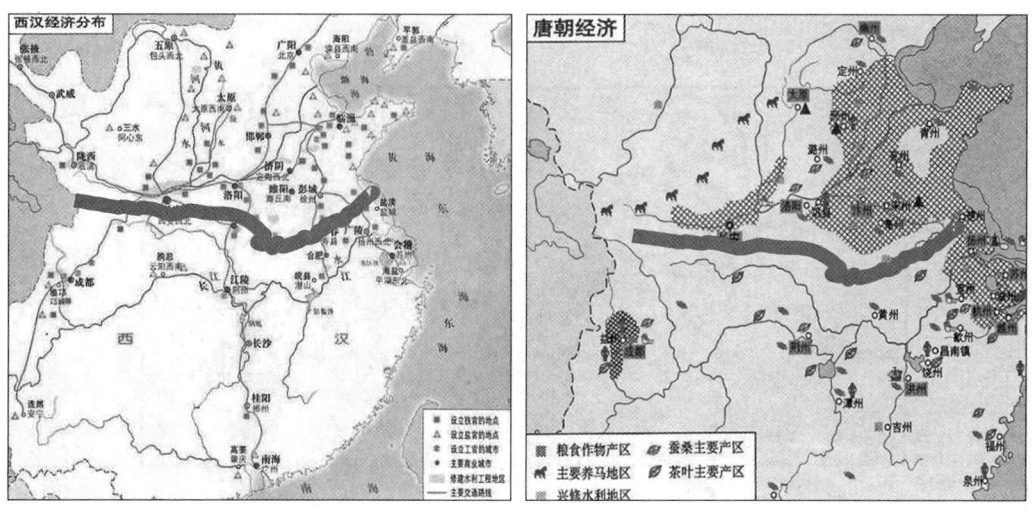

两宋时期经济发展示意图

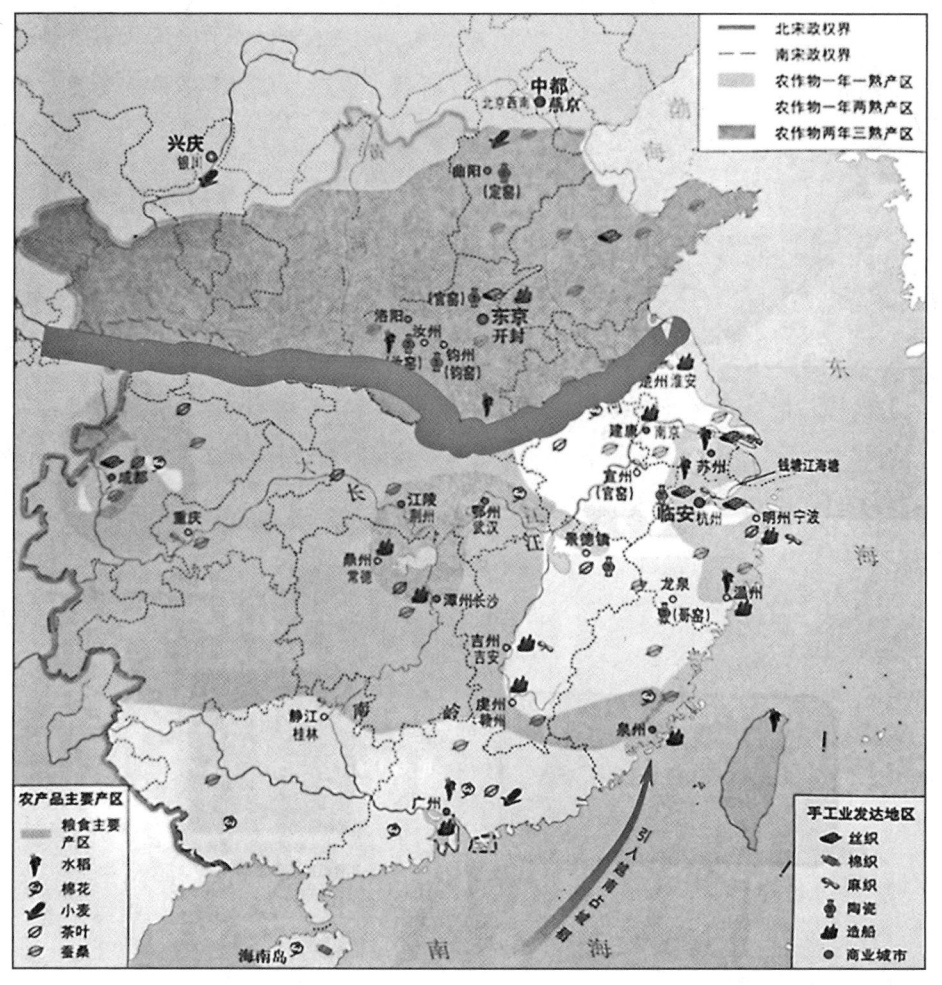

材料6：唐宋进士籍贯分布图

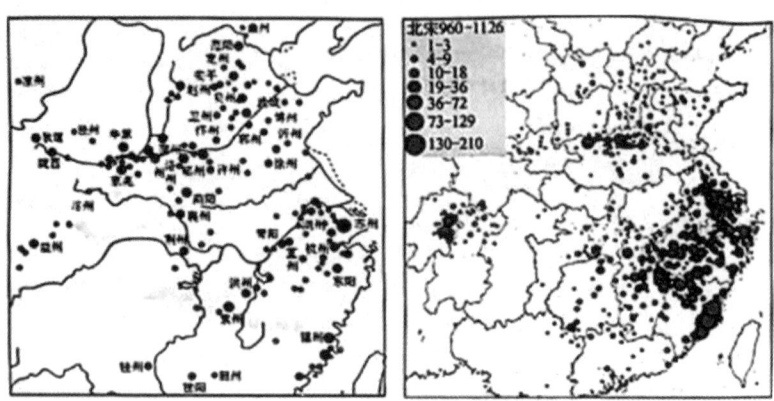

材料7：北宋初期以科举出身的布衣官员约占三分之一，到北宋中期已超过四分之三，到北宋晚期更超过五分之四。

——梁庚尧《宋代科举社会》

材料8："凡人情莫不欲富，至于农人、商贾、百工之家，莫不昼夜营度，以求其利。""观今之俗，娶其妻不顾门户，直求资财，随其贫富。"

——〔宋〕蔡襄：《蔡忠惠集》

材料9："仁宗朝，商人、佃农、奴婢均为编户齐民。齐，等也。无有贵贱，谓之齐民。"

——郭尚武《两宋良贱制度的消亡及其影响》

材料10：贫富无定势，田宅无定主。有钱则买，无钱则卖。……富儿更替做。

——孟元老《东京梦华录》

材料11：宋朝土地买卖契约残片

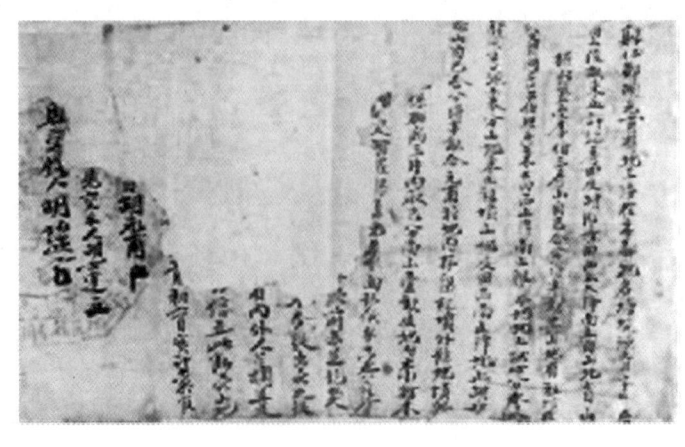

4. 两次鸦片战争

【教材解析】

主题单元解析： 统编版高中历史教材（必修）一共有2册：《中外历史纲要》（上）和《中外历史纲要》（下），分别对应的是中国史和世界史。

基于对教材的分析，本次10个教学设计以"民族复兴"为主题引领整个大单元，将《中外历史纲要》（上）和《中外历史纲要》（下）的部分自然单元相关内容相融，以中国"古代之繁荣、近代之沉沦、现代之复兴"为三大线索展开。教师在尝试理解教材编写体系的基础上，打通中外历史，突破自然单元，聚焦主题单元，落实家国情怀学科核心素养。

自然单元解析： 自17世纪以来，伴随着英国光荣革命和两次工业革命的展开，西方逐步确立了资本主义制度，走上了近代化之路。而同时期的中国君主专制进一步加强，闭关锁国的政策使清政府对世界形势变化浑然不觉，痛失与世界潮流接轨的机会。当西方的工业文明与东方传统的农耕文明发生碰撞，两次鸦片战争爆发，中国被迫卷入世界潮流。紧接着甲午中日战争、八国联军侵华战争，列强侵略日益加剧，中国社会各阶层为挽救民族危亡而进行不懈的斗争和探索。无论是太平天国运动和义和团运动的暴力斗争，还是洋务运动和戊戌维新的和平改良，都因阶级和时代的局限以失败而告终，但是他们救亡图存的爱国主义精神、不畏强暴的抗争精神和坚持不懈的探索精神推动了中国近代社会的新陈代谢。

本课解析： 本课是统编版《中外历史纲要》（上）第五单元《晚清时期的内忧外患与救亡图存》的第1课。上承第四单元清朝前期社会经济的发展、君主专制的强化，下启晚清的内忧外患与救亡图存。本课既是中国逐渐沦为半殖民地半封建社会的起点，也是中国进入民族民主革命的起点，从整个中国历史的发展来看，是一个重要的转折点。本课在自然单元中具有开篇点题和承上启下的作用。《普通高中历史课程标准》（2017年版）对本课的要求是：认识列强侵华对中国社会的影响，概述晚清时期中国人民反抗外来侵略的斗争事迹，理解其性质和意义。

本课分为三个子目： 19世纪中期的世界与中国、两次鸦片战争、开眼看世界。教材主要讲述了：19世纪中期，世界形势出现新的格局，随着工业革命的开展，英国等资本主义国家把侵略矛头指向中国，但是清政府对世界形势的变化却浑然不知。两次鸦片战争失败后，清政府被迫签订一系列不平等条约，中国一步步沦入半殖民地半封建的苦难深渊。同时，随着中国社会性质的变化，帝国主义和中华民族的矛盾成为中国社会的主要矛盾，反帝反封建成为中国人民肩负的两大历史任务，中国的历史进入民族民主革命时期。本课中，两次鸦片战争带来的阵痛，促使以林则徐为代表的先进知识分子，初步提出了向西方学习以求自强的主张，开启了中国近代化的篇章。

【学情分析】

本课授课的对象为高一学生。经过初中对统编版《中国历史》（八年级上册）第一单元《中国开始沦为半殖民地半封建社会》中第1、2课的学习，学生已初步了解林则徐虎门销烟、中英《南京条约》《北京条约》等史实，但对战争的性质和影响、当时国人和政府的反应缺乏深层次的理解，因此，本课将战争置于当时历史情景中，对战争的性质展开探讨，并着重分析在鸦片战争的冲击下，清政府及官员的态度和反应，认识继续固守天朝观念的中国更加落后于世界，再次丧失与世界潮流接轨的机会。

【设计思想】

高中历史教学始终坚持以学生为本，以立德树人为导向，发挥历史学科的德育渗透作用，注重学生学科核心素养的培养。本课基于学生初中所得，以历史课程标准为依据，以落实历史学科核心素养为目的，通过创设情景、任务驱动、问题引领，逐步有层次地推动深度学习。

【方法与策略】

讲授法、自主学习法、任务驱动法、文献解读法、多重印证法等

【资源与工具】

教材、PowerPoint、文献、地图、黑板、粉笔、多媒体播放器等

【教学目标】

通过时间轴和地图，分析工业革命时代背景下的世界形势，理解鸦片战争爆发的历史必然性；结合不同时代不同国家对战争称呼的差异，理解战争的性质；结合以《南京条约》为代表的条约内容，从中英双方对条约内容理解的不同分析近代国家主权意识、外交观念和政治理念的差异，进而理解战争对中国社会的深远影响；通过对比战争前后清政府西方观、技术观、外交观念的变化，认识先进知识分子开启向西方学习的近代化的篇章。

【重点难点】

重点：鸦片战争前的世界形势和战争对中国社会的影响

难点：鸦片战争的性质

【教学过程】

导入：创设上海外滩游学情景，出示外滩（含路名）的地图，设问：为什么路名被设置为广东、福州、宁波、南京、香港等，它们见证了什么历史？

设计意图：通过设置情景，建立历史和现实，课堂与实际生活的联系，激发学生学习的兴趣，并引发思考，进而导入本课。

环节1：两次鸦片战争的过程

出示两次鸦片战争的战争形势地图，教师结合教材简要介绍两次鸦片战争的过程；中间出示1852年《密切尔报告书》中的史料，设置问题：材料反映英国人什么心情？英国人如何解决这一问题？引发学生思考英国引发两次鸦片战争的真正目的，以及为何两次都叫鸦片战争。

设计意图：通过战争形势地图带领学生回到历史情境之中，结合对文字史料的解读，分析英方鸦片战争的真正目的。落实时空观念核心素养并培养学生史料分析能力。

环节2：农耕文明与工业文明的碰撞

出示鸦片战争前中外时间轴和1840年前中国和世界形势图，设置学习任务：分析鸦片战争前中国面临的世界形势，了解西方工业文明与东方传统农耕文明的差异。再出示战争前中英贸易情况的史料和林则徐禁烟运动的资料，理解战争爆发的必然性。

设计意图：结合时间轴和空间地图，帮助学生从全球史角度审视鸦片战争前中外的差异，通过战争前中英贸易情况的史料的解读，让学生理解战争爆发的必然性，培养学生透过历史现象认识本质的能力，通过禁烟运动感悟先人为维护国家利益而勇于对列强进行斗争的精神。

环节3：同一战争与不同称呼的对峙

出示不同时代不同国家对战争称呼的表格，设置学习任务"辨析战争的四种称呼，分析其合理性和局限性，并说明称呼不同的原因"，理解两次战争的性质。

设计意图：通过对不同称呼的渐进式解读和分析，在完成学习任务的过程中，培养学生历史解释的学科核心素养。

环节4：同一条约与不同解读的交锋

出示两次鸦片战争清政府签订的不平等条约汇总表，教师简要介绍主要内容;再出示四组"中英对于条约中典型条款的不同理解"的史料,设置分组学习活动:分组分析内容,清政府与英国对同一条款的态度有何差异?说明了什么问题?这对当时的中国产生了什么影响?理解中西方的差距,远不只是军事上的差距,而是近代工业文明与传统农耕文明的巨大差异,并理解战争给中国社会带来的深远影响。

设计意图:从条约的具体内容着手,结合中英双方对条约内容的不同理解,分析中外近代国家主权意识、外交观念和政治理念的差异,理解战争对中国社会的深远影响。

环节5:同样遭遇与不同回应带来的影响

出示林则徐《软尘私议》史料,了解当时百姓对战争的反应再出示先进知识分子著书立说的行动,据此设置学习任务:与五十年前乾隆帝的心态相比,"师夷长技以制夷"的提出反映了少数士大夫的心态发生了怎样的变化?了解先进知识分子初步提出了向西方学习的主张,并打开了中国开始走向近代化的大门。

设计意图:结合当事人的记述和教材内容,使学生把握战争前后中国在西方观、技术观、外交观念的变化,了解先进知识分子初步提出向西方学习的主张。

环节6:小结(启示)

出示张海鹏"中国近代史的发展呈现出由'沉沦'到'上升'的发展过程"的史料,出示南京市镇海寺的警世钟,设问:警世钟对当今的我们到底有什么警示意义?

设计意图:出示史料,学生从宏观层面理解鸦片战争对于整个近代中国历史的转折性意义,认识到其开启了近代中国的"沉沦之路"。出示文物史料,引发思考,升华主题,培养学生家国情怀。

【结构板书】

第16课 两次鸦片战争

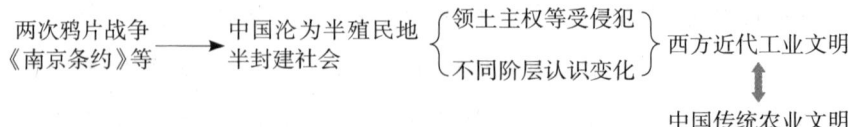

【作业设计与学习评价】

19世纪四五十年代,中国是否觉醒?

阅读材料,回答问题。

材料1：

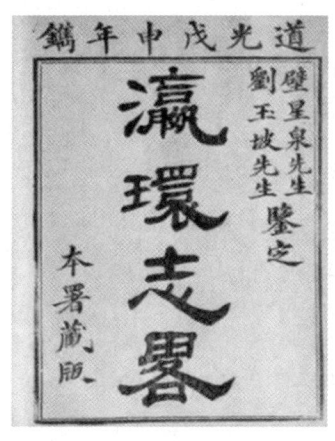 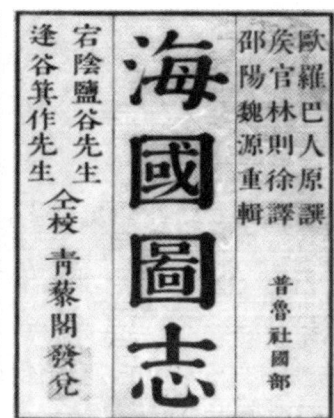 

材料2：一个多世纪以来，中国和西方的作家们已对道光皇帝和他的臣僚作口诛笔伐之能事。无数谴责字眼，如自大、不负责、贪污腐化等都堆在他们头上。可是今日事后看来，既有组织上的重荷和文化上的传统压在他们头上，其他任何人处在他们的地位也不见得能够做得特别不同。鸦片战争失败后，清政府并未组织一调查委员，会事后决定事体发生的情形与个人的责任。没有派官员出国考察，也没有在组织上做任何更改。美国官员愿意供给制船造炮之蓝图，被婉言拒绝。《南京条约》和附约里各种苛刻的待遇，满人汉人的官僚都接受。倒是内中提及今后两方面的文书要用平等语气来往，开"夷人"随意置喙之门，反而使他们不安。——摘编自黄仁宇《中国大历史》

（1）材料一、二所列史料对于研究的问题各有何价值？

（2）19世纪四五十年代，中国是否觉醒？谈谈你的观点并说明理由。

参考答案：（1）材料一是当时先进的中国人的著作，是第一批向西方学习的先行者，对于研究中国人思想观念的转变具有重要价值；

材料二是后世专家学者的研究成果，从社会进步和时代局限的全新视角来分析历史，有助于发现历史发展的规律和更加客观公正地看待历史。

（2）观点：鸦片战争后，部分先进的中国人开始觉醒，但整个中国社会基本没有觉醒。角度：(部分觉醒)从《海国图志》等新著作对当时和后世产生重要影响的角度作答；(基本没有觉醒)从中国传统不利于中国社会觉醒的角度作答；从清政府的不作为证明中国社会没有觉醒的角度作答；若回答"中国社会已经觉醒""中国没有觉醒"最高可得5分(态度1分,理由4分);只表明态度,不说明理由不得分。总结升华:鸦片战争后,由于受历史传统、社会状况等多方面因素的影响,中国的近代化尤其是思想领域的近代化异常艰难。(2分)(只要言之成理,亦可酌情给分)

设计意图:一方面作为课堂教学的巩固和延伸,另一方面为下一课经过甲午一役,民族觉醒做铺垫,体会鸦片战争后清政府及官员的态度和反应,认识继续固守天朝观念的中国依然尚未觉醒,再次丧失与世界潮流接轨的机会。

水平要求:综合运用

评价目标:时空观念-4,在对历史和现实问题进行独立探究的过程中,能够将其置于具体的时空框架下。史料实证-4,能够比较、分析不同来源,不同观点的史料;能够在辨别史料作者意图的基础上利用史料;在对历史和现实问题进行独立探究的过程中,能够恰当地运用史料对所探究问题进行论述。历史解释-3,能够分辨不同的解释,尝试从来源、性质和目的等多方面,说明导致这些不同解释的原因并加以评析。家国情怀-2,能够具有对民族、国家的认同感,具有对祖国和人民的深情大爱;家国情怀-4,能够表现出对历史的反思,更全面、客观地认识历史问题。

【资料附录】

材料1:

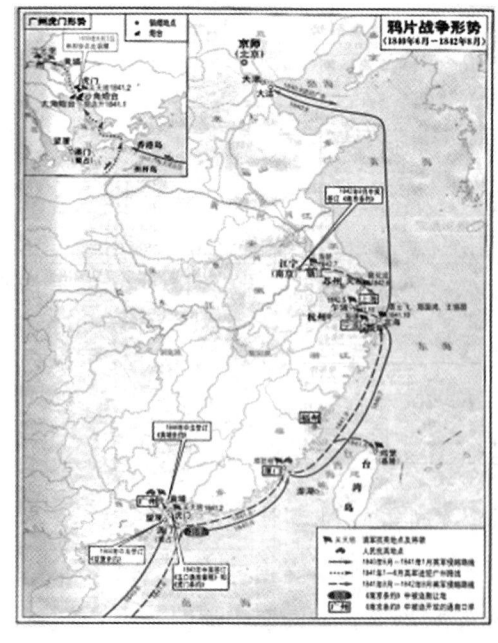
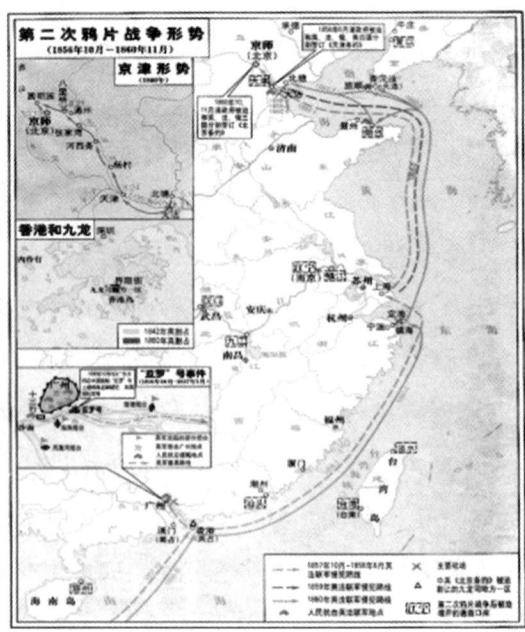

和中国开放贸易十年后……其消费能力竟不及荷兰的一半,甚至落在巴西和土耳其之后。

——1852年3月《密切尔报告书》

材料2:

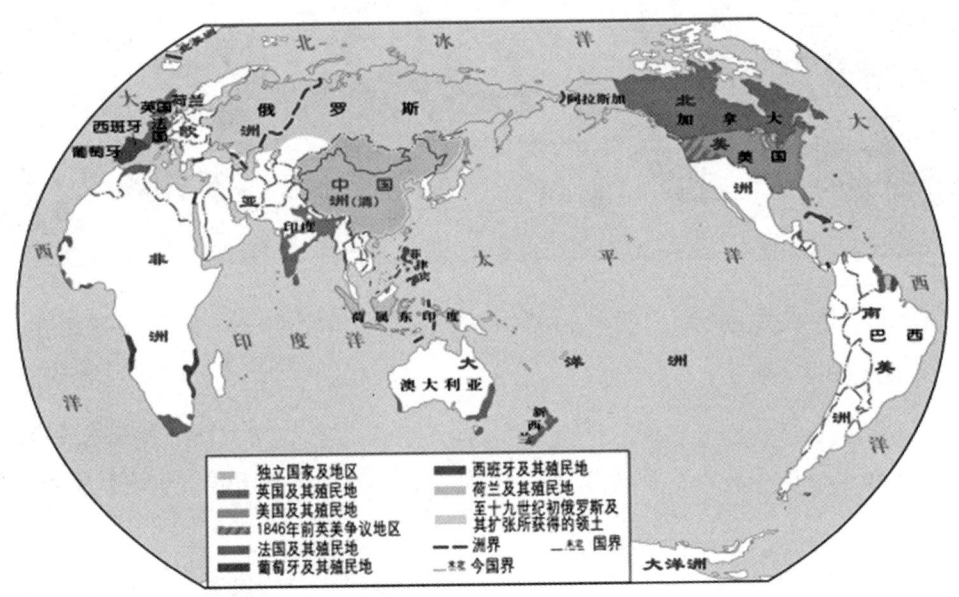

1840年的中国和世界形势图

材料3:

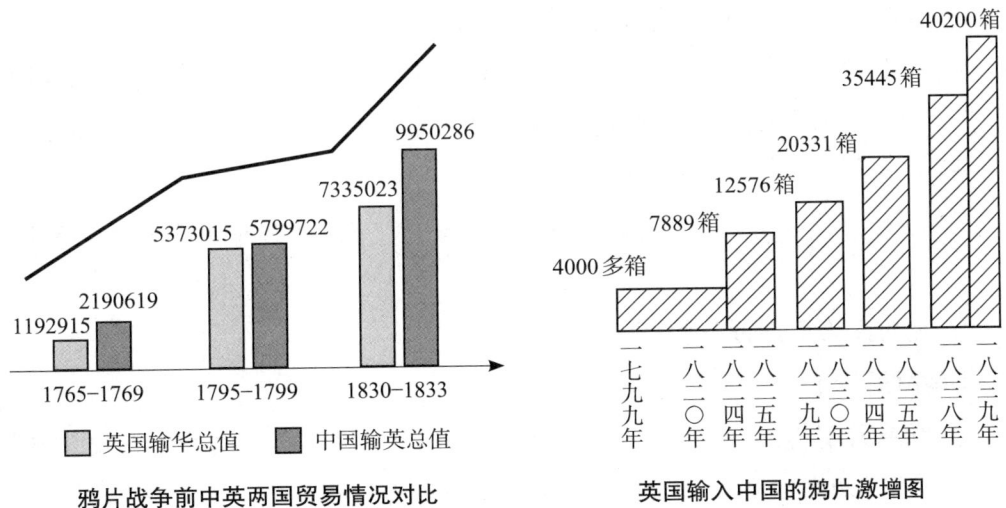

鸦片战争前中英两国贸易情况对比　　英国输入中国的鸦片激增图

材料4：

材料5：和议之后，都门仍复恬嬉，大有雨过忘雷之意……茶坊酒肆之中，亦大书"免谈国事"四字。

——林则徐《软尘私议》

材料6：是书何以作？曰为以夷攻夷而作，为以夷款夷而作，为师夷长技以制夷而作。

——魏源《海国图志》序言

材料7：其实天朝德威远被，万国来王……无所不有……然从不贵奇巧，并无更需尔国制办物件。

——《九朝东华录》

材料8：中国近代史的发展呈现出由"沉沦"到"上升"的发展过程……在近代中国历史的前期（晚清时期），其基本特征是"沉沦"，从一个完全的独立国家变为半殖民地的国家；近代中国历史的后期（民国时期），其基本特征是"上升"……

——张海鹏《近代中国历史进程概说》

5. 挽救民族危亡的斗争

【教材解析】

主题单元解析：统编版高中历史教材（必修）一共有2册：《中外历史纲要》（上）和《中外历史纲要》（下），分别对应的是中国史和世界史。

基于对教材的分析，本次10个教学设计以"民族复兴"为主题引领整个大单元,将《中外历史纲要》(上)和《中外历史纲要》(下)的部分自然单元相关内容相融,以中国"古代之繁荣、近代之沉沦、现代之复兴"为三大线索展开。教师在尝试理解教材编写体系的基础上,打通中外历史,突破自然单元,聚焦主题单元,落实家国情怀学科核心素养。

自然单元解析:自17世纪以来,伴随着英国光荣革命和两次工业革命的展开,西方逐步确立了资本主义制度,走上了近代化之路。而同时期的中国君主专制进一步加强,闭关锁国的政策使清政府对世界形势变化浑然不觉,痛失与世界潮流接轨的机会。当西方的工业文明与东方传统的农耕文明发生碰撞,两次鸦片战争爆发,中国被迫卷入世界潮流。紧接着甲午中日战争、八国联军侵华战争,列强侵略日益加剧,民族危亡日益严重,于是中国社会各阶层进行了不懈的斗争和探索。无论是太平天国运动和义和团运动的暴力斗争,还是洋务运动和戊戌维新的和平改良,都因阶级和时代的局限以失败而告终,但是他们救亡图存的爱国主义精神、不畏强暴的抗争精神和坚持不懈的探索精神推动了中国近代社会的新陈代谢。

本课解析:本课是统编版《中外历史纲要》(上)第五单元《晚清时期的内忧外患与救亡图存》的第3课。上承两次鸦片战争后,农民阶级太平天国运动和地主阶级洋务运动都未能挽救国家的困局;甲午战败后,列强掀起瓜分狂潮,民族危机不断加剧;本课中反对专制的戊戌维新和反抗侵略的义和团运动都以失败而告终,随着八国联军侵华战争,清政府沦为洋人的工具,中国急需一场全新的革命以挽救民族危亡,因此下启辛亥革命,中国掀起反帝反封建思潮。《普通高中历史课程标准》(2017年版)对本课的要求是:认识列强侵华对中国社会的影响,概述晚清时期中国人民反抗外来侵略的斗争事迹,理解其性质和意义,认识社会各阶级为挽救危局所作的努力及存在的局限性。

本课分为四个子目:戊戌维新运动、义和团运动、八国联军侵华、民族危机的加深。教材主要讲述了:甲午中日战争后,以德国强占胶州湾为首,列强掀起瓜分中国的狂潮。无数有识之士走上了探索民族独立与救亡图存的艰难之路。一方面,是以康有为、梁启超为首的资产阶级维新派,以"迎"的方式主动向西方学习,以反对专制为目的,领导了戊戌维新变法;另一方面,贫苦农民、手工业者等下层人民,以"拒"的方式反抗列强侵略,掀起以"扶清灭洋"为口号的义和团运动,引发列强恐慌。无论是资产阶级维新派还是中下层人民,他们的爱国主义精神和抗争精神给后人留下宝贵的精神财富。1900年,列强以清朝"剿匪"不力为名,组织联军发动侵华战争。清政府被迫签订丧权辱国的《辛丑条约》,至此,中国完全沦为半殖民地半封建社会的深渊,此后以推翻清政府为目标的民主革命浪潮逐渐兴起。

【学情分析】

本课授课的对象为高一学生。经过初中对统编版《中国历史》(八年级上册)第二单元《近代化的早期探索与民族危机的加深》的第6、7课的学习,学生已初步了解瓜分狂潮、八国联军侵华战争与《辛丑条约》的签订等基本史实,但是对于农民阶级和资产阶级维新派为挽救危局而进行的努力缺乏辩证、全面的认识,教学时应引导学生整体、客观、理性把握近代中国人民所作的努力,深入体会历史的复杂面相和近代化之路的艰难。

【设计思想】

高中历史教学始终坚持以学生为本,以立德树人为导向,发挥历史学科的德育渗透作用,使学生从历史的角度关心国家的命运和发展前途。本课以历史课程标准为依据,以落实历史学科核心素养为目的,通过创设情景、任务驱动、问题引领,逐步有层次地推动深度学习,引导学生感悟百年来中国人民的抗争精神,增强学生历史使命感,树立正确的价值观和人生品格。

【方法与策略】

讲授法、自主学习法、任务驱动法、文献解读法、多重印证法等

【资源与工具】

教材、ppt、学案、黑板、粉笔、多媒体播放器等

【教学目标】

通过画报等史料了解戊戌维新和义和团运动兴起的时代背景,通过对史料的解析,认识资产阶级维新运动的内容和意义,探讨其存在的局限性。通过小组合作讨论义和团揭帖,探讨义和团运动斗争的特点,从而认识农民阶级领导的反帝爱国斗争的局限性。通过地图和照片了解八国联军侵华的基本史实,分析《辛丑条约》的内容,认识列强侵华对中国社会的影响。了解在民族危亡之际,先进的中国人为挽救民族危亡所作的努力和牺牲,学习他们不屈不挠的顽强斗争精神和爱国情感,涵养家国情怀。

【重点难点】

重点：戊戌维新运动

难点：义和团运动的性质及评价

【教学过程】

导入：危亡——瓜分狂潮

出示法国报刊画报"在中国，各国帝王们的蛋糕"，设问：画报反映了当时的中国面临怎样的社会状况？面对民族危亡，先进的中国人会如何应对？引导学生了解救亡图存的背景，以及之后国人救亡图存斗争道路的选择。

设计意图：解读本课课题"挽救民族危亡的斗争"，呈现课程的核心主旨，引导学生从整体上构建对本课知识的初步认识，明确本课的知识框架。

环节1：斗争——戊戌维新

出示两则材料（陈旭麓《近代中国社会的新陈代谢》和康有为《请定立宪开国会折》），分析资产阶级维新派救亡图存的方向；列表出示康有为上书内容和实际变法内容，提出问题：为什么不同？把握维新理论与实际的差距，认识维新派的妥协性。解析变法内容，思考：维新措施带来的影响，以及成功与否？探究失败的原因。

设计意图：通过对多种史料的解析，在把握变法内容和局限的基础上，培养学生从史料中获取信息的能力，感受变法改革的曲折和艰辛，感悟维新派的革新精神。

环节2：斗争——义和团运动

出示义和团运动揭帖，提出问题：义和团运动有什么特点？之后出示不同视角下关于义和团运动的史料（有法国画报、雷颐"义和团误国说"和《瓦德西拳乱笔记》），设置问题：义和团运动是一场救国运动还是误国运动？

设计意图：通过原始文献史料义和团揭帖，把握义和团运动反帝爱国盲目排外的特点；再进一步通过小组合作探究，设置思辨问题，突破难点的同时，学生辩证看待义和团运动的愚昧落后和一定程度的历史作用，对农民阶级所进行的救亡斗争抱以理解和敬畏之情，认识到只要加以科学的理论引导，群众的力量是不可估量的。

环节3：沉沦——八国联军侵华

出示八国联军侵华形势图，简要梳理过程；再出示《辛丑条约》内容表，设置问题链：为什么条约中没有割地的内容，这是好事还是坏事？条约体现列强侵华的策略有何改变?如何体现清政府已经成为列强侵华的工具?认识中国完全沦为半殖民地半封建社会。再出示关于慈禧"劫后余生"的感慨,设置开放型问题:如果回到当时现场,你会如何挽救民族危机?

设计意图:通过层层推进的问题链,引导学生把握侵华战争及条约对中国的影响。再通过慈禧的话语,引导学生走入历史情景,通过开放性的提问,形成生成性课堂,调动学生积极性,开拓学生思维。

环节4:小结——路在何方?

出示列强侵略的加剧和救亡图存斗争并存的示意图,回顾从鸦片战争中国开始沦为半殖民地半封建社会以来,无数爱国志士们为挽救民族危亡,或者通过改良或通过起义不断地探索救亡之路。向那些为救国事业流血捐躯的志士们学习,领悟他们的变革精神、爱国深情。

设计意图:回顾整个晚清60多年的艰难探索历程,领悟所有曾经为救国事业努力甚至流血捐躯的爱国志士们是中国人永远的骄傲,培养学生的家国情怀核心素养。

【结构板书】

第18课 挽救民族危亡的斗争

民族危亡 ⟶ 救亡斗争

甲午战争 　　　　戊戌维新(君主立宪)

瓜分狂潮 　　　　义和团运动(扶清灭洋)

【作业设计与学习评价】

随着晚清政府统治危机的加深,清政府权力结构发生了重大变化。
阅读材料,回答问题。

材料1:

时间	总督(单位:个)		
	总　数	满　人	汉　人
1748年	11	9	2
1779年	11	7	4

续表

时间	总督（单位：个）		
	总 数	满 人	汉 人
1864—1867年	8	2	6
1872—1875年	8	1	7
1876—1883年	8	0	8

——整编自钱实甫《清代职官年表》

材料2：义和团运动兴起后，英国担心波及其势力范围长江流域，遂策动两江总督刘坤一、湖广总督张之洞等与列强合作。后由盛宣怀从中牵线策划，上海道（少台）余联沅与各国驻沪领事商定"保护东南章程九款"。清政府向各国宣战后，南方更多督抚加入进来，和各参战国商订协议，表示"无论北方情形如何，请列国勿进兵长江流域与各省内地；各国人民生命财产，凡在辖区之内者，决依条约保护"。

——《中外历史纲要》（上）

（1）根据材料一，概括晚清时期总督构成的变化。结合所学，分析这一变化的原因及影响。

（2）根据材料二，指出该历史事件的名称及其背景，并结合所学，对该事件作一简要评述。

参考答案：（1）变化：晚清时期汉人总督所占比例逐渐增加。原因：太平天国运动的迅速发展。影响：汉人（湘淮系）官僚集团崛起；清朝中央权力下移；深刻影响了晚清历史的发展。

（2）事件：东南互保。背景：义和团运动；八国联军侵华。评述：东南互保表明中央权威的式微与地方势力的进一步扩张；严重动摇了清政府统治的根基。

设计意图：一方面作为课堂教学的延伸，另一方面为下一课武昌起义得到南方诸省的支持并迅速取得胜利做好铺垫；体会八国联军侵华之际，清政府已经几乎失去对南方诸省的控制，其统治危机愈加严重。

水平要求：综合运用

评价目标： 时空观念-4，在对历史和现实问题进行独立探究的过程中，能够将其置于具体的时空框架下。史料实证-2，能够明了史料在历史叙述中的基础作用；在对史事与现实问题进行论述的过程中，能够尝试运用史料作为证据论证自己的观点。家国情怀-4：能够表现出对历史的反思，更全面、客观地认识历史问题。

【资料附录】

材料1：

《在中国，各国帝王们的蛋糕》1898年法国报刊 Le Petit Journal

材料2：甲午一战，日本以彻底的西学打败了中国不彻底的西学。……在这一特定背景下，日本的榜样被有志于维新改良的人们放大了。

——陈旭麓《近代中国社会的新陈代谢》

材料3：上师尧舜三代，外采东西强国，立宪法，开国会，行三足鼎立之制，则中国治强，计日可待。

——康有为《请定立宪开国会折》

材料4：康有为上清帝第四书

1. 革新科举制度和法律规范；

2. 设立政府制度局和创设十二个新局来取代无用的军机处、六部和其他现有的机构；

3. 设立各级民政局和地区分局,作为地方自治的初步形式;

4. 在北京设立议院;

5. 采用宪法和行政、立法、司法三权分立的原则。

——徐中约《中国近代史》

材料5:天无雨,地焦干,全是教堂止住天。挑铁道,把线砍,旋再毁坏大轮船……大法国,心胆寒,英吉俄罗尽萧然。一把鬼子全杀尽,大清一统庆升平。

——义和团揭帖

材料6:义和团的悲剧说明,仅仅有正义远远不够,因为仅有正义并不能救国,甚至可能"误国"。所以除了正义、激奋、英勇等,重要的是还要有理性,要有思想启蒙。

——雷颐《从甲午到辛亥清王朝的最后时刻》

材料7:中国群众尚含有无限蓬勃之生气……无论欧美日本各国,皆无此脑力与实力,可以统治此天下生灵四分之一也……故瓜分一事,实为下策。

——[德]《瓦德西拳乱笔记》,《中国近代史资料丛刊》

材料8:《中国恐怖分子向他们的皇帝和太后炫耀人头》法国报刊《Le Petit Journal》

材料9:……昨据奕劻等电呈各国和议十二条大纲,业已照允。……量中华之物力,结与国之欢心。

——《上谕》(1901年2月14日)

6. 辛亥革命

【教材解析】

主题单元解析：统编版高中历史教材(必修)一共有2册：《中外历史纲要》(上)和《中外历史纲要》(下)，分别对应的是中国史和世界史。

基于对教材的分析，本次10个教学设计以"民族复兴"为主题引领整个大单元，将《中外历史纲要》(上)和《中外历史纲要》(下)的部分自然单元相关内容相融，以中国"古代之繁荣、近代之沉沦、现代之复兴"为三大线索展开。教师在尝试理解教材编写体系的基础上，打通中外历史，突破自然单元，聚焦主题单元，落实家国情怀学科核心素养。

自然单元解析：自18世纪中叶鸦片战争以来，民族危机逐步加深，中国人民不断探索救亡图存的道路。庚子事变后，清政府也试图通过新政进行自救，但随着皇族内阁的出台，更多仁人志士从支持立宪倒向革命。武昌起义的爆发，南方诸省纷纷响应，这场革命推翻了清王朝，结束了君主专制，建立了资产阶级民主共和国，顺应了亚非拉民族民主运动的潮流。之后，袁世凯建立北洋政府，社会呈现新旧交替、新旧相争的特点。民主共和制的破坏引发社会反思，于是以解放思想为目的的新文化运动兴起，它影响了五四运动，推动了马克思主义的传入，自此近代中国革命进入一个新阶段。

本课解析：本课是统编版《中外历史纲要》(上)第六单元《辛亥革命与中华民国的建立》的第1课。本课上承晚清救亡图存，下启新民主主义革命，在中国近代革命发展以及近代救亡图存的过程中具有承上启下的重要意义。在本单元中，为下一课的北洋军阀的统治做好铺垫。《普通高中历史课程标准》(2017年版)对本课的要求是：了解孙中山三民主义的基本内容，理解辛亥革命与中华民国建立对中国结束帝制、建立民国的意义及局限性。

本课分为三个子目：资产阶级民主革命的兴起、武昌起义与中华民国的建立、辛亥革命的历史意义。教材主要讲述了：20世纪初，随着民族危机愈演愈烈，清政府统治危机逐步加深，中国人尝试了多种或改良或革命的救亡探索，历史最终选择了民主革命的方案。于是，辛亥革命爆发，一场低烈度的革命，带来了高烈度的变革。革命虽未达到预期目的，但它推翻了清王朝，走出了中国古代两千多年君主专制的"循环"怪圈，建立起中国历史上从未有过的共和政体，打开了中国真正意义上的进步大门；这场革命走出了近代60年和平渐进的"旧邦改良"之路,进入武装革命的"旧邦新造"之路。它是近代中国社会新陈代谢历程中极其重要的一个变化节点。同时,在世界民族民主运动中,它打响了亚洲民主革命的第一枪,是世界历史在这个过程中的一个转角点。

【学情分析】

本课授课的对象为高一学生。经过初中对统编版《中国历史》(八年级上册)第三单元《资产阶级民主革命与中华民国的建立》的学习,学生已初步了解辛亥革命的过程,包括同盟会的成立、民国的建立、《中华民国临时约法》的颁布、清帝退位等历史史实。因此,本课遵循最近发展区理论,在保留主要历史发展线索的基础上,主要就历史事件的演化发展构建认识,比如改良与革命两种救国方案的关系;注重对革命的历史意义进行理性深入分析,辩证地看待辛亥革命的历史功绩和局限,注重学生家国情怀学科核心素养的落实。

【设计思想】

高中历史教学始终坚持以学生为本,以立德树人为导向,发挥历史学科的德育渗透作用,使学生从历史的角度关心国家的命运和发展前途。本课以历史课程标准为依据,以落实历史学科核心素养为目的,通过创设情景、任务驱动、问题引领,逐步有层次地推动深度学习,引导学生感悟百年来中国人民的抗争精神,增强学生历史使命感,树立正确的价值观和人生观。

【方法与策略】

讲授法、自主学习法、任务驱动法、文献解读法、史实比较法等

【资源与工具】

教材、ppt、学案、黑板、粉笔、多媒体播放器等

【教学目标】

通过画报等史料分析辛亥革命爆发的背景及革命的必然性;理解"新政"推动了中国社会进步,也加速了清王朝的灭亡;使用时间轴与地图了解辛亥革命的过程;结合《中华民国临时约法》相关条文,理解民主革命思想及约法的法治意义;从中国与世界宏观视角,辩证看待辛亥革命的历史功绩与局限。

【重点难点】

辛亥革命爆发的背景及历史意义。

【教学过程】

导入:民谣

出示关于辛亥革命的民谣"山雨欲来风满楼,武昌起义谱春秋。立国行宪废帝制,有花无果恨悠悠?"设问:同学们认为这首民谣描写的哪个历史事件?从民谣中选择一句/处,谈谈你的理解。

设计意图:运用朗朗上口的民谣,提升学生对本课的学习兴趣,进而导入本课。之后通过设问,根据学生的互动、选择,以这首民谣为线索带领学生理清整个辛亥革命。

环节1:背景篇:山雨欲来风满楼

出示法国报刊画报"在中国,各国帝王们的蛋糕",设问:画报反映了当时的中国面临怎样的社会状况?当时的国人面对这一局面有何反应?引导学生思考革命爆发的背景,以及之后国人选择改良或革命的两条道路;再出示"清末新军"画报和陈旭麓的史料,设问:面对日益加深的民族危机,清政府做了什么?是否成功?又带来了什么影响?分析清廷为挽救民族危亡试图通过改良的"新政"进行"自救",却培养了自己的掘墓人。最后出示孙中山等革命志士做出革命斗争的资料、地图和四川保路运动的新闻。

设计意图:通过对画报、照片、地图和文献等史料的分析,把握最终选择革命的必然性和可能性,为辛亥革命爆发的学习做好铺垫,培养学生史料实证的能力。

环节2:过程篇:武昌起义谱春秋

出示革命过程时间轴,从时间角度,梳理辛亥革命过程的发展脉络;从空间角度,出示革命形势地图与材料,分析革命过程的特点。

设计意图:通过时间轴和革命形势地图,带领学生梳理革命过程,建立革命过程的时空定位,培养学生时空观念的核心素养;根据时空和材料分析革命过程具有速度快、代价小、规模大等特点,是一场低烈度的革命。

环节3:成就篇:立国行宪废帝制

播放孙中山回国、宣誓就任临时大总统视频;出示立宪派张謇,外国代表、革命党黄兴和孙中山本人关于南北议和的四则材料,设置问题链:各方出于什么目的达成了何种一致主张?对于第三则材料中孙所担忧的"假共和",如果你是孙,如何化解?(《临时约法》责任内阁),学生理解《临时约法》形成的背景。最后出示《临时约法》部分条款,理解革命民主思想和约法的法治意义。

设计意图:播放视频使学生身临其境,回到中华民国成立的历史现场;出示多方立场史料,带领学生进入特定时空情景,观察各方阵营视角,理解南北议和最终以"非袁莫属"为结局。通过分析《临时约法》的条款,了解其原则,理解其意义,培养学生史料实证的核心素养。

环节4:评价篇:有花无果恨悠悠?

根据民谣,设置问题:"有花"是指什么?再出示画报"一些中国人当众剪掉长辫",结合所学分组讨论:为什么说"恨悠悠"?(社会生活层面,群众心理层面,政治制度层面,国内民主革命层面等);再出示"亚非拉民族民主运动形势图",从世界史视角理解辛亥革命的重大意义。

设计意图:出示画报和世界民主运动形势图,从微观和宏观层面分析辛亥革命的重大影响,帮助学生对民谣中的"恨悠悠"建立自己的历史解释。

环节5:小结——辛亥不朽

展示辛亥革命相关照片和革命志士们的照片。回顾自从鸦片战争,中国开始沦为半殖民地半封建社会以来,无数爱国志士们为挽救民族危亡,或者通过改良或通过暴力革命不断地探索救亡之路。领悟他们的变革精神、爱国深情。

设计意图:由辛亥回顾整个晚清60多年的艰难探索历程,领悟所有曾经为救国事业努力甚至流血捐躯的爱国志士们是中国人永远的骄傲,培养学生的家国情怀核心素养。

【**结构板书**】

第19课 辛亥革命

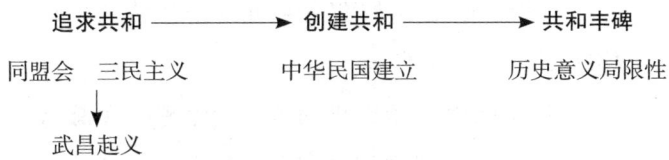

【**作业设计与学习评价**】

近代中国,国歌从无到有,随着政权的变更而几度更换,每一首国歌的出现都深深地打上了时代的烙印。阅读材料,完成下列要求。

材料1:1911年,清政府因各国皆有专定国乐,更兼为了"整饬礼乐,以正人心",颁布国歌《巩金瓯》。这首国歌大意是:"承蒙上天庇佑,当保牢疆土。老百姓们都欢欣鼓舞,庆幸生于清平盛世,真是幸福吉祥,心情舒畅。大清帝国有上苍保佑,会像苍天一样不会塌下,像大海一样不会干枯。"这首国歌颁布仅仅六天后,就爆发了武昌起义,伴随着清朝的灭亡而寿终正寝。

——摘编自《历史课标解析与史料研习中国近现代史》

材料2:1913年,《卿云歌》被定为中华民国临时国歌。歌词内容是"卿云烂兮,纠缦缦兮,日月光华,旦复旦兮。时哉夫,天下非一人之天下也。时哉夫,天下非一人之天下也"。1915年,袁世凯准备称帝,废除《卿云歌》,启用新国歌;随着袁世凯复辟帝制失败,该国歌销声匿迹。1921年,北洋政府最终确定《卿云歌》为国歌,在此期间,学者吴研因提出国歌应该是"有韵的白话歌!古典文章是不行的"。

——摘编自李静《民国国歌〈卿云歌〉的诞生与争论》

(1)根据材料一并结合所学知识,指出清政府颁布国歌《巩金瓯》的目的。

(2)根据材料二并结合所学知识,分别指出国歌《卿云歌》创立与废除的时代背景。根据吴研因对《卿云歌》的批评,指出这一时期文化领域出现的新变化。

(3)综合上述材料并结合所学知识,概括近代中国政治发展的特征。

参考答案:(1)目的:遵循国际惯例(或与国际接轨),巩固专制统治,歌功颂德(或粉饰太平)。

(2)创立背景:辛亥革命推翻清王朝统治,创中华民国;民族资本主义进一步发展;资产阶级力量壮大;民主共和观念的传播。废除背景:袁世凯复辟帝制,尊孔复古。变化:开展新文化运动,倡导白话文;对传统文化的反思。

(3)特征:从封建帝制到民主共和。

设计意图:一方面作为课堂教学的巩固和延伸,另一方面为学生打开一个新的视角看待辛亥革命给中国社会带来的影响,体会其历史功绩。

水平要求:综合运用

评价目标:时空观念-4,在对历史和现实问题进行独立探究的过程中,能够将其置于具体的时空框架下。史料实证-2,能够认识不同类型的史料所具有的不同价值,明晰史料在历史叙述中的基础作用;在对史事与现实问题进行论述的过程中,能够尝试运用史料作为证据论证自己的观点。家国情怀-2:能够具有对民族和国家的认同感,具有对祖国和人民的深情大爱;家国情怀-4,能够表现出对历史的反思,更全面、客观地认识历史问题。

【资料附录】

材料1：

《在中国，各国帝王们的蛋糕》1898年法国报刊 Le Petit Journal　　《中国新编部队》1909年法国报刊 Le Petit Journal

材料2：清廷以"新政"挽救王朝气数的动机，却换来了推翻王朝以实现改革的结果：新式学堂培养了近代学生，因而造就了成批反封建斗士；新政发展工商业，却促进了资本主义的发展；新军淘汰了旧军，结果却铸成了把枪口指向清王朝的武装力量。

——陈旭麓《近代中国社会的新陈代谢》

材料3："甲日满退，乙日拥公，东南诸方一切通过，愿公奋其英略，旦夕之间勘定大局。"

——张謇（临时政府中立宪派头目、实业总长）密电袁世凯

材料4：我们对袁世凯有很好的感情和敬意，我们希望看到有一个强有力的政府，能够与各国公正交往，维持秩序和有利条件，这样一个政府将得到我们能够提供的一切外交上的支持。

——《英国蓝皮书有关辛亥革命资料选译》

材料5：只要袁世凯与军民为一致之行动，迅速推倒清政府，令全国大势早定，则中华民国大统领一位，段非项城无疑。

——黄兴（革命党人）

材料6：弟不退位，则求今日之假共和犹未可得也……弟恐生出自相残杀之战争，是以退让。

——孙中山《致邓泽如涵》

材料7：《中华民国临时约法》部分条款

第一章　中华民国之主权属于国民全体。

　　　　中华民国以参议院、临时大总统、国务员、法院行使其统治权。

第二章　中华民国人民一律平等……人民有言论、著作、刊行、集会结社之自由。

第三章　中华民国之立法权，以参议院行使之。

第四章　临时大总统代表临时政府总揽政务。

第五章　国务总理及各部总长均称为国务员。国务员辅佐临时大总统，负其责任。国务员于临时大总统提出法律案、公布法律及发布命令时，须副署之。

第六章　法官独立审判，不受上级官厅之干涉。

材料8：

《现代化的中国在上海，一些中国人当众剪掉长辫》1911年法国报刊 Le Petit Journal

材料9：中国近代史的发展呈现出由"沉沦"到"上升"的发展过程……在近代中国历史的前期（晚清时期），其基本特征是"沉沦"，从一个完全的独立国家变为半殖民地的国家;近代中国历史的后期(民国时期),其基本特征是"上升",进一步发展成一个半封建半资本主义的国家。

——张海鹏《近代中国历史进程概说》

7. 北洋军阀统治时期的政治、经济与文化

【教材解析】

主题单元解析: 统编版高中历史教材(必修)一共有2册:《中外历史纲要》(上)和《中外历史纲要》(下),分别对应的是中国史和世界史。

基于对教材的分析,本次10个教学设计以"民族复兴"为主题引领整个大单元,将《中外历史纲要》(上)和《中外历史纲要》(下)的部分自然单元相关内容相融,以中国"古代之繁荣、近代之沉沦、现代之复兴"为三大线索展开。教师在尝试理解教材编写体系的基础上,打通中外历史,突破自然单元,聚焦主题单元,落实家国情怀学科核心素养。

自然单元解析: 自18世纪中叶鸦片战争以来,民族危机逐步加深,中国人民不断探索救亡图存的道路。庚子事变后,清政府也试图通过新政进行自救,但随着皇族内阁的出台,更多仁人志士从支持立宪倒向革命。武昌起义的爆发,南方诸省纷纷响应,这场革命推翻了清王朝,结束了君主专制,建立了资产阶级民主共和国,顺应了亚非拉民族民主运动的潮流。之后,袁世凯建立北洋政府,社会呈现新旧交替、新旧相争的特点。民主共和制的破坏引发社会反思,于是以解放思想为目的的新文化运动兴起,它影响了五四运动,推动了马克思主义的传入,自此近代中国革命进入一个新阶段。

本课解析: 本课是统编版《中外历史纲要》(上)第六单元《辛亥革命与中华民国的建立》的第2课。《普通高中历史课程标准》(2017年版)对本课的要求是:了解北洋军阀的统治及特点,概述新文化运动的主要内容,探讨其对近代中国思想解放的影响。

本课分为四个子目: 袁世凯复辟帝制与护国战争,北洋时期的军阀割据,民国初年经济、社会生活的新气象,新文化运动的开展。教材主要讲述了:辛亥革命后,袁世凯建立北洋政府,拉开了旧邦新造的历史序幕。这一时期,政治上复辟帝制与维护共和相斗争,经济上迎来发展的黄金时期,社会从传统向现代转型,呈现出新旧杂陈、新旧相争的特点。中国社会在民主与专制、沉沦与上升的博弈中艰难前行。最

终在希望与绝望中迸发出的新文化运动,预示着近代中国革命进入一个新的时代。

【学情分析】

本课授课的对象为高一学生。经过初中对统编版《中国历史》(八年级上册)第三单元《资产阶级民主革命与中华民国的建立》的学习,已经初步学习了北洋政府时期的政治混乱、军事混战、经济发展及文化社会生活等方面的基础知识;但对于这纷繁复杂、新旧杂陈的诸多乱象之间的关系,以及乱象背后的原因缺乏深层次的理性认识。因此,本课遵循最近发展区理论,着重梳理史实的内在前后联系,引领学生深层次剖析这一时期的时代特点,帮助学生建构自己的知识体系。

【设计思想】

本课从多层次、多视角、多维度观察北洋时期的统治。这一时期是新旧交替、新旧相争的社会转型期。本课基于学生初中所得,以历史课程标准为依据,以落实历史学科核心素养为目的,以立德树人为根本任务,通过创设情景、任务驱动、问题引领,采取史料文本分析和探究性学习的教学策略,逐步有层次地推动深度学习,训练学生的历史思维,落实学科核心素养。

【方法与策略】

讲授法、自主学习法、任务驱动法、文献解读法、史实比较法等

【资源与工具】

教材、ppt、黑板、粉笔、多媒体播放器等

【教学目标】

从历史唯物主义角度分析北洋军阀统治时期政治、经济、社会生活和文化领域的演变,理解近代中国社会转型期的复杂性和社会变革的艰巨性。通过地图、照片、文字等史料,客观评价北洋军阀的统治,理解新文化运动的内容以及对思想解放的影响,感悟近代先进的中国人为救亡图强而顽强奋斗的精神,联系社会主义核心价值观的基本内涵,增强社会责任感。

【重点难点】

重点:北洋时期的统治及特点;新文化运动的内容和影响

难点:北洋时期的统治及特点

【教学过程】

导入:出示材料一,并将学生分为6个小组(北洋军阀、革命党、实业家、人民群众、先进知识分子、列强),并设问:请从自己所在分组的视角,谈谈你眼中的北

洋时期,是上升还是沉沦?

设计意图:通过阅读材料引导学生从中国近代史的"沉沦"与"上升"这两个看起来冲突的概念中,分几个视角看北洋时期。该设计既能够发挥学生主观能动性,又能在一定程度上把握学生对北洋时期的了解,还能呈现本课的核心主旨,引导学生从整体上构建对本课乃至本单元的初步认识,明确本课的总体框架。

环节1:经济:发展与迟滞的交织

出示鲁迅书信的内容,提问"他认为民国时期的光明和希望是什么"进行过渡。出示《欧战前后农商部注册工业公司年别表》、北洋军阀统治时期颁布法规的文字史料、抵制日货的照片和民国初年经济发展示意图,设置问题:北洋军阀统治时期民族工业发展状况及其原因?

设计意图:通过图表、照片、地图和文字等多重史料,设置问题链,引导学生进入历史学习情境,分析这一时期民族工业的发展状况、发展原因及特点,理解北洋军阀统治时期的民族工业的迅速发展,社会经济呈现"上升"的特点,呼应跨单元主题。落实时空观念核心素养并培养学生史料分析能力。

环节2:生活:陈规与新俗的纠结

出示民国去发辫的总统令和女子上学的照片,提问学生:结合教材和材料,社会生活有哪些新气象?再出示同时期还存在的冲突史料:"留辫"的文字史料、关于保辫和女性婚姻不自由的报纸,提问学生:你如何看待这一时期社会生活这两种景象?

设计意图:通过出示两组冲突材料,让学生了解民国初年社会生活的新变化新气象,同时通过追问,引导学生透过历史现象认识这一阶段新旧交替的历史本质特征,呼应大单元主题,同时感悟近代中国社会转型期的复杂性与多面性。

环节3:政治:帝制与共和的较量

出示鲁迅《自选集》中对民国逐渐怀疑、失望的材料,作为过渡引出北洋军阀统治在政治方面的表现。再出示北洋军阀统治时间轴和军阀割据示意图,学生分组中的军阀组和列强组介绍自己的所作所为以及意图,提问思考:北洋军阀的统治分为几个阶段?统治分别有何特征?再出示革命派面对军阀的黑暗统治进行的斗争时间轴,学生分组中革命派介绍自己为维护共和进行的斗争,并提问:斗争方式是什么?结果如何?时间充裕可提问学生中的群众组对斗争的参与情况。

设计意图:通过提供时间轴和空间地图,学生通过角色扮演走入历史情景,切身体会并了解北洋时期的统治与特点,感悟近代先进的中国人为救亡图强、反对专制而顽强奋斗的精神。

环节4：文化：启蒙与保守的碰撞

出示新文化运动代表人物的图片，作为过渡，指出面对辛亥革命后，共和制度不能得到巩固，中国社会依然处于黑暗专制的局面，以陈独秀、鲁迅等为代表的知识分子，发出了自己的呐喊，引出新文化运动。出示青年杂志封面，设问：陈独秀创办《青年杂志》的目的是什么？再出示《新青年》的目录，引导学生归纳：新文化运动传播了哪些新思想？再出示两组史料，设置问题：为什么青年会感到烦闷或失落，为什么说五四运动前，中国走西方国家老路的尝试没有成功？

设计意图：通过分析《青年杂志》封面信息和《新青年》目录，了解新文化运动的内容，感悟新文化带来的思想解放意义；再通过两组材料进行追问，引导学生透过历史现象认识这一阶段新旧交替、新旧相争的历史本质特征，呼应本课主题，同时辩证看待新文化运动的影响，深度思考中国历史前进的方向在哪里？为下一课五四运动和共产党的诞生埋下伏笔。

环节5：小结（启示）

回顾本课内容，出示社会主义核心价值观图片，提问学生：从辛亥革命到北洋军阀再到新文化运动，为了民主共和的信仰，资产阶级革命派和知识分子艰难求索，他们推崇的哪些价值理念和追求值得我们继续发扬？

设计意图：总结本课，引导学生总结近代先进的中国人的精神和价值追求，升华主题，并联系社会主义核心价值观的基本内涵，增强学生社会责任感。

【结构板书】

第20课 北洋军阀统治时期的政治、经济与文化

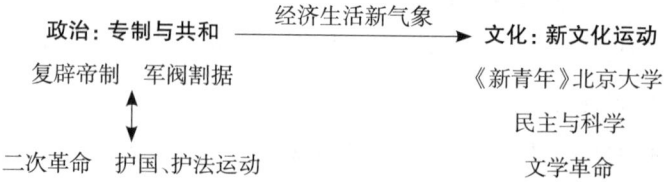

【作业设计与学习评价】

一个空前混乱的年代，一个思想大解放的年代，英雄群起逐鹿中原的混乱时代，思想自由百家争鸣的黄金时代，一个说真话的时代，一个出大师的时代。

——陈钦《北洋大时代》

你是否同意材料中对北洋时代赞赏的看法？并说明理由。

设计意图：一方面作为课堂教学的巩固和延伸，另一方面为五四运动的学习做铺垫，对北洋时代不同判断代表着不同的视角，体现了这一时代的复杂性和历史前进道路的曲折性。

水平要求：综合运用

评价目标：时空观念-4，在对历史和现实问题进行独立探究的过程中，能够将其置于具体的时空框架下。史料实证-2，能够认识不同类型的史料所具有的不同价值，明晰史料在历史叙述中的基础作用；在对史事与现实问题进行论述的过程中，能够尝试运用史料作为证据论证自己的观点。历史解释-2，能够选择、组织和运用相关材料并使用相关历史术语，对历史提出自己的解释。历史解释-4，在独立探究历史问题时，能够在尽可能占有史料的基础上，尝试验证以往的说法或提出新的解释。家国情怀-4，能够表现出对历史的反思，从历史中汲取经验教训，更全面、客观地认识历史问题。

【资料附录】

材料1：中国近代史的发展呈现出由"沉沦"到"上升"的发展过程……在近代中国历史的前期（晚清时期），其基本特征是"沉沦"，从一个完全的独立国家变为半殖民地的国家；近代中国历史的后期（民国时期），其基本特征是"上升"，进一步发展成一个半封建半资本主义的国家。

——张海鹏《近代中国历史进程概说》

材料2：说起民元的事来，那时确是光明得多，当时我也在南京，觉得中国将来很有希望……

——鲁迅给许广平的信，1925年3月31日

材料3：《欧战前后农商部注册工业公司年别表》

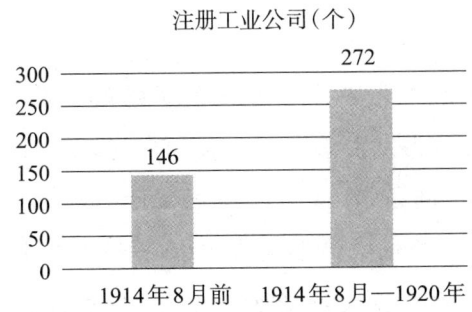
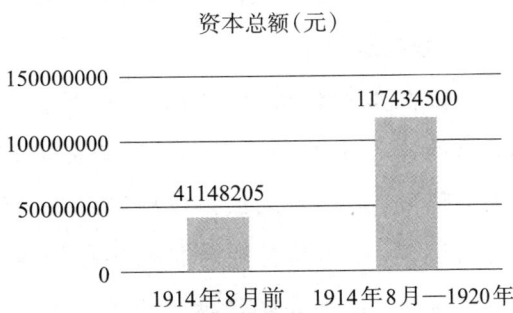

材料4：1912—1916年，北京政府所颁发的有关发展实业的条例、章程、细则、法规等达96项之多。……有关工商业方面的重要法令有：《暂行工艺品奖励章程》《公司条例》《公司注册规则》《商人通例》《商业注册规则》《商会法》《商标法》……

——张静如等《北洋军阀统治时期中国社会之变迁》

材料5：1913年3月临时总统令：凡未去辫者，于令到之日，限二十日一律剪除净尽。

材料6：我的辫子是有形的，顶在头上。你们的辫子是无形的，藏在心里。

——辜鸿铭

材料7：见过辛亥革命，见过二次革命，见过袁世凯称帝，张勋复辟，看来看去，就看得怀疑起来，于是失望、颓唐得很了。

——鲁迅《自选集自序》

材料8：新文化运动带来解放，同时也给青年带来了烦闷感或失落感。

——王汎森《思想是生活的一种方式》

材料9：你说要打破偶像，他就连学生值得崇拜的良师益友也蔑视了。你说学生要有自动的精神、自治的能力，他就不守纪律了。你说要脱离家庭压制，他就抛弃年老无依的母亲。长久这样误会下去，大家想想，是青年的进步还是退步呢？

——陈独秀《青年的误会》

材料10：1919年五四运动以前80年的历史表明，中国走西方国家老路的尝试没有成功。

——张岂之《中国历史十五讲》

8.第一次世界大战与战后国际秩序

【教材解析】

自然单元解析：自15世纪开始，西欧国家率先踏上对外殖民扩张的道路。随着两次工业革命的深化和资本主义的不断发展，主要资本主义国家进入帝国主义阶段，资本主义世界殖民体系最终形成。随着德、美等新兴国家的兴起，以大国协调、欧洲均势为特征的维也纳体系难以为继。帝国主义在扩张和争夺中矛盾重重，最终导致了两次世界大战。第一次世界大战后的凡尔赛-华盛顿体系没有带来真正的和平,反而孕育了第二次世界大战;第二次世界大战后的雅尔塔体系,虽带有强权政治烙印,但一定程度上维护了世界和平与发展;在这期间俄国十月革命建立了人类历史上第一个无产阶级领导的国家,打破了资本主义一统天下的世界格局;亚非拉地区的民族民主运动促进了资本主义殖民体系的瓦解。

本课解析:本课是统编版《中外历史纲要》(下)第七单元《两次世界大战、十月革命与国际秩序的演变》的第1课。本课上承世界殖民体系的建立与亚非拉民族独立运动,下启亚非拉民族民主运动的高涨和第二次世界大战。本课在世界史中起着承上的作用,在单元中起着启下的作用。《普通高中历史课程标准》(2017年版)对本课的要求是:通过了解两次世界大战,理解20世纪上半期国际秩序的变动。

本课分为三个子目:"帝国主义与世界大战的酝酿""第一次世界大战""一战后的国际秩序"。教材主要讲述了19世纪末到20世纪初,主要资本主义国家发展到帝国主义阶段,世界殖民体系最终形成。由于各国政治、经济发展不平衡,旧有的以英国为主导的维也纳体系受到冲击,最终第一次世界大战爆发。这是一场列强重新瓜分世界、争夺世界霸权的帝国主义战争。这场旷日持久的战争造成了人员的伤亡与经济、文化损失,动摇了欧洲的世界优势地位,削弱了帝国主义和殖民主义的力量,促进了殖民地半殖民地国家的民族觉醒。战后,战胜国以强权政治原则建立的凡尔赛-华盛顿体系和国际联盟没有带来真正的和平,反而为第二次世界大战埋下祸根。

【学情分析】

本课授课的对象为高一学生。经过初中对统编版《中国历史》(九年级下册)第三单元《第一次世界大战和战后初期的世界》的学习,学生初步了解了第一次世界大战的起因、进程与结果,巴黎和会、华盛顿会议的召开,《凡尔赛条约》和《九国公约》等内容,而对于战争爆发的原因和战后国际秩序的变动缺乏深刻的认识。因此,教师在教学过程中应启发和引导学生,通过小组合作探究,提高分析问题和解决问题的能力。此外,通过对战争残酷性及战后国际秩序的分析,引领学生形成正确的价值观,增强其对和平的认同与向往,培养家国情怀。

【设计思想】

高中历史教学始终坚持以学生为本,以立德树人为导向,发挥历史学科的德育渗透作用,培养学生全球视野和对国家的命运的关怀。本课以落实历史学科核心素养为目的,通过创设情景、任务驱动、问题引领,逐步有层次地推动深度学习,培养学生透过表象看本质、透过现象深挖掘的能力,进而树立正确的价值观。

【方法与策略】

讲授法、自主学习法、任务驱动法、文献解读法、史实比较法等

【资源与工具】

教材、PowerPoint、文献、地图、黑板、粉笔、多媒体播放器等

【教学目标】

通过分析第一次世界大战爆发的原因,认识第二次工业革命后的资本主义国家政治经济发展不平衡,国家之间矛盾重重,体会经济发展对政治军事的影响。通过地图表格梳理,横向上把握第一次世界大战的进程;通过照片、画报等,纵向上体味战争的残酷性和毁灭性,树立和平意识。通过照片和文字史料认识华工在第一次世界大战中的牺牲,体会中国对战争胜利作出的贡献,形成本民族的自豪感与认同感。通过设置历史情境,辩证看待凡尔赛—华盛顿体系和国际联盟的历史作用。

【重点难点】

重点：第一次世界大战发生的背景,凡尔赛—华盛顿体系

难点：第一次世界大战发生的背景,凡尔赛—华盛顿体系

【教学过程】

导入：请同学说一说"讲到战争,你想到的是什么?"在同学们回答后,出示两组冲突性的照片(一组是战争后没有下巴/少掉半张脸的战士;另一组是对战争开始表示庆祝欢呼的英德两国群众),巨大的落差引发学生思考：第一次世界大战前的世界到底是什么样以及战争为何会爆发。

设计意图：通过"你印象中的战争"这一问题的设置,调动学生主观能动性。再结合两则带有极具视觉冲击的照片,引发学生深思,进而带着问题进入本课的学习。

环节1：走向失衡的世界——战争爆发的原因

出示萨拉热窝的图片,提问：哪次事件是第一次世界大战的导火索?再通过漫画《友谊链》,设问：为什么一次刺杀事件引起帝国主义国家这么大的反

应,并最终导致战争大爆发?出示(工业生产、增速、出口)数据表格,引导学生分析战争爆发的经济根源。出示两则史料(德皇"世界政策"和英国对德国的态度),并结合教材,设置问题:随着经济实力的变化,各国外交政策出现了哪些变化?总结帝国主义之间背后隐藏的重重矛盾。再出示结盟地图和军事集团扩军备战的史料,引导学生思考列强进行的军事防备行动。最后再出示德国和英国民众对战争的乐观盲目态度的照片,把握战前各国军民失衡异常乐观的心态。

设计意图:从学生初中已学的萨拉热窝事件着手,引发学生对战争爆发背后深层次原因产生疑问和好奇。之后通过表格、地图、照片与文字史料等多种史料,问题链层层推进分析第一次世界大战爆发的原因,认识第二次工业革命后的资本主义国家政治经济发展不平衡,国家之间矛盾重重,体会经济发展对政治军事的影响,落实"经济基础决定上层建筑"的唯物史观核心素养。通过战前乐观狂热的照片,深入历史现场,感悟大战前从上层到平民的整个社会氛围的异常,为后来战争的残酷和战后对和平的渴望埋下伏笔。

环节2:跃入抗衡的世界——战争的过程

出示第一次世界大战形势图,根据时间和战线空间位置,列表梳理战争的过程;出示照片和文字史料,认识华工在第一次世界大战中的牺牲,体会中国对战争胜利作出的贡献。再出示致命武器的照片和各国不断征兵的海报,思考这矛盾背后隐藏着的人性的扭曲和无可挽回的悲剧。最后出示第一次世界大战的相关数据,包括参战国、死伤人数、影响人口、经济损失等,认识战争对人类世界造成的巨大创伤。

设计意图:通过地图和表格,梳理第一次世界大战的进程,落实时空观念核心素养。通过照片和文字直观认识中国人在第一次世界大战中的牺牲和贡献,形成本民族的自豪感与认同感。通过照片、画报等,体味战争的残酷性和毁灭性,及其带来的人性的扭曲,培养学生树立和平的意识和价值观。

环节3:重构平衡的世界——战后国际秩序

学生通过自主学习总结战后国际秩序的建立。基于此,教师提出问题:对于这个秩序,诸国是否满意?再组织探究活动,设置问题:19世纪末20世纪初,帝国主义如何维护资本主义世界体系?第一次世界大战后,随着欧洲大国的衰弱,资本主义国家又如何维护资本主义世界体系?是更文明了吗?

设计意图：在学生自主梳理的基础上，通过问题链的设置，让学生深度挖掘凡尔赛-华盛顿体系背后的矛盾和隐患，辩证看待凡尔赛-华盛顿体系和国际联盟的历史作用。最后站在人类历史发展的高度，思考经过世界大战后，人类维持国际秩序的做法是否有所进步，并思考完善全球治理的方案。

环节4：小结

出示第一次世界大战老兵对战争的理解，提出问题：何以实现人类的长久和平？

设计意图：结合亲历者的看法，再次体味战争的残酷性，以及和平的来之不易。继而引发学生思考如何实现人类长久和平？培养学生树立和平意识。

【结构板书】

第14课 第一次世界大战与战后国际秩序

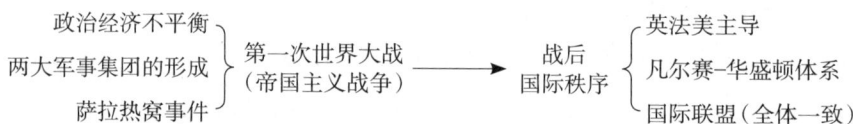

【作业设计与学习评价】

第一次世界大战期间，十几万华工在欧洲战场从事艰苦工作，数千人献出了宝贵生命。阅读材料，回答问题。

材料1：关于第一次世界大战华工的部分研究资料

文献史料	①	威海市档案馆藏《英国威海卫行政公署招募华工的布告、用途、薪金表》，1916年
	②	威海市档案馆藏《英国驻济南领事就劳工问题致英国公使的信》，1916年
	③	中国第二历史档案馆藏《英法等国规定招工各项工资案》，1917年
	④	《中国人力援助战时法国》，《纽约时报》1917年
	⑤	威海市档案馆藏《华工出洋歌》，1917年
	⑥	《旅法华工近状》，《东方杂志》1917年
	⑦	《大战中的中国：她在劳力、原材料、军需品和食物上对协约国的贡献》，《亚洲》1917年第8期
	⑧	《华工团二大队第3902号华工给德国皇帝的信》（译件），1918年
	⑨	《国王与中国华工军团》，《英国周刊》1919年

续 表

文献史料	⑩	《华工在法与祖国的损益》,《华工周报》1919年
	⑪	《在巴黎华工庆祝联军的胜利》,《华工周报》1919年
	⑫	《英法华工归国后之处置》,《民心周刊》,出版年不详
	⑬	《招聘护送华工回国沿途照料员章程》(中国驻巴黎总领事馆发布),《旅欧周刊》1920年
	⑭	《华工归国后该怎样》,《华工杂志》1920年
其他资料	⑮	尼古拉斯·格里芬:《一战中的英国华工军团》,《军事事务》1976年第3期
	⑯	徐国琦:《文明的交融:第一次世界大战期间的在法华工》,五洲传播出版社,2007年版

材料2:探究主题

甲	华工赴欧的原因
乙	英法对华工的态度
丙	中国社会对华工的关注
丁	第一次世界大战后华工的境遇

(1) 按史料类型,将材料一中的文献史料进行分类并写出序号。(3分)

(2) 参考材料一中的研究资料,从材料二中任选一个主题,说明选题意义,拟定研究提纲,列出3—5个相关参考资料的序号。(9分)

要求:选题意义应结合历史背景,研究提纲应系统清晰,所列参考资料从标题上看应密切联系主题。

参考答案: (1) 档案:①②③⑤;报刊:④⑥⑦⑨⑩⑪⑫⑬⑭;

书信:②⑧;公文:①②③⑬。

(2) 参考答案示例:

选题:华工赴欧的原因

选题意义:第一次世界大战期间,有很多华工赴欧从事艰苦的工作,为协约国胜利作出了自己的贡献,也为中国赢得了一定声誉。什么原因促使他们出国?这一问题是研究第一次世界大战华工诸多问题的起点,同时也是研究中国与第一次世界大战关系的另一个视角,有一定的研究价值。

研究提纲：

一、第一次世界大战的爆发与协约国的人力需求

二、中国政府对华工赴欧的态度

三、华工个人的选择

四、结论

参考资料：①③⑤②

设计意图：一方面作为课堂教学的巩固和延伸，另一方面提供中国视角看待第一次世界大战，认识华工在第一次世界大战中的牺牲，体会中国对战争胜利作出的贡献，形成本民族的自豪感与认同感，形成全球视野和格局。

水平要求：综合运用

评价目标：时空观念-4，在对历史和现实问题进行独立探究的过程中，能够将其置于具体的时空框架下。史料实证-2，能够认识不同类型的史料及其所具有的不同价值，明晰史料在历史叙述中的基础作用；在对史事与现实问题进行论述的过程中，能够尝试运用史料作为证据论证自己的观点。史料实证-4，在对历史和现实问题进行独立探究的过程中，能够恰当运用史料对所探究问题进行论述。历史解释-2，能够选择、组织和运用相关材料并使用相关历史术语，对历史提出自己的解释。历史解释-4，在独立探究历史问题时，能够在尽可能占有史料的基础上，尝试验证以往的说法或提出新的解释。家国情怀-4，能够把握世界历史发展的进步历程，形成正确的世界观、人生观、价值观和历史观，能够表现出对历史的反思，从历史中汲取经验教训，更全面、客观地认识历史和现实问题。

【资料附录】

材料1：第一次世界大战后受伤的士兵和第一次世界大战前狂热的人群

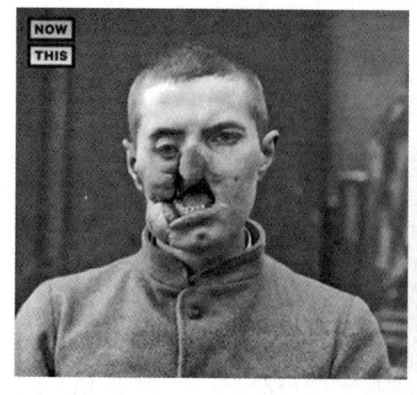

材料2：萨拉热窝事件和漫画《友谊链》

材料3：

项目在世界所占比重(%)	英	法	德	美
1870年工业生产	31.8	10	13.2	23
1913年工业生产	14	6	16	38
1890工业生产增速	1.6	2.6	4.8	3.5
1913工业生产增速	1.4	3.3	4.2	4.8
1870年工业出口	22	10	13	8
1913年工业出口	15	8	13	11

——吴于廑、齐世荣《世界史·现代史编》（上卷）

材料4：19世纪末，德皇威廉二世抛弃俾斯麦时代的"大陆政策"，提出大力扩张殖民地，扩建海军，试图挑战英法等老牌帝国主义，重新瓜分世界，此即"世界政策"。

——徐弃郁《脆弱的崛起——大战略与德意志帝国的崛起》

材料5：尽管英国控制了几乎半个世界，它们却很难容忍德国突破传统欧洲局势的狭隘框架。地理和历史协力作用，使得德国的崛起太晚太快，咄咄逼人。其余世界的反应是粉碎这暴发户。

——卡列欧《德国问题再思考》

材料6：无论是德奥集团还是英法俄集团内部，尽管存在成员间力量差异，但它们没有达到"即使缺少某个较弱伙伴也不足以使集团内力量对比全然失衡"的地步。这种对盟友的绝对必需导致了对背叛的绝对恐惧，较强的伙伴非但不敢严厉控制反而还支持较弱伙伴的那些偏执和高度危险的行为。

——时殷弘《论第一次世界大战的成因》

材料7：三国同盟与三国协约示意图

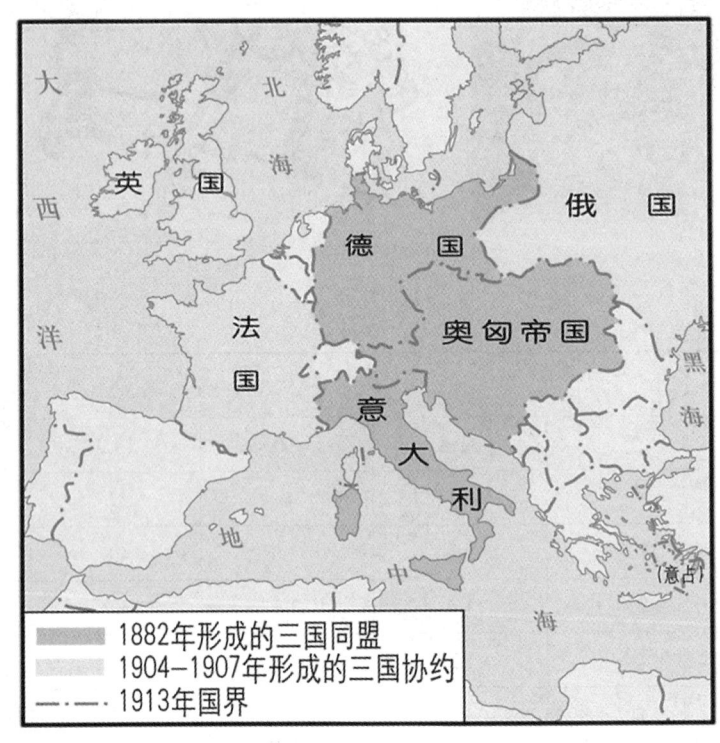

材料8：第一次世界大战前军民的狂热

材料9：第一次世界大战形势图

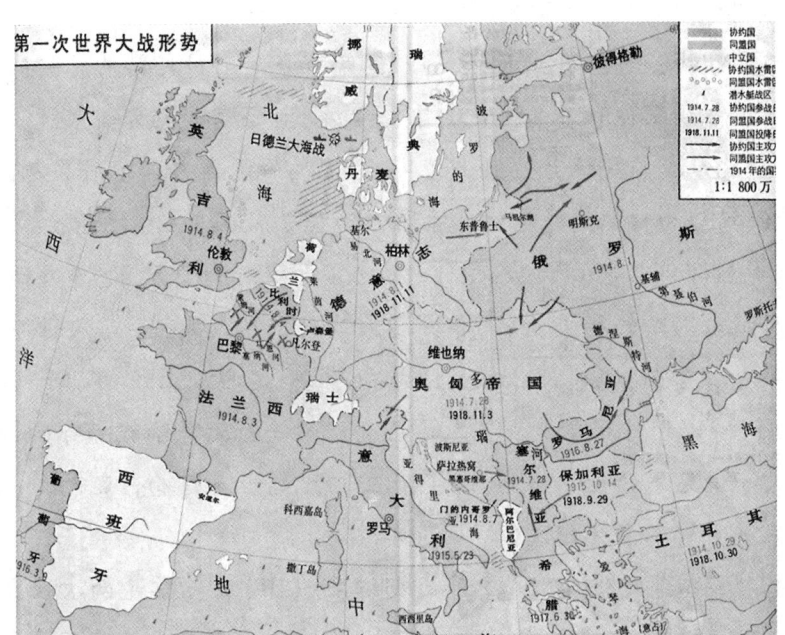

材料10：战争的进程完全走向大国决策者的愿望和主观意志的反面：他们抱着短期取胜的侥幸心理，却形成了长期阵地战的僵局；他们本以为是单纯的军事较量，却变成了倾注全部国力的长期消耗的总体战，使整个社会基础受到了空前的动摇与毁坏。

——徐蓝《国际史视野下的第一次世界大战研究》

材料11：战争是不值得的，不值得为之付出一个人的生命，更别说成千上万人的生命了。

——哈里·帕奇

材料12：构建人类命运共同体，建设持久和平、普遍安全、共同繁荣、开放包容、清洁美丽的世界。五个"要"系统阐述了怎样构建人类命运共同体，即要相互尊重、平等协商，坚决摒弃冷战思维和强权政治；要坚持以对话解决争端、以协商化解分歧；要同舟共济，促进贸易和投资自由化便利化；要尊重世界文明多样性；要保护好人类赖以生存的地球家园。

——习近平

9. 第二次世界大战与战后国际秩序的形成

【教材解析】

自然单元解析：自15世纪开始，西欧国家率先踏上对外殖民扩张的道路。随着两次工业革命的深化和资本主义的不断发展，主要资本主义国家进入帝国主义阶段，资本主义世界殖民体系最终形成。随着德、美等新兴国家的兴起，以构建大国协调、欧洲均势为特征的维也纳体系难以为继。帝国主义在扩张和争夺中矛盾重重，最终导致了两次世界大战。第一次世界大战后的凡尔赛—华盛顿体系和国际联盟没有带来真正的和平，反而孕育了第二次世界大战；第二次世界大战后的雅尔塔体系和联合国，虽带有强权政治烙印，但一定程度上维护了世界和平与发展；在这期间俄国十月革命建立了人类历史上第一个无产阶级领导的国家，打破了资本主义一统天下的世界格局，改变了20世纪的世界格局；亚非拉地区的民族民主运动促进了资本主义殖民体系的瓦解。

本课解析：本课是统编版《中外历史纲要》（下）第七单元两次世界大战、十月革命与国际秩序的演变的第4课。本课上承第一次世界大战战后国际秩序，下接第八单元第二次世界大战后国际格局的新变化，该课内容是打破旧国际秩序、建立新国际秩序的分界点，也是人类历史发展的重要转折点。《普通高中历史课程标准》（2017年版）对本课的要求是：通过了解两次世界大战，理解20世纪上半期国际秩序的变动。

本课分为三个子目："法西斯主义与亚欧战争策源地的形成""第二次世界大战""战后国际秩序的建立"。教材主要讲述了第一次世界大战后，国际秩序松动，亚非拉民族民主运动此起彼伏，国际极端力量和正义力量都在壮大，刚稳定的国际局势又陷入波云诡谲。1929年经济大萧条爆发后，法西斯国家通过战争寻找出路；面对法西斯国家的侵略扩张，英、法等大国推行绥靖政策，进一步助长了德意日侵略的野心，于是局部战争逐步发展为全球战争。美、苏、英、中等国组成反法西斯同盟，协同作战逐渐扭转了战争形势，并取得了最终胜利；第二次世界大战后形成了雅尔塔体系，国际格局由西欧中心走向美苏主导的两极格局。

【学情分析】

本课授课的对象为高一学生。经过初中对统编版《中国历史》（九年级下册）第四单元《经济大危机和第二次世界大战》的学习，学生已初步了解罗斯福新政、法西斯国家的侵略扩张、第二次世界大战的过程等知识，但对战后国际秩序特别是雅尔塔体系和战后国际格局的变化少有涉及。因此，基于课标，本课应多补充史料帮助学生更好地理解战争爆发的诸多原因以及战后国际秩序的变动；使学生面对全球化的今天，能够透过表象看到复杂世界的本质，以更好地理解复杂的世界。

【设计思想】

高中历史教学始终坚持以学生为本，以立德树人为导向，发挥历史学科的德育渗透作用，培养学生全球视野和对国家命运的关怀。本课以落实历史学科核心素养为目的，通过创设情景、任务驱动、问题引领，逐步有层次地推动深度学习，培养学生透过表象看本质、透过现象深挖掘的能力，进而树立正确的价值观。

【方法与策略】

讲授法、自主学习法、任务驱动法、文献解读法、史实比较法等

【资源与工具】

教材、PowerPoint、文献、地图、黑板、粉笔、多媒体播放器等

【教学目标】

回顾凡尔赛—华盛顿体系对战后国际关系的双重影响，了解法西斯主义兴起的背景。通过学习经济危机带来的全球性危机，认识法西斯主义对外扩张的实质，从而了解法西斯主义的性质、特征。通过对绥靖政策相关史实的学习，认识第二次世界大战爆发是多方面因素造成的。借助地图，梳理第二次世界大战由局部战争到全球战争的大致过程，了解同盟国家的协同作战，通过对图片、文献等史料的解析，认识战争的残酷，树立和平与发展的价值观，通过认识雅尔塔体系影响的双重作用和英法美苏战后情况，认识到第二次世界大战后美苏两极新格局，了解第二次世界大战前后国际秩序的变化。

【重点难点】

重点：第二次世界大战爆发的背景，战后国际秩序

难点：第二次世界大战爆发的背景

【教学过程】

导入：出示波兰的犹太裔画家亚瑟·史克（Arther Szyk）的漫画作品《新秩序》，设问：画面中代表着哪三个国家？作者为什么这么创作？为什么要创立新秩序？

设计意图：通过漫画，激发学生学习兴趣；再逐级设置问题，引导学生思考德意日为什么要创立新秩序？进而带着思考进入本课的学习。

环节1：理想和现实的碰撞——战争爆发的原因

通过漫画、海报、照片、时间轴、地图和文字资料，设置层层推进的问题链，引导学生思考：德意日为何想改变国际旧秩序？理论认识上准备如何改变国际秩序？什么突发事件刺激他们逐步付诸实践（建立法西斯政权并形成战争策源地）来改变国际秩序；面对他们的扩张，英法等大国何种行为助长了法西斯气焰，并最终推动了大战的全球性彻底爆发？

设计意图：通过多重史料，问题链层层推进的方式分析第二次世界大战爆发的原因和背景，落实史料实证的核心素养。

环节2：正义与邪恶的斗争——战争的过程

出示世界地图，根据时间和战线空间位置，梳理战争的大致过程；出示集中营、南京大屠杀的照片和文字材料，认识战争造成的巨大创伤。

设计意图：通过地图和时间，梳理第二次世界大战的进程，落实时空观念核心素养。通过照片和文字直观体会法西斯的丧失人性以及战争的残酷性和毁灭性，树立和平的意识价值观。

环节3：和平与强权的博弈——战后国际秩序的形成

学生通过自主学习概括战后国际秩序的建立；基于此，出示德国战后形势图、欧洲领土变迁示意图以及英国领土变迁示意图，把握大国的兴衰。再设置问题：回顾整个20世纪上半叶，世界是一团乱麻还是有序进步？这半个世纪的动荡和经历，是悲剧还是人类历史的上升？

设计意图：在学生自主梳理的基础上，通过地图和问题链的设置，学生辩证看待雅尔塔体系和联合国。之后通过回顾这半个世纪人类发展历史，开拓学生思维，启发学生从科学技术、国际法的探索、思想观念、全球经济体系、人类命运共同体等视角看待历史的进程。

环节4：小结

出示被战争摧残后图书馆的照片和打结的手枪的照片，简要概括20世纪上半叶两次世界大战及战后国际秩序和国际组织的信息，认识人类一直在为了追求长和平而不断努力，再回顾中国在两次世界大战中的付出和牺牲，并结合当今世界的现状，认识中国作为世界大国，不仅过去为世界的和平作出巨大的贡献，在将来也为世界的和平增添了更多的确定性。

设计意图：通过联系本单元所学，建立大单元思维，同时树立和平意识，再结合中国在两次世界大战的贡献，认识中国曾为国际和平事业作出巨大的贡献。再结合当今世界维持和平的文化生态尚不成熟，世界充满着不确定性，而中国的崛起，为世界的和平增添了确定性；不管是过去还是未来，中国都将在世界和平事业中占有举足轻重的地位，树立民族自豪感，涵养家国情怀。

【结构板书】

第17课　第二次世界大战与战后国际秩序的形成

战前国际秩序		战后国际秩序形成
英美主导	第二次世界大战 →	美苏主导
凡尔赛-华盛顿体系		雅尔塔体系
国际联盟（全体一致）		联合国（大国一致）

【作业设计与学习评价】

20世纪以来国际秩序不断变化。

阅读下列材料，回答问题：

材料1：一战后缔结的和约全面和平解决国际争端的特点对世界历史来说是十分重要的。国际联盟作为第一个立誓共同防御侵略、以非暴力方法解决争端的世界范围的国际合作组织……在民族自决原则的基础上重新划分欧洲边界的特点……《国际联盟》第22条把从同盟国手中获得的殖民地居民看作"在现代世界的紧张形势下还不能自己站立的民族"。因此，这一条款规定："这些民族的监护应该委托给那些先进民族。"

——摘编自斯塔夫里阿诺斯《全球通史》

材料2：作为二战的重要成果，二战后期确立的国际秩序依然是世界和平与稳定的基础，由国际政治经济变化的现实，通过推进国际关系民主化和国际治理法治化，使之得到进一步补充、完善与发展，并能够可持续地维护和平。

——徐蓝《第二次世界大战史研究的新进展》

材料3：国际主义联合的出现构成了20世纪民族独立与反霸权运动有别于19世纪的重要特性，并真正将这一运动导向了一个新的、试图建立平等的国际新秩序的方向。换句话说，与那种西方中心的、试图通过自上而下制度设计而达成的"世界和平"构想不同，来自第三世界的反抗政治实践，通过不断的抗争与联合的形式，自下而上地保卫并推进了《联合国宪章》中所保证的平等权利。在这个过程中，通过国际会议协商而自上而下制定的那种新世界平等理想，不断遭到来自强权政治与实力政治的挑战。

——殷之光《国际主义：从第三世界独立历史出发的普遍性世界秩序叙事》

（1）据材料一概括巴黎和会解决国际争端的方式。

（2）结合所学，指出材料二中"二战后确立的国际秩序"的实质，并概括材料二对它的评价。

（3）据材料三分析第三世界所倡导的国际新秩序的特点，并指出其推动新秩序建立的方式。

（4）结合所学，归纳影响国际秩序变化的因素。

参考答案：（1）方式：建立国际联盟；实行民族自决；推行委任统治。

（2）实质：美苏两分天下。评价：一方面，利于维护世界和平；另一方面，需要不断发展完善。

（3）特点：平等、公正、合理。方式：自下而上的抗争与自上而下的协商相结合。

（4）因素：国际力量对比的变化（综合国力的变化）；社会制度；意识形态等。

设计意图：一方面作为课堂教学的巩固和延伸，另一方面构建新视角看待国际秩序的演变和进步，体会人类历史发展的复杂性、前进性与曲折性。

水平要求：综合运用

评价目标：时空观念-4，在对历史和现实问题进行独立探究的过程中，能够将其置于具体的时空框架下。史料实证-2，能够认识不同类型的史料所具有的不同价值，明晰史料在历史叙述中的基础作用；在对史事与现实问题进行论述的过程中，能够尝试运用史料作为证据论证自己的观点。历史解释-2，能够选择、组织和运用相关材料并使用相关历史术语，对历史提出自己的解释。家国情怀-4，能够把握世界历史发展的进步历程，形成正确的世界观、人生观、价值观和历史观，能够表现出对历史的反思，从历史中汲取经验教训，更全面、客观地认识历史和现实问题。

【资料附录】

材料1：波兰的犹太裔画家亚瑟·史克：《新秩序》1941年出版

材料2：

《怪兽撕咬》1921德国

日本《吐出烧鸡》

意大利乞丐帝国主义

材料3：那些条约制造出的问题与解决的问题几乎一样多……在那个时候，无论德国、意大利、日本，它们一概不满意这些条件，它们是"修改主义"的国家或不满意的国家。这些国家在1919年订立过一项条约，然而在十二年之后，它们不愿意实施了。

——帕尔默《世界现代史》

材料4：当一国（种族上最优秀的那一国）取得了完全而无可争辩的霸权时，

世界和平才会到来。

——希特勒

只有战争能使人类的能力达到最高水平……法西斯主义认为获得最高统治权的趋向……是生命力的表现。

——墨索里尼

日本为了自己的生存也应该像第一次世界大战时的德国那样……从我们自己的前途出发建立新的国际和平秩序。

——近卫文麿

材料5：

1929—1933经济大萧条

美国开始罗斯福新政国家干预挽救经济

德、意、日等国选择了法西斯主义，大肆侵略扩张

材料6:

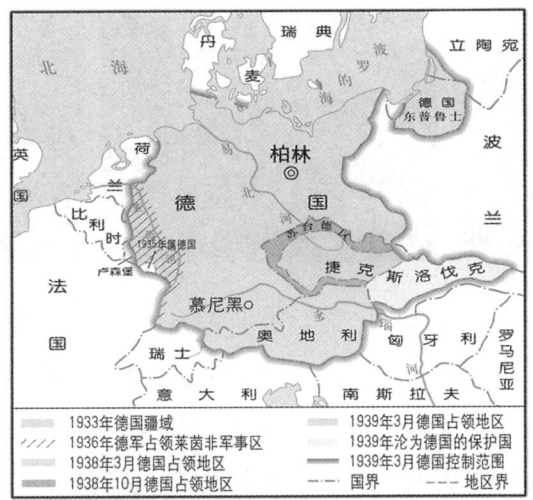

纳粹德国入侵波兰前在欧洲的扩张示意图

慕尼黑阴谋

材料7:

《苏德互不侵犯条约》

《中立法案》

材料8：第二次世界大战中被屠杀的犹太人和中国人

材料9：(第二次世界大战)比第一次世界大战更残酷、更具破坏性。同第一次世界大战的2 840万人的伤亡人数相比，这次大战的伤亡人数达到了5 000万人，其中包括2 000万苏联人、1 500万中国人、500万德国人、250万日本人、100万英国人和法国人、30万美国人。最令人震惊的是，在这5 000万伤亡人数中，有近五分之一的人是被残忍地杀害的。这1 000万受害者是因种族、宗教、政治或其他原因而被当作"不受欢迎的人"被灭绝的。

——斯塔夫里阿诺斯《全球通史》

材料10：

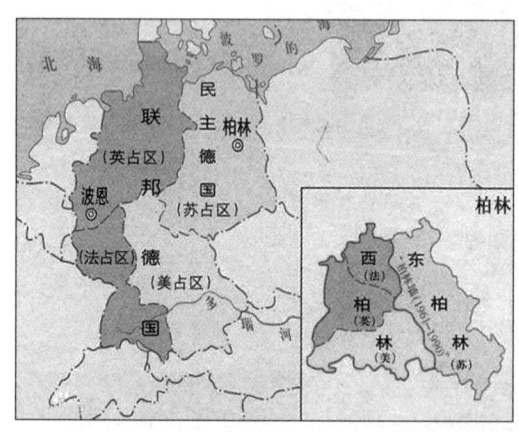

美苏英法分区占领德国和柏林示意图

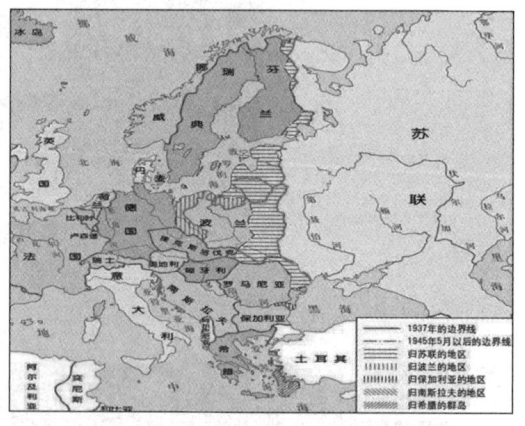

1945年5月以后欧洲领土变迁示意图

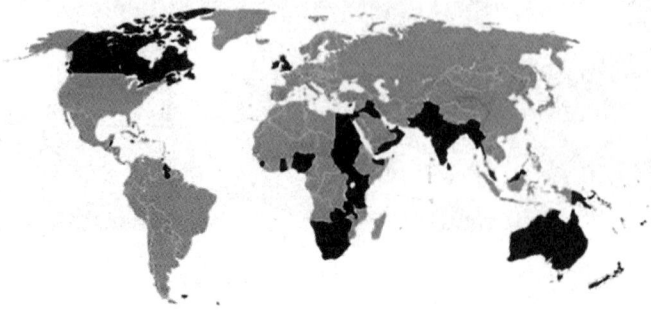

第一次世界大战后的英国及其殖民地

第二次世界大战后的英国及其殖民地

材料11：苏、美、英三国政府首脑于1945年2月11日在雅尔塔会议上秘密签订。主要内容为：在欧洲战争结束后两到三个月内苏联对日作战，其条件包括：维持外蒙古（今蒙古）的现状；大连商港须国际化；苏联租用旅顺口为海军基地……协定直接关系到中国的主权，却在没有中国代表参加的情况下签订。

——夏征农、陈至立主编，熊月之等编：《大辞海·中国近现代史卷》

材料12：被战争摧毁的考文垂图书馆和打结的手枪雕塑

材料13：中国人民抗日战争和世界反法西斯战争，是正义和邪恶、光明和黑暗、进步和反动的大决战。在那场惨烈的战争中，中国人民抗日战争开始时间最早、持续时间最长。……在那场战争中，中国人民以巨大民族牺牲支撑起了世界反法西斯战争的东方主战场，为世界反法西斯战争胜利作出了重大贡献。中国人民抗日战争也得到了国际社会广泛支持，中国人民将永远铭记各国人民为中国抗战胜利作出的贡献!

——习近平

10.冷战与国际格局的演变

【教材解析】

自然单元解析：第二次世界大战后，世界发生了深刻变化，主要围绕着战争、和平、发展而进行。其中，持续了近半个世纪的冷战，是战后国际关系的重要现象。战后，资本主义制度走向成熟，形成了一定的自我调节机制，在科学技术取得突破的情况下经济迅速恢复并发展，但是其基本矛盾依然存在。社会主义国家的建设虽然经历了艰难曲折，但最终取得巨大成就，特别是中国特色社会主义建设取得举世瞩目的成就，这说明了社会主义制度拥有强大的生命力。战后殖民体系的崩溃，是人类巨大的进步。

本课解析：本课是统编版《中外历史纲要》（下）第八单元20世纪下半叶世界的新变化的第1课。《普通高中历史课程标准》（2017年版）对本课的要求是：通过了解冷战时期的典型事件，认识冷战的基本特征，理解冷战的发生、发展与世界格局变化之间的相互影响。本课分为三个子目："冷战与两极格局""冷战的发展与多极力量的成长""两极格局的瓦解"。教材主要讲述了冷战的原因、表现和发展过程，并揭示冷战的发展对国际格局演变的影响。本课从冷战的典型事件入手，通过分析冷战的发生、发展过程，使得学生认识国际格局的演变历程，即从两极格局的建立到多极趋势的出现，再到两极格局的瓦解，理解二者之间相互影响的关系。

【学情分析】

本课授课的对象为高一学生。经过初中对统编版《中国历史》（九年级下册）第五单元《二战后的世界》第16课"冷战"的学习，学生已初步了解杜鲁门主义、德国分裂、北约与华约，了解美苏冷战对峙局面等基本史实，对20世纪下半叶世界格局有了初步的认识。但是学生对本课中冷战的发生过程及其与世界格局变化之间的影响缺乏深入的了解。因此，本课通过典型事件，比如柏林危机、古巴导弹危机等，深入分析，启迪学生思维，帮助学生认识冷战的基本特征，理解冷战的发生、发展与世界格局变化之间的关系。

【设计思想】

高中历史教学始终坚持以学生为本，以立德树人为导向，发挥历史学科的德育渗透作用,培养学生全球视野和对国家命运的关怀。本课以落实历史学科核心素养为目的,通过创设社会情景,结合当今之世界多极化的现象、回溯历史,看第二次世界大战后世界历史发展的脉络。课堂以任务驱动、问题引领,逐步有层次地推动深度学习,培养学生透过表象看本质的能力,进而树立正确的价值观。

【方法与策略】

讲授法、自主学习法、任务驱动法、文献解读法、史实比较法等

【资源与工具】

教材、PowerPoint、文献、地图、黑板、粉笔、多媒体播放器等

【教学目标】

通过时间轴、画报、史料等认识冷战的发生、发展的过程;利用地图、表格梳理两极格局的形成过程。通过第二次柏林危机、古巴导弹危机等典型事件,认识冷战的基本特征,感悟冷战所带来的影响,进而认识到和平发展、合作共赢才是人间正道。通过梳理史料,掌握两极格局下多极化趋势的出现及其对两极格局的影响,分析探究冷战两极格局与多极化趋势之间的相互影响。

【重点难点】

重点:冷战的发生,冷战与世界格局变化之间的相互影响

难点:冷战的发生、发展

【教学过程】

导入:出示柏林墙枪击事件的照片,设问:大家知道这张照片反映了什么事件吗?在同学们简单回答的基础上,讲述照片男子死亡的过程,而这一切的源头就是美苏冷战。

设计意图:放置真实的照片,激发同学们兴趣的同时,通过小故事的讲解,带领学生深入历史现场,再通过设问激发学生带着思考"为何会这样"进入本课的教学。

环节1:"墙"的筑起——冷战形成的原因

出示图片(第二次世界大战后期美苏两军互相宣传的海报和冷战时期美国反苏的海报),分析两组海报反映了哪些历史信息以及为什么会出现这种变化。阅读教材109页史料阅读和学思之窗中的两则材料,分析美苏两国在战后的国家利益方面的冲突。再通过时间轴,结合美苏英领导人以及外交官的发言或信件,梳理冷战形成的过程,并设问:你认为冷战应该由谁负责?

设计意图:锻炼学生从图片中获得信息的能力,两幅海报对苏军进行了截然

不同的描绘，体现了战后盟友地位的消失；图片二中"communism"这一元素说明了美苏在意识形态方面的对立；分析两则材料，找出美苏在国家战略方面的冲突。再通过多种史料、多种学术观点的介绍，设置问题，形成生成性的解答，帮助学生落实历史解释核心素养。

环节2："墙"的筑起——两极格局的形成

出示表格，通过梳理教材110页中两极格局形成的内容，把握两大阵营从政治上开始对立，以经济来支持对立，用军事来保障对立，在地缘上加强对立的整体形势。

设计意图：本环节需要掌握的历史事件比较多，使用表格可以帮助学生整理相关知识，也有助于学生思考史实背后内在的历史逻辑。

环节3："墙"的筑起——冷战的典型特征

出示柏林墙对比图和古巴导弹危机的漫画，就照片和漫画的细节、美苏冷战的方式和结果，分析美苏实力的对比和冷战的特征。在此基础上，继续追问：冷战是战争吗？或者冷战是和平吗？把握冷战的定义。

设计意图：结合冷战时期两个最具典型性的事件，以照片和漫画的形式，既能激发兴趣，又能锻炼提取历史信息的能力，还能感悟冷战带给人类的分离、痛苦和恐惧。

环节4："墙"的裂缝——新兴力量的崛起

由古巴导弹危机所引发全球核恐慌，给其他国家带来不安全感作为过渡，出示两大阵营世界地图，出示东德和法国等国的反应，梳理资本主义阵营（西欧和日本）、社会主义阵营（中国）以及第三世界的新变化，把握两极格局之下，其他国家的兴起，多极化趋势显现。设置问题：你认为多极化的源头是什么时候？最后出示美苏70年代之前和80年代之后的争霸表现，思考多极化趋势对两极格局的影响。

设计意图：通过两大阵营的地图，结合美苏之外其他国家的发展史实，学生形成自己关于多极化源头的历史解释。再通过对比法，把握两极格局与多极化趋势的关系。

环节5："墙"的坍塌——两极格局崩溃

简述东欧剧变和苏联解体的史实。提问：随着苏联的解体，美国是赢家吗？

设计意图：通过开放性问题的设置，引发学生思考并形成自己对冷战的理解，对国际格局变迁的理解，在完成知识迁移的同时落实历史解释核心素养。

环节6：新"墙"出现——冷战的反思

出示1980年莫斯科奥运会吉祥物小熊米莎流泪的图片和越南战争中被汽油点燃的小女孩奔跑的照片，思考冷战对世界的影响，再结合当今热点事件：随着如今俄乌冲突的愈演愈烈，美国围堵中国芯片等，似乎美苏冷战的阴影尚未散去，新冷战貌似又要被挑起，我们该如何应对？

设计意图： 两张照片共同反映了冷战给全世界人类带来了巨大的影响，再结合当今世界复杂局势，尝试对冷战的价值进行探讨，形成以史为鉴的思维，认识到应该抛弃冷战思维，和平发展、合作共赢才是人间正道。

【结构板书】

第18课 冷战与国际格局的演变

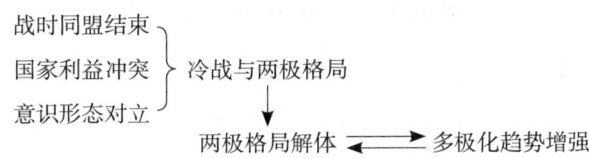

【作业设计与学习评价】

第二次世界大战后世界政治格局出现新变化，世界和平与发展面临新的机遇与挑战。

阅读下列材料，回答问题。

材料1：冷战中美苏双方往往通过意识形态的棱镜来看待对方，把对方视为敌人……美苏的意识形态斗争同它们争夺战略优势与利益结合起来，从而具有更强的攻击性和欺骗性……共同的战斗未化解美苏之间长期存有的互相猜疑。美国谴责苏联的帝国野心和俄罗斯扩张主义情结，苏联指责美国在世界扮演宪兵、形成霸权。

——摘编自刘金质《冷战史》

材料2：二战后仅25年，一个崭新的世界政治格局开始出现。头几年还十分盛行的世界两极开始消失，一股股新的力量在萌动……这些活跃的"地缘战略棋手"在世界棋盘上纵横捭阖，以自己力量、自己声音，震荡着世界，改变着世界。

——[美]布热津斯基《大棋局》

材料3：当今的世界格局仍处于一个过渡期，在这个过程中出现了权力的转移和扩散。权力从传统强国欧美向新兴大国转移，并扩散至其他地区力量中心，世界格局有进入"碎片化"时代的征兆。

——中国社会科学院2011年《国际形势黄皮书》

(1)据材料一并结合所学知识,概括美苏冷战的原因。

(2)结合所学知识,分别指出材料二中"一个崭新的世界政治格局开始出现"和"一股股新的力量"指什么。

(3)据材料三,概括当今世界格局的特点,并结合所学知识分析其对世界历史发展的影响。

参考答案:(1)原因:美苏在意识形态和国家利益上的矛盾;美苏两国互相猜疑;雅尔塔体系奠定了第二次世界大战后世界两极格局的框架;美苏实力均势;第二次世界大战深重灾难的教训;美苏核恐怖平衡。

(2)格局:多极化趋势的出现。新的力量:欧共体形成(或欧洲国家联合);不结盟运动的兴起(或第三世界兴起);中国的振兴;日本崛起等。

(3)特点:两极格局瓦解,多极化趋势加强。(暂时形成"一超多强"的局面)(2分)影响:有利于抑制和削弱霸权主义和强权政治;有利于推动建立公正合理的国际政治经济新秩序;有利于维护世界的和平与稳定;促进了大国关系的缓和;使世界经济的发展出现了两个主要趋势:经济全球化和区域经济集团化;对广大发展中国家来说,既是机遇又是挑战。

设计意图:一方面作为课堂教学的巩固和延伸,另一方面为本单元和下个单元内容的学习做铺垫,其中,多极化趋势既涵盖了接下来的资本主义国家、社会主义国家和亚非拉殖民体系的新变化,也辐射了下个单元世界多极化、和平发展合作共赢的时代潮流等内容。

水平要求:综合运用

评价目标:时空观念-4,在对历史和现实问题进行独立探究的过程中,能够将其置于具体的时空框架下。史料实证-2,能够认识不同类型的史料所具有的不同价值,明晰史料在历史叙述中的基础作用;在对史实与现实问题进行论述的过程中,能够尝试运用史料作为证据论证自己的观点。历史解释-2,能够选择、组织和运用相关材料并使用相关历史术语,对历史提出自己的解释。历史解释-4,在独立探究历史问题时,能够在尽可能占有史料的基础上,尝试验证以往的说法或提出新的解释。家国情怀-4,能够把握世界历史发展的进步历程,形成正确的世界观、人生观、价值观和历史观,能够表现出对历史的反思,从历史中汲取经验教训,更全面、客观地认识历史和现实问题。

【资料附录】

材料1:柏林墙枪击案

材料2:

  二战后期苏联宣传海报 二战后期美国宣传苏联的海报 冷战时期美国宣传苏联的海报

材料3:吾国因拥有道义、政治、经济及军事各方面之力量,故自然负有领导国际社会之责任,且随之亦有领导国际社会之机会。吾国为本身之最大利益以及为和平与人道计,对于此种责任,不能畏缩,不应畏缩,且在事实上亦未畏缩。

——《罗斯福在美国外交政策协会发表关于美国外交政策的演说》,
法学教材编辑部《国际关系史资料选编》下册

材料4：波兰问题对于俄国人不仅仅是个荣誉问题，而且是个安全问题……因为苏维埃国家一些极为重要的战略问题都与波兰有关……波兰问题对苏维埃国家来说是一个生死攸关的问题。

——《1945年2月斯大林在雅尔塔会议上的讲话》，[苏]萨纳柯耶夫等编，北京外国语学院学员译《德黑兰、雅尔塔、波茨坦会议文件集》

材料5：资本主义的世界经济体系，包藏着总危机和军事冲突的因素，因此现代世界资本主义的发展，并不是以安稳平衡的前进形式进行的，而是通过危机和战争灾祸进行的。

——1946年2月，斯大林在选民大会上的选举演说

材料6：没有人知道……他们（苏联和共产国际）扩张和传教倾向的止境在哪。

一幅横贯欧洲大陆的铁幕已经降落下来。在这条线的后面……所有名城及其居民无一不处在苏联的范围之内……不仅以这种或那种形式屈服于苏联的势力影响，而且还受到莫斯科日益增强的高压控制。

——1946年3月，丘吉尔在美国富尔敦的演说

材料7：美国有领导"自由世界"的使命，以"防止共产主义的渗入"。……"世界已经划分成'自由制度'和'极权政体'两个阵营，世界上几乎所有的国家都要在这两种对立的生活方式中进行抉择。"

——1947年3月，杜鲁门在国会两院发表的讲话

材料8：

1961年美苏在查理检查站的对峙

70年代的查理检查站

材料9：赫鲁晓夫没有向东欧盟国通报有关在古巴部署导弹的情况，也没有在危机期间就所采取的措施与盟国磋商，一些国家担心它今后还会进行类似的冒险行动，因而也开始与苏联拉开了距离。

时任法国总统戴高乐指出，由于核僵局，欧洲的防御退居美国战略的次要地位，"在古巴导弹事件中，人们正是看到了这一点"。他更加坚信，美国的保护伞不可靠。

——张吴《博弈纬度下的国际危机管理研究》

材料10：莫斯科奥运会小熊米莎（图片）和越南战争中小女孩奔跑（照片）

（二）主题牵引下的必修与选择性必修教材整合

对于统编教材的实践形式，《普通高中历史课程标准》（以下简称课标）提到："对历史教学内容的整合，还可以根据学生的学习情况，运用主题教学、深度教学、结构—联系教学等教学模式，对教科书的顺序、结构进行适当的调整，将教学内容进行有跨度、有深度的重新整合，也可以对必修、选择性必修、选修的不同模块进行整合，设计出更具有探究意义的综合性学习主题。"[1] 此类综合性学习主题，有助于提升综合性的高阶思维品质，提升核心素养，从广度与深度拓展历史认识，实现"全面发展，个性发展和持续发展"。[2] 这一整合比较适用于复习课，以"联动的世界市场，变动的经济格局——以不同时期的船为视角"一课为例。

---

[1] 中华人民共和国教育部制定：《普通高中历史课程标准》（2017年版2020年修订），人民教育出版社2020年版，第48页。
[2] 同上书，第6页。

文本的解读：复习课主题确定的基础

确定复习课主题的基础性一步，在于对文本的解读。文本包含课标文本、教材文本以及基于此生成的情境文本。

1. 理解课标文本的要求

课标认为必修课程"使学生进一步了解和认识人类历史演变的基本脉络"[①]，选择性必修课程更多的是"引领学生从政治、经济与社会生活、文化等不同视角深入认识历史"。[②]两者的有机结合可通过如下方式："一是加强历史横向联系的整合，即将同一历史时期的中外史事整合在一起，使学生以更为宽阔的历史视野进行认识。二是凸显历史纵向联系的整合，即对历史发展中有前后关联的内容加以梳理，将分散在各专题中的相关内容整合在一起，形成新的学习主题，或设计出更有意义的教学活动。"[③]综合性学习主题来源于对历史横向和纵向联系的整合。以经济、政治、文化为视角，可以梳理出15—20世纪近代世界的互动线索。新航路开辟是人类历史从分散走向整体过程中的重要节点，此后世界格局处在不断演变中。一系列资产阶级革命的发生和资本主义制度的确立，资本主义经济快速发展，尤其是工业革命带来的社会生产力极大发展，产生深远影响；从文艺复兴开始至马克思主义的形成，思想迎来大解放；逐渐形成以欧洲为中心的国际格局。这一时期，也是西方国家与亚非拉国家差距不断拉大、资本主义全球扩张、世界殖民体系不断形成的过程。从经济角度而言，经济与社会生活是一个逐步发展、不断进步的过程，历经新航路开辟到第二次工业革命完成，世界市场也从开始显现到最终形成，体现世界经济格局的变动，呼应国际秩序的演变，背后折射科技的强大推动力，能够勾连许多重要历史事件，满足课标的需求，可以确定为复习课的主题。

2. 梳理教材文本的逻辑

统编教材中对世界市场的描述主要集中在选必2"世界市场与商业贸易"一课，涉及世界市场的形成过程，从时序层面来看，新航路开辟，世界市场开始形成，直至第二次工业革命完成后，世界市场最终形成。同时阐述了对商业贸易的影响，主要在贸易中心转移，商业经营方式和国际贸易格局这几个方面。另外，选必

---

① 中华人民共和国教育部制定：《普通高中历史课程标准》（2017年版2020年修订），人民教育出版社2020年版，第9页。
② 同上书，第9页。
③ 同上书，第48页。

3 教材中提到"指南针打开了世界市场并建立了殖民地"[①],"2001年中国加入世界贸易组织后,中国的文化产业逐步融入世界市场"。[②] 纲要下对于资本主义制度的确立、工业革命、殖民体系以及国际秩序的演变做了详细介绍。从宏观层面来说,世界市场的形成过程勾勒了近代历史的发展过程,揭示了资本主义发展的不同阶段。同时勾连前后来看,古代的"世界市场"其实是洲际贸易,规模在不断扩大。伴随全球航路的开辟,世界市场兴起,全球联系日益紧密;随着资本主义的全球扩张,世界市场最终形成。在联动的世界市场中,流动的不止于商品,还有技术、观念与竞争。不同时期世界主要国家和地区对市场的不同程度占有,塑造了19世纪末20世纪初错综复杂的经济格局。因而,从世界市场出发,既可以观照到纵向发展历程,又可以窥探经济格局的变动,是一个进行知识整合的好抓手。

3.寻找情境文本的切口

作为教科书中有明确概念的词语,在本校日常教学中,常有一种言易尽、意难会的感觉。学生对于世界市场这个概念的认知,相对比较笼统,基本清楚这是资本主义扩张的结果,对于整个世界市场的发展进程,以及书中的知识点,大多处在一个机械记忆的层面,少有比较深入的了解。

那么,如何去理解世界市场呢?笔者基于如下的理由选择了船这样一个具象的视角。教材中数次提到的船,即可作为合理的情境文本,既是对教材内容的回馈,也是对教材信息的延展。

（1）图像中的船

教材中有不少关于船的图片,按照时间顺序,大致有约公元前2500年的埃及海船示意图、公元前4世纪的腓尼基船形坠饰、选必2的封面《姑苏繁华图》局部图出现的众多船只、马尼拉大帆船版画、飞剪船图片、中国水师与英国海军在穿鼻洋面上激战的画面、"黄鹄号"轮船模型、浙江嘉兴南湖红船（复制品）以及"东风号"远洋货轮。这些都是可以利用的图片富矿。

（2）文字中的船

文字中出现船的相关表述百余处,从船的性质上来说,主要描述为商船、船队、货船、走私船、远洋海船等;从船的动力来说,主要体现为帆船、汽船、轮船、核

---

① 《文化交流与传播》,上海教育出版社重印2020年版,第12页。
② 同上书,第59页。

动力船、无人实验飞船；从船本身来说，涉及造船技术、船载重量、船体结构、吨位、速度、航距等层面。这些记载使得学生能够熟悉相关表达术语。

（3）线索中的船

基于对教材内容本身的梳理，船可以作为一个观察世界市场形成问题的切口，通过考察不同时期的船，了解与船有关的图像史料和文献史料中蕴藏的多个史事，以"区别与联系""原因与结果"的概念范畴，理解世界市场的发展历程，并认知不断变动的经济格局，进而认识到联动的世界市场与变动的经济格局都体现了历史演进的复杂性。

设计的整合：复习课实践过程的关键

除了整合上述课标、教材和情境文本，对于整节复习课来说，还要整合课内材料和课外材料，整合问题，以此生成完整的复习课设计。这也是复习课实践的关键一步。以下以课例为基础进行说明。

基于对主旨和教学目标的认知，在本课的开始，笔者选择使用选必2教材封面《姑苏繁华图》局部图，引导学生观察图中出现的一系列船只、帆船、手摇船等，了解船的规模、运载物品、航行范围等，初步与市场这个概念产生关联。又以南宋海上贸易路线图和"海商之舰，大小不等。大者五千料，可载五六百人。中等二千料至一千料，亦可载二三百人。余者谓之'钻风'，大小八橹或六橹，每船可载百余人"①的相关记载，从船的技术、航行范围认识古代的"世界"市场其实就是洲际市场。由此，从熟悉的内容入手，从形象的船切入抽象的市场，对古代的"世界"市场有初步的认识，为下文中与世界市场的对比埋下伏笔。

接着，讲述新航路开辟的背景，出示纲要上马尼拉大帆船图片，引导学生回顾马尼拉大帆船贸易，以图片中船只数量与材料"据不完全统计，在1565—1595年的这30年，从菲律宾前往美洲的大帆船有19艘，而从墨西哥前往菲律宾的大帆船有41艘"②中的认知冲突引发兴趣，从作者的心态角度关注贸易物品，继续出示两则材料："大帆船贸易运送的商品主要有：生丝和丝织品、棉麻织品、瓷器、农产品、工艺品、金属品和珠宝饰物等，经由这条新的海上通道运向墨西哥，其中不少货物又转运到南美各地和西班牙。同时，墨西哥白银（银元）大量流入中国，也正

---

① 《经济与生活》，上海教育出版社2020年版，第69页。
② 韩琦、张昀辰：《马尼拉大帆船贸易垄断体制的建立及评价》，《国际汉学》2021年第4期。

是经由这条航道,美洲的重要物种如番薯、玉米、马铃薯、花生、烟草等,经菲律宾传入中国。"①"殖民地当局写信给国王,抱怨说:"以前,中国人靠出口布料从菲律宾群岛赚走了3万比索,而现在,由于土著人在穿衣方面的混乱和无节制行为,中国人从陛下的王国赚走了20万比索。"②借此对学生提出问题:马尼拉大帆船带来的市场与之前相比,有什么共性和差异?学生按照上述的多角度进行对比,认知世界市场与原来洲际贸易的不同,进一步感受世界市场开始形成。

然后,出示教材中穿鼻洋激战画面中的船,透过画家的绘画手法窥探当时的时代背景,结合材料:"1847年7月,英国商人吉布在下院答辩时提到:'中国人所织的白面结实的布,比我们的货物贵得多,我在上海发现,由于我们的布代替了他们的布的结果,他们的织布业已迅速下降了。'③"回顾英国凭借工业革命积累了强大的实力,对外扩张寻求海外市场,理解中国被动卷入世界市场。继续介绍蒸汽船对中国内河航运的占领,呈现材料"内河航路,日辟日广……内河行轮之势,殆如水银泻地,无孔不入"。④船的航行范围已经深入国家内河流域,以此了解在世界市场的形成过程中,部分国家的国内市场被动卷入,世界市场的初步形成并逐渐拓展。至此,学生迁移模仿,关注船运载物品,航行范围,产生影响,理解世界市场中流动的除了商品之外,还有技术和观念。在这一过程中,进一步理解资本主义发展过程中对世界市场的需求和强占,参与主体的不平等,形成了单中心、有等级的经济格局。

紧接着,在解释第二次工业革命时期的状况时,以西方国家对上海远洋航行业务的竞争为个案,展现由于交通通讯技术的改进,在运输方式、运输主体等方面发生了改变,展现世界市场联系日渐紧密,多个主体相互竞争的样态。"盖因制铁事业之隆盛,故构造汽船材料,亦日益改良,从而使轮船'由木制而铁制,由铁制而为钢制',进一步加速了轮船对帆船的新陈代谢。19世纪50—60年代,德国、荷兰、瑞士、丹麦等国的部分散船,也相继介入了远东国际航运的竞争。在苏伊士运河开通后,更多的轮船加入沪欧远洋航运的竞争中,使沪欧远洋航运进入多国参

---

① 韩琦:《马尼拉大帆船贸易对明王朝的影响》,《世界近现代史研究》2013年第10期。
② [美]阿图罗·吉拉尔德斯:《贸易:马尼拉大帆船与全球化经济的黎明》,李文远译,中国工人出版社2021年版,第215页。
③ 陈旭麓主编:《近代中国八十年》,上海人民出版社1983年版,第53页。
④ 朱杰:《试论晚清列强对长江内河航运权的侵夺及影响》,安徽大学硕士学位论文,2015年,第14页。

与竞争的新时期。"① 由此,进一步梳理世界市场的发展过程。从直观上看是世界经济格局的再一次变动,从以英国为中心再到多中心,但都是不平等的中心,使学生再一次感受到科技的推动力。

最后总结船所承载的历史,提供材料:"这些咖啡豆由债务缠身的印第安人亲手采摘,由他们背出墨西哥丛林,最后由蒸汽、煤所驱动的汽轮、火车,由电力驱动的输送带由汽油驱动的卡车,完成其运输旅程。它们不只从一个大陆移到另一个大陆,由一个国家移到另一个国家,还从一个历史时代移到另一个时代。"② 学生以船为视角梳理世界市场的形成过程,进而总结经济格局的变动,对最后一句话的理解,有助于进一步在思考科技发展的进程中处于先进和落后的不同地位时应当如何应对,立足家国情怀,感悟世界市场的推动力和本质。

拓展的可能:复习课实施情况的反思

就本节复习课而言,本主题能够关联到纲要和选必教材的大多数内容,以具象情境深化抽象认知,整合所学知识,创设新的角度认知,基本完成了教学目标,学生对船的认知从一般的交通工具上升到贸易和科技发展的代表,将其与社会发展联系在一起。针对教材的成熟结论,寻找载体进行诠释是一个好的办法,但是以小见大还是需要回应这个"小"到底能见多少"大"? 以船作为载体,在第二次工业革命的时候,其他的交通方式更为兴起,有更为复杂的联系,是本节课没有涵盖的内容,包括铁路对航运的冲击等,还可以再深加工。同时,这一概念也可向后延伸至经济全球化及现代社会,可以进行更广范围更深层次的探讨。

附本课教学设计

联动的世界市场,变动的经济格局
——以不同时期的船为视角
（纲要-选必复习课）

【涉及教材内容】

纲要上第11课　辽宋夏金元的经济与社会

---

① 李玉铭:《近代海上丝绸之路的新起点——交通、通讯工具变革与近代上海远洋航运的发展》,《太平洋学报》2016年第6期。
② 彭慕兰:《贸易打造的世界》,上海人民出版社2022年版,第161页。

纲要上第16课　两次鸦片战争

纲要下第7课　全球联系的初步建立与世界格局的演变

纲要下第10课　影响世界的工业革命

选必2第8课　世界市场与商业贸易

选必2第12课　水陆交通的变迁

选必2第13课　现代交通运输的新变化

选必3第9课　古代的商路、贸易与文化交流

选必3第10课　近代以来的世界贸易与文化交流的扩展

【内容主旨】

古代"世界"的洲际贸易,规模在不断扩大。伴随全球航路的开辟,世界市场兴起,全球联系日益紧密;随着资本主义的全球扩张,世界市场最终形成。在联动的世界市场中,流动的不止于商品,还有技术、观念与竞争。不同时期世界主要国家和地区对市场的不同程度占有,塑造了19世纪末20世纪初错综复杂的经济格局。

【教学目标】

知道教材中不同时期的船为载体,了解与船有关的图像史料和文献史料中蕴藏的多个史事,以"区别与联系""原因与结果"的概念范畴,理解世界市场的发展历程,并认知不断变动的经济格局,进而认识到联动的世界市场与变动的经济格局都体现了历史演进的复杂性。感悟在这样的潮流中,不断适应迎合,发展科技,才是正确的选择与方向。

【重点难点】

重点:世界市场的发展历程

难点:如何认识世界市场的发展历程

【教学过程】

导入:以本课主题直接导入。

环节一:古代的洲际市场

出示教材封面,引导学生观察图片信息,结合所学知识,从船的规模、运载物品、航行范围等与市场产生关联,认识古代的"国内市场";出示资料1,引出资料2,从船的技术、航行范围认识古代的"世界"市场其实就是洲际市场。

设计意图:综合教科书中的船有关图像材料,从熟悉的内容入手,从形象的船切入抽象的市场,对古代的"世界"市场有初步的认识,为下文中与世界市场的

对比埋下伏笔。

环节二： 从马尼拉大帆船看世界市场开始形成

讲述新航路开辟的背景，出示资料3，引导学生回顾马尼拉大帆船贸易，以资料3和资料4的认知冲突引发兴趣，从作者的心态角度引导学生关注贸易物品，通过资料5和资料6引出市场影响和船只规模等，多角度理解大帆船贸易，认知世界市场与原来洲际贸易的不同，深入理解世界市场开始形成。结合资料7，提出综合问题2：马尼拉大帆船带来的市场与之前相比，有什么共性和差异？

设计意图： 以大帆船贸易作为个案，综合图片、文献、地图史料，与古代的市场形成对比，具象地感受世界市场开始形成。

环节三： 世界市场初步形成及拓展：蒸汽船的出现

分析资料8穿鼻洋激战画面中的船，透过画家的绘画手法窥探当时的时代背景，结合资料9回顾英国凭借工业革命积累了强大的实力，对外扩张寻求海外市场，理解中国被动卷入世界市场。介绍蒸汽船对中国内河航运的占领，结合资料10了解在世界市场的形成过程中，部分国家国内市场被动卷入，世界市场的初步形成并逐渐拓展。

设计意图： 结合图片和文献材料，学生迁移模仿，关注船运载物品、航行范围、产生影响，理解世界市场中流动的除了商品之外，还有技术和观念。在这一过程中，进一步理解资本主义发展过程中对世界市场的需求和强占以及主体的不平等，形成了单中心、有等级的经济格局。

环节四： 世界市场最终形成：远洋航行与多方竞争

结合资料11和资料12，介绍第二次工业革命时期，以西方国家对上海远洋航行业务的竞争为个案，展现由于交通通讯技术的改进，在运输方式、运输主体等方面发生了改变，展现世界市场联系日渐紧密，多个主体相互竞争的样态。通过对资料12的进一步观察解读，呈现世界市场最终形成的状况。

设计意图： 进一步梳理世界市场的发展过程，从直观上看是世界经济格局的再一次变动，从以英国为中心再到多中心，但都是不平等的中心，使学生再一次感受到科技的推动力。

环节五： 总结

船只承载历史，学生利用资料13梳理以船为视角观察的世界市场的形成过程，进而引发经济格局的变动，学生理解何为"它们不只从一个大陆移到另一个大陆,由一个国家移到另一个国家,还从一个历史时代移到另一个时代"。

设计意图: 总结本课,深化主旨,学生能够进一步理解世界市场的含义,梳理形成过程,并且能够清楚这一阶段经济格局的变动,感悟到世界市场的推动力和本质。

【作业设计】

阅读书目彭慕兰《贸易打造的世界》,任选其中某一章节,写一份读书笔记。

【板书设计】

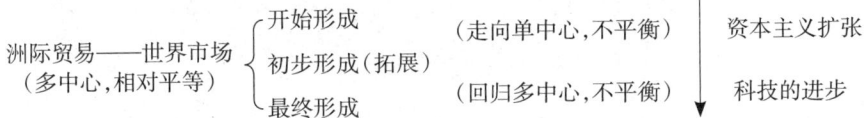

【资料附录】

资料1:

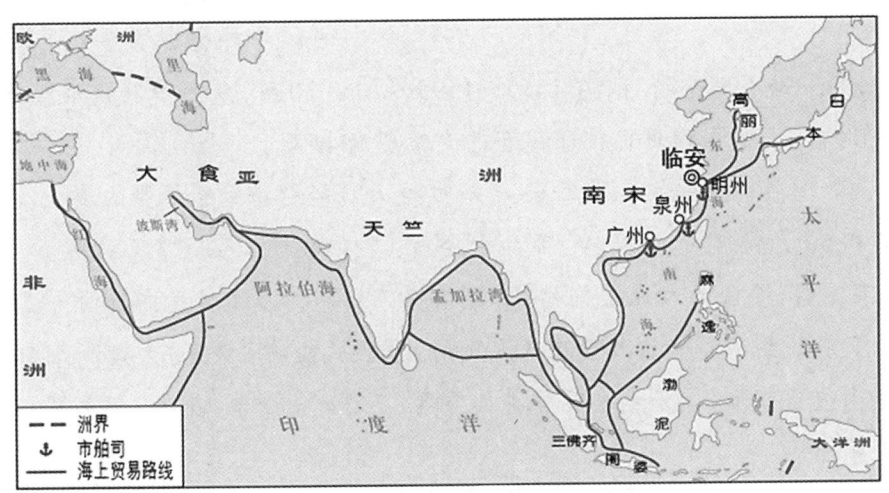

南宋海上贸易路线示意图

——选必2教材第12课

资料2:海商之舰,大小不等。大者五千料,可载五六百人。中等二千料至一千料,亦可载二三百人。余者谓之"钻风",大小八橹或六橹,每船可载百余人。

——〔宋末元初〕吴自牧:《梦粱录》(选必2教材第12课)

资料3：

马尼拉大帆船

在这幅16世纪的版画上，5艘马尼拉大帆船停泊在墨西哥太平洋海岸的港口。水手通过小船接驳上岸，岸上码头的工人准备卸货。

——《中外历史纲要·下》第8课

资料4：据不完全统计，在1565—1595年的这30年，从菲律宾前往美洲的大帆船有19艘，而从墨西哥前往菲律宾的大帆船有41艘。

——韩琦、张昀辰：《马尼拉大帆船贸易垄断体制的建立及评价》

资料5：大帆船贸易运送的商品主要有：生丝和丝织品、棉麻织品、瓷器、农产品、工艺品、金属品和珠宝饰物等，经由这条新的海上通道运向墨西哥，其中不少货物又转运到南美各地和西班牙。同时，墨西哥白银（银元）大量流入中国，也正是经由这条航道，美洲的重要物种如番薯、玉米、马铃薯、花生、烟草等，经菲律宾传入中国。

——韩琦：《马尼拉大帆船贸易对明王朝的影响》

资料6：殖民地当局写信给国王，抱怨说："以前，中国人靠出口布料从菲律宾群岛赚走了3万比索，而现在，由于土著人在穿衣方面的混乱和无节制行为，中国人从陛下的王国赚走了20万比索。"

——阿图罗·吉拉尔德斯：《贸易：马尼拉大帆船与全球化经济的黎明》，第215页

资料7：17世纪全球贸易路线

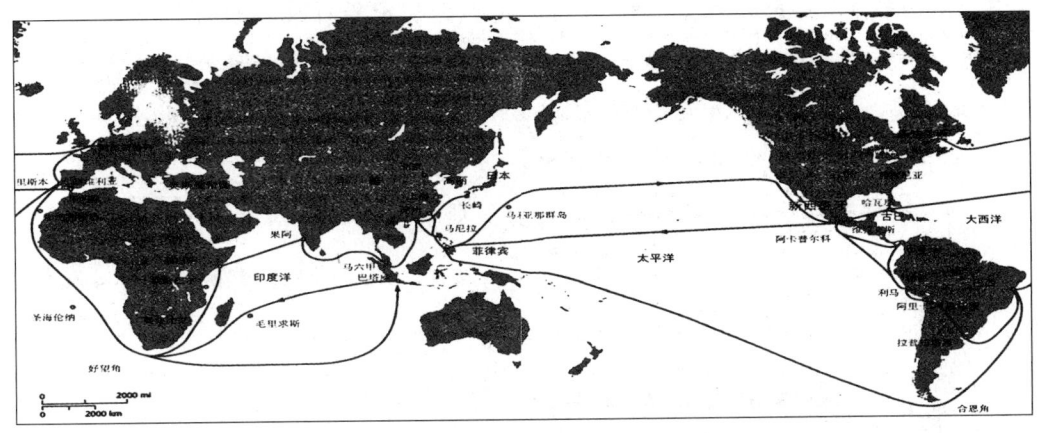

——卜正民：《维米尔的帽子——17世纪和全球化世界的黎明》，
第100—101页

资料8：

中国水师与英国海军在穿鼻洋面上激战的画面

——《中外历史纲要·上》第16课

资料9：1847年7月，英国商人吉布在下院答辩时提到："中国人所织的白面结实的布，比我们的货物贵得多，我在上海发现，由于我们的布代替了他们的布的结果，他们的织布业已迅速下降了。"

——陈旭麓主编：《近代中国八十年》，第53页

资料10："内河航路，日辟日广……内河行轮之势，殆如水银泻地，无孔不入。"

——朱杰：《试论晚清列强对长江内河航运权的侵夺及影响》

资料11:"盖因制铁事业之隆盛,故构造汽船材料,亦日益改良",从而使轮船"由木制而铁制,由铁制而为钢制",进一步加速了轮船对帆船的新陈代谢。19世纪50—60年代,德国、荷兰、瑞士、丹麦等国的部分散船,也相继介入了远东国际航运的竞争。在苏伊士运河开通后,更多的轮船加入沪欧远洋航运的竞争中,使沪欧远洋航运进入了多国参与竞争的新时期。

——整理自李玉铭:《近代海上丝绸之路的新起点——交通、通讯工具变革与近代上海远洋航运的发展》

资料12:

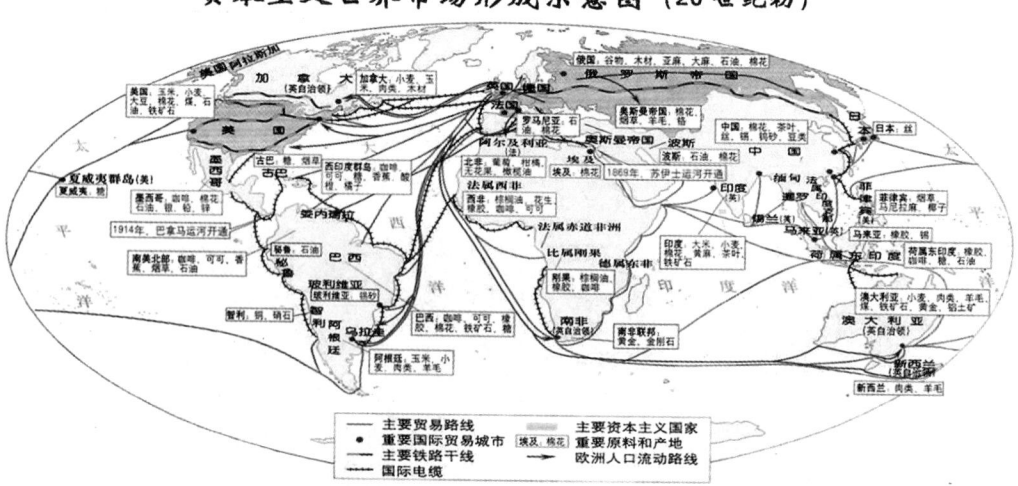

——选必2地图册第3单元

资料13:这些咖啡豆由债务缠身的印第安人亲手采摘,由他们背出墨西哥丛林,最后由蒸汽、煤所驱动的汽轮、火车,由电力驱动的输送带由汽油驱动的卡车,完成其运输旅程。它们不只从一个大陆移到另一个大陆,由一个国家移到另一个国家,还从一个历史时代移到另一个时代。

——彭慕兰:《贸易打造的世界》,第161页

(三) 选修教材之间及其内部的比较与联系

在探讨选修教材之间及其内部的比较与联系时,我们需从多个维度进行深入分析,以确保历史教学内容的完整性、全面性和深刻性。统编教材的主题化设计,

将政治、经济、文化等内容分别列于不同的书籍中,这虽然有助于学生对某一领域的深入学习,但也可能导致他们难以形成对历史的整体认识。因此,教师在设计教学内容时,应时刻保持将三本选修教材联系起来的意识。例如,在讲授某一时期的政治制度时,可以引导学生探讨该制度对当时经济发展的影响,以及这种影响又如何进一步塑造了当时的文化氛围。反过来,也可以从经济或文化的角度出发,探讨它们对政治制度形成和演变的作用。这种跨主题的联系方式,有助于学生更全面地理解历史事件的复杂性和多样性。

选修教材的另一个特点是每个单元都是中外合编。这为学生提供了了解不同国家和地区在同一历史时期政治、经济、文化等方面特色和影响的宝贵机会。在进行中外比较时,教师应注重引导学生分析不同国家在历史发展过程中的共性和差异。例如,在讲授某一时期的政治制度时,可以对比东西方国家的政治制度差异,探讨它们各自的优劣和对历史进程的影响。通过这种对比,学生不仅可以拓宽视野,还可以更深入地理解中国在世界历史中的地位和作用。

除了跨主题和中外比较外,做好主题内部的历时性变化联系也是实现历史教学内容完整性的重要一环。某一历史现象往往不是孤立存在的,而是与多种因素相互关联、相互影响的。因此,教师在讲授某一历史现象时,应注重引导学生探讨其与其他因素的内在联系。例如,在讲授某一时期的政治制度时,可以引导学生探讨该制度与前代制度的异同,以及这种变化对后世政治制度的影响。通过这种历时性的联系方式,学生可以更深入地理解历史现象的发展演变过程。以"两宋的政治与军事"这一主题为例,教师在讲授时可以将其与"辽夏金元的统治"和"辽宋夏金元的经济与社会"等主题联系起来。通过对比两宋与辽夏金元在政治、军事和经济方面的异同,学生可以更全面地了解这一时期的历史背景和发展脉络。同时,教师还可以引导学生探讨两宋政治制度对当时经济发展的影响,以及这种影响又如何进一步塑造了当时的文化氛围。例如,可以探讨王安石变法对两宋经济发展的推动作用,以及这种推动作用又如何影响了当时的文化繁荣。此外,教师还可以将两宋时期的政治制度与同时期的西方国家进行比较,探讨它们之间的异同和对历史进程的影响。通过这种中外比较的方式,学生可以更深入地理解两宋时期政治制度的特点和地位。

做好选修教材之间及其内部的比较与联系是实现历史教学内容完整性、全面性的必要条件。教师应时刻保持将三本选修教材联系起来的意识,注重跨主题、中外比较和历时性变化联系等方式的运用。通过这些方式，教师可以帮助学生掌握历史的全貌，形成对历史的整体认识，并培养他们的批判性思维和全球视野。

综上所述，主题导向下的教材整合在历史教育中展现出显著的优势与深远的价值。通过对必修教材的整合，我们不仅在"民族复兴"这一宏大主题的引领下，实现了对中国历史发展脉络的清晰梳理与深刻理解，而且有效促进了学生家国情怀学科核心素养的落实。同时，必修与选择性必修教材的整合实践，进一步拓宽了历史学习的广度与深度，使学生能够跨越时空界限，以更为全面的视角审视历史现象，从而提升了他们的综合性高阶思维品质和核心素养。此外，选修教材之间及其内部的比较与联系，不仅增强了历史知识的系统性与连贯性，还促进了政治、经济、文化等不同领域历史内容的相互渗透与融合，为学生构建了更为完整、多元且富有逻辑性的历史认知框架。总之，主题导向下的教材整合为历史教育的创新与发展提供了有益的借鉴与启示，它不仅是提升历史教学质量的有效路径，更是培养学生全面、深入地看待历史，形成正确历史观、价值观与世界观的重要保障。

第五章
学生评价设计和学生使用手册

一 学生评价设计

自新一轮课程改革启动以来,新课标对教学评价领域提出了全新的要求,推动教学评价逐步向"以学生为中心"的核心理念转变。这一转变不仅是对传统评价体系的深刻反思,更是对教育本质的深刻洞察与回归。在以往的评价体系中,评价标准单一,过度聚焦于学生的成绩与升学率,严重忽视了学生全方位、多维度的发展需求。这种以分数论英雄的评价模式,不仅限制了学生个性的张扬与潜能的挖掘,更在某种程度上扭曲了教育的初衷与目的。在评价方式方面,传统的纸笔测试占据了主导地位,过分强调知识维度的考量,而忽视了对学生能力、情感、态度等非知识维度的评价。此外,评价主体过于单一,教师往往成为评价的唯一主体,学生被动接受评价,缺乏主动参与和自我评价的机会,这无疑限制了评价的全面性和客观性。

然而,随着教育理念的革新与升级,教学评价领域正经历着一场深刻的变革。新课标强调评价的多样功能,倡导丰富评价维度,改变评价标准,以更加全面、客观、科学的态度审视学生的成长与发展。在这一背景下,高中历史教学评价体系的转型与升级显得尤为重要。高中历史作为一门承载着深厚文化底蕴与人文精神的学科,其核心素养的培育对于学生全面发展具有不可替代的作用。因此,在高中历史教学评价体系的构建中,我们应充分融入历史核心素养的培育要求,以客观科学为原则,完善多元、科学的评价体系。

具体而言,我们应关注以下三个方面:一是评价标准的多元化。除了关注学生的历史知识掌握情况外,还应重视其历史思维能力、史料实证能力、历史解释能力以及家国情怀等核心素养的培育情况。二是评价方式的多样化。除了传统的纸笔测试外,还应引入口头报告、小组讨论、历史小论文、历史剧表演等多种评价方式,以全面考查学生的历史素养与综合能力。三是评价主体的多元化。鼓励学生、家长、教师以及社区等多方参与评价过程,形成多元评价主体共同参与的格局,以更加全面、客观地反映学生的成长与进步。

通过这一系列的改革与创新,高中历史教学评价体系将更加科学、全面、客观,能够更好地促进学生发展,成为具有高阶思维能力的人。同时,这也将为教学活动的开展指明方向,推动高中历史教学向着更加高效、优质的方向发展。

(一) 基本概念与意义

在本课题中所探讨的学生评价是指根据一定的标准,通过使用一定的技术和方法,以学生为评价对象所进行的价值判断。事实上,学生既是评价的主体,也是评价的对象。它建立在伴随课堂教学的过程中有准备、有目的、有实施、有反馈地针对学业质量水平进行评价的一整套完整的流程之上。

基于合理的评估流程,获取准确、科学、可采信的教学评价结果至关重要。合理、客观的评价结果才值得被赋予参考的意义,才能够更好地服务于学生当下的历史学习,促进历史学科领域的探究能力的深化,也为学生未来的成长做好铺垫,促进跨学科多领域的探究能力的拓展;同时也能够更好地服务于教师专业能力的提升以及专业素养的升华。

学生评价的意义不言而喻。首先,合理进行学生评价,有利于教育秩序的管理,对于学生各个阶段的学习具有客观的衡量作用,发挥其判断的功能;其次,它是对学生成长过程的综合评定,在日新月异的时代背景下,对学生的综合评定更有利于培养综合人才,挖掘学生身上的潜在天赋和潜能,实现个人成长过程的自我进阶,实现自我价值;最后,学生评价可以作为检验教师教学成果的指标,帮助教师更好地完善教学,完善科学路径,实现教育事业的可持续发展。

(二) 历史教学中学生群体的特点

对于高中生而言,从广泛性的角度考察历史教学中学生群体的特点,大致呈现如下几个类型。

就高中生而言,从史学基础来说,对于历史上的人或事已经有了一定的基础,或多或少了解些历史概念,多数同学对于历史的认知停留在历史故事上,或者停留在对于一些固化结论的"拿来主义"中,少有同学进行深入的历史发展趋势研究。就此种类型而言,历史故事的合理引用和剖析、历史情境的深入设置和引领,就和兴趣度耦合在一起。

从史学思维上来说，提取信息的能力大多数停留在表面的、片面的这一层次中，能针对不同类型的史料如文献、图片、图表等获得一般意义上的公众信息，少有同学能够挖掘信息背后的含义，并建立一定的关联，得出自己的结论，地位层次比较好的同学对于史料实证有基本的概念和应用，但是在历史解释这一环节，仍有些薄弱。

从史学迁移上来说，能够把历史中所学迁移到不同场景，做出合理的判断，是历史服务现实的功能，这是需要高中阶段进一步提升的迁移能力，而在这种迁移过程中，可以通过解不同类型题、实践活动、课题研究等方式实行。

从史学目标上来说，避免不了要与考试评价联系在一起，学生学习历史的目标绝大部分是为了学业考量，尤其在高考压力下，这对于现在的高中生而言，是一把双刃剑，利用现在的应试心理，合理利用史学资源，一方面完成既定的升学目标，一方面完成史学素养的培养，是需要考虑的问题。

（三）课堂引导与历史学习能力的培养

建构主义理论认为，获取知识是学生的主动建构行为，并不是从教师手中原封不动接过来，这样机械的传递和迁移并不真实，它更是需要学生主动建构自己知识经验的过程。情境学习理论也认为，学习的本质在于个体与其他学习对象、与周围环境的互动和作用。基于两种理论，在整个教学过程中，我们可以定位教师是一个经营者的角色，通过设计创设情境和设置活动引导学生主动探索，在合理的情境下触发问题，同时提供一系列的外部辅助解决问题。知识的建构过程是相对独立的，判断力的养成也是学生个性化的发展，因此，学生在这个过程中的个体和主体地位是不可被取代的。

在日常学习生活中，课堂教学是学生获取知识的主要方式之一，也是教师能够实施评估方案的重要载体。基于整个教学过程中互动的必要性和现场性，教师在这一过程中需要随时掌握学生的学习状态，及时把握时机，对当时的教学活动进行适度的调整。基于整个教学过程中的时序性和稳定性，教师在教学活动开展之前必须提前设定好评估方案，以便于从整体性和连续性上保证教学评估流程的完成。具体的评估方案是和教学过程紧密联系在一起的，教师承担主体性的责任。在课堂教学中，尝试凸显对判断力养成的情境创设进行课堂对话，可利用问题的生成和解决作为重要的实施路径。教师依托图片、文献史料、视频等多种因素构建符合主题的情境，设置问题或者活动，在课后作业中，可利用多类型作业的制作和展示作为依托的实践手段。

在评估方案的设定过程中,问题的生成和解决是常用且可复制的手段。比如"全球航路的开辟"一课中,教师通过全球航路开辟以前的三幅地图,设置当时人如何理解这个世界的情境。地图分别为中国的华夷图、阿拉伯的地图、欧洲的地图。不难发现地图上地理区域信息都是不完整的,甚至有错误的地方出现,且几乎所有的文明都统一地把自己置于地球的中心。在课程结束时,在三张地图的基础上展示第四张大航海时代之后出现的地图,世界各区域信息变得更为完整和精准,且欧洲没有被放在世界的中心。通过这样的情境设置,学生更容易理解大航海时代所带来的地理位置上的连为整体以及区域文明的观念被打破了。

对于回答问题的学生,课后及时记录在册。作为教学中的一个环节,也是评估中关注的问题,考查学生能否明白问题意图,并由此得出一般意义上合理的回答。这个评估也可以通过单元教学的设计模式联系下一节"全球联系的初步建立和世界格局的演变"一课展开进一步思考,欧洲不在地图的中心,但是这个观念真的从此改变了吗?在这一过程中,直接由教学流程中的问题生成评估方案,通过及时性的反馈和记录完成评估。

另外,通过构建问题链的方式也是教师加强课堂引导的有效手段。在此以"冷战与国际格局的演变"一课为例。

【教学过程】

环节1:导入

教师出示20世纪美苏两国的游乐场设施图片,通过设置问题引出本课主题,设置问题1:图片中的游乐场设施有什么共同元素?问题2:关于冷战你了解多少?含义?事件?主角?等。问题3:冷战的伤害性如何?

设计意图:以游乐场图片切入,引发学生兴趣,借学生的答案引出主题。

环节2:冷战一瞥——冷战下的德国命运

问题4:你知道这些图片、材料、地图所承载的历史的厚重吗?简单介绍第一次柏林危机、第二次柏林危机始末,勾勒德国从分裂到再次统一的重要发展历程,通过地图、数据、英国关于宣传方面的秘密材料、柏林墙的图片展示出双方既留有余地又存有抗争的互动。

设计意图:以两次柏林危机始末为契机,感受国家命运被冷战左右,通过地图的变化让抽象的理论变为真实的冲击感,引出下文对冷战含义的理解。

环节3：冷战内涵——解析冷战含义和引发的国际格局的变动

展示学界对于冷战的基本定义，由定义中的"竞争与对峙"引出接下来初期对抗的基本史实，学生阅读教材中关于冷战初期双方对抗在政治、经济、军事、地缘政治上的描述，填写表格。问题5：大家可以尝试下根据教材内容填写表格吗？这样一种全面的对峙，引发了国际格局的变动——两极格局出现。

设计意图：学生熟悉教材的过程，通过自主寻找知识点的方式，提高参与度，同时提升基本史实梳理和归类能力，建立冷战初期双方对抗方式的理论认知。

环节4：冷战根源——"？"推着冷战在走

通过出示中国版教材与美国版教材的异同对比，统编教材和原有华师大版教材的对照，加上美国和苏联的漫画，介绍冷战爆发根源是由于意识形态的根本对立，但关于主要责任的看法各不相同。关于冷战名称的变化更体现出来了冷战的复杂性和全球性。设置问题6：谁应该为冷战负责任？设置隐含问题7：你如何看待两版教材的不同？

设计意图：制造矛盾，进一步提高学生探究的热情，可以理解由于立场和视角的不同有着不同看法，相同性也揭示了冷战爆发的根源是社会制度和意识形态的对立。从对冷战称呼的变更中，也初步感悟到，其实冷战更是一个世界性的事件。

环节5：冷战全景——碰撞与缓和，成长与对抗

结合教材内容出示材料4、5、6，图片8、9、10展示在冷战中生长的他国力量，这些力量有力地冲击了两极格局。在冷战后期，美苏关系走向缓和，1991年苏联解体，冷战结束。

设计意图：感受冷战中多国力量的交织，在碰撞中有缓和，在对抗中有多方力量的成长，两极格局中孕育着多极化的趋势，西欧、日本、中国都是成长中的多极力量，尽管仍然存在意识形态的对立，但是国家之间的关系并不局限于此，进一步感受历史进程是由多种力量塑造，并打破了冷战这一格局。

环节6：冷战陷阱——如何看待冷战中的缓和？

提出问题8：冷战后期美苏关系真的缓和了吗？根据学生的答案进一步分析这种缓和背后的实质，联系今天，冷战真的结束了吗？出示外交部的新闻，设置问题9：在今天这个时代，如何对待冷战思维？

设计意图：学生运用表面和实质的方式来分析美苏关系是否缓和，辩证地看待这种缓和。另外，以历史观照现实，进一步感悟今天学习冷战史的意义不仅仅是为了单纯地坚持或者摒弃冷战思维,而是明辨是非,知道历史发展的复杂性,凡事不是一蹴而就的。

【资料附录】

材料1:1948.7.2绝密文件《柏林危机第一号宣传指令》主要内容:1)对苏联各级官员不要进行人身攻击;2)大力宣扬英美两国实施的空运行动所取得的成效;3)利用西柏林受封锁影响所引发的物资匮乏问题,挑起民众对苏联的仇恨;4)极力渲染苏联的"无情和残忍";5)大力宣传西战区和西柏林在政治、经济及文化等领域取得的进步,令德国人更倾向于西方资本主义的政治体制和经济模式等。

——整理自牛勇:《英国政府在第一次柏林危机中的新闻管制》

材料2:美版教材中关于冷战的叙述

美苏两国的政治体制是完全不一样,美国是资本主义的民主国家,国民相信选举,拥有经济自由和宗教信仰的自由,并且国家尊重每个人的差异,而与之相比,苏联则是一个独裁统治的国家,在斯大林的领导下,共产党掌握了国家的一切重要资源,人们没有选举权,没有自己的私有财产,也不能自由地表达自己的想法,如果反对或者质疑斯大林,则还有可能被抓进监狱。

——整理自陈文婧:《中美历史教科书的比较研究——以美国联邦政府的建立和美苏冷战为例》

材料3:第一次柏林危机中的数据

西柏林人的日常需求:641吨面粉,105吨谷物食品,106吨肉类和鱼,900吨土豆,51吨糖,10吨咖啡,20吨牛奶,32吨油脂和3吨酵母。

美国的空运数据:1948年7月69 000吨,1948年10月147 581吨,1949年4月7 845吨,平均6.2秒一架飞机。

——整理自戴超武:《斯大林、苏联外交与冷战的起源》

材料4:(尼克松在堪萨斯城的讲话,1971年)从经济角度看,美国不再是世界头号国家,世界也不再仅有两个超级大国。从经济状况和经济潜力看,当今世界有五大力量中心。未来五年、十年或十五年,在我们有生之年,我们将看到五大超级经济力量:美国、苏联、西欧、中国,当然还有日本。……

在即将到来的世界中,美国将不再处于十分突出的地位,或者完全占支配地位了。

——本课教材·史料阅读

材料5：1961—1980年，美、日、欧经济增长速度的比较（％）

年代 \ 国家或地区	美　国	日　本	欧　共　体
1961～1965	4.6	12.4	4.9
1966～1970	3.0	11.0	4.9
1971～1975	2.2	4.3	2.9
1976～1980	3.4	5.0	3.0

——［美］《总统经济报告》（1988）

材料6：戴高乐的另一重大举措是改善同苏联和中国的关系。1966年6月，戴高乐访问苏联，双方发表了《法苏宣言》，改善了法国同苏联和欧洲国家的关系，其目的是提高法国的国际地位，增加同美国闹独立的筹码。1964年1月，法国不听命于美国，采取了同中国建交的独立行动，这是西方国家与中国建交的第一个大国。……1972年7月，田中内阁上台，提出了"对美协调为主轴"，以恢复中日邦交为"首要课题"的"多边自立外交政策"。

——刘文汇等：《全球化、多极化进程中的当代世界》

材料7：2020年11月19日，外交部发言人赵立坚主持例行记者会。有记者就美国国务院政策规划办公室近期发布一份名为"中国挑战要素"的70多页文件一事提问。赵立坚表示，这份文件是美国国务院一些冷战活化石炮制的又一反华谎言集，它充分暴露了美方一些人根深蒂固的冷战思维和意识形态偏见，也暴露了他们对中国不断发展壮大的恐惧、焦虑和不健康心态，他们企图重启冷战的险恶图谋，必将受到中国人民和世界爱好和平人士的唾弃，注定要失败，最终只能被扫进历史的垃圾堆。

——网络资源·澎湃新闻

材料8：在冷战初期的那几年里，苏联和美国的领导人很难理解对方的看法，焦虑和恐惧。双方都不看重历史记忆——美国的珍珠港事件、纳粹德国的侵略及其对苏联的占领所造成的巨大痛苦——其所有的重要性。对于当今世界两个大国的领导人们而言，今天需要做的就是认真思考那些塑造了对方对于威胁和机会的认知的记忆、文化意象和历史经验教训。他们应当仔细思考如何管控彼此间的恐惧，同时还要考虑如何调控他们因感到自身国力增长而骄傲或因衰落而焦虑的心态。

——［美］梅尔文·P.莱弗勒：《权力优势》

趋新　革新　续新：新旧相交下中学历史教学一线沉思

图片1　爱荷华州华盛顿市日落公园中的导弹式游乐场设施

图片2　苏联钢制火箭式游乐场设施

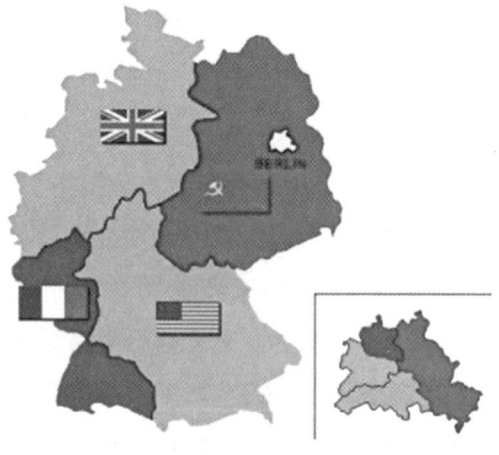
图片3　第二次世界大战后四国分区占领德国和柏林地图

图片4　两个德国地图

图片5　冷战时期两大阵营对峙

图片6　美国漫画

图片7　苏联漫画

图片8　1962年，来自东德的砌墙工人修筑柏林墙，一旁负责守卫的是东德的士兵

图片9　越南战争被烧伤的小女孩

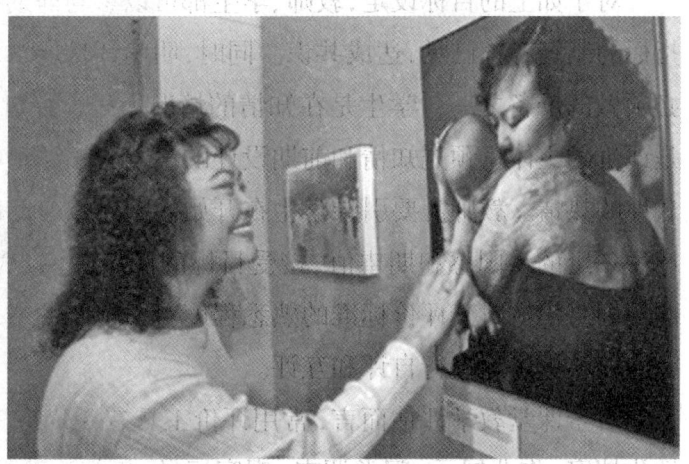
图片10　越南战争被烧的小女孩（长大后）

在这一教学设计中，通过问题链的构建，引导学生慢慢地了解冷战，分析冷战历史。

（四）学生评价设计的具体实施

在学生评价过程中，需要有一个完整的评估流程，评估流程是评价合理有效进行的保证，它是伴随课堂教学的过程中有准备、有目的、有实施、有反馈地针对学业质量水平进行评价的一整套完整的流程。它包括评估方案的预先设定、评估工具的提前设计、评估方案的具体实施、评估材料的保存分析以及评估结果的反馈反思。

在设定评估方案的时候，整体目标的设定需要遵循如下原则，首先是目标的稳定性，教学评价目标一经确定后不能有所更改，尽管在教学过程中依据实际情况进行调整是常规现象。在教学活动开始之前，就应设立对应的长时段和短时段目标。

尽量不调整目标，这些目标不因学生是否达到或者个别学生出现特殊情况而改变，如此得出来的方是相对稳定的评价结果。其次是目标的适切性，针对不同的学生群体，要有一定的区分度，即使是同一学校的不同班级，也因为班级特色不同，问题的设定可以等同，但是理解层次必须加以区分。最后是目标的公平性，保证学生有均等的被评价的机会。吉（J. P. Gee）指出：如果两个学生在没有同等学习机会的内容上被评价，评价就是不公平的。①整体目标的设定是针对每个人，而不是某些人或者某个人。由此在设想目标完成的路径中应尽量避免重要问题的考查只集中于一个人身上。这也要求教师能够尽可能提供多类型的评价任务而非单一任务的多次尝试。

对于如上的目标设定，教师、学生都可以参与前期的准备工作，对于评价工具指标的制定各抒己见，达成共识。同时，明确评估要求，也是参与评价的所有对象必须做的准备之一。学生是在知情的情况下进行评价，既作为被评价的对象，也是评价的主体。预先知情和前期设计的参与能够调动学生的积极性，并且激发持久性的热情。教师需要引导学生在开始之前明确自己的发展目标，并对发展目标产生一定的认同感和期望值，接受目标的设定，并且对个人的未来发展区有一定的规划。学生对于评价标准的熟悉程度对于评价的结果而言影响很大，熟悉评价标准能够更好地进行自评和互评。

对于课堂教学评估而言，常用评价工具有评价量表、课堂对话、学习日志、个性化档案、作业展示、问卷调查、观察记录、纸笔测验等。每种工具的选择各有优劣，对于评价工具的选择和使用要有针对性，结合实际情况有倾向性地选择。接下来笔者将举例说明。

二 学生使用手册

（一）手册的特点与价值

手册主要是学生评价时使用工具的一种整合，目的是使学生熟悉不同类型的

---

① 王少非等：《促进学习的课堂评价》，华东师范大学出版社2019年版，第115页。

评价方式,能够在实际操作过程中有册可依,依册而行。在某种程度上,手册本身呈现的特点,也彰显着手册所具备的价值。

(1)综合性。手册中汇总使用的评价量表是适合本校学生学情的特殊定制,能够对多种不同任务进行不同阶段的评价,学生可以结合自己的实际情况使用其中的某种或者某些或者全部评价方式完成对自己水平的认知。依据这本手册,学生可以对自己的评价作全面的考量,教师也可以此为依据,全面掌握学生发展情况。

(2)创新性。在过往的评价过程中,学生尽管有时候被纳为评价主体,但是对于评价方式并没有非常熟悉,甚至只是形式上的主体,有了这本学生评价手册,学生对于如何评价一目了然,其主体地位得到凸显,能够更好地完成整个评价,这样的方式和这样的价值都具有创新性。

(3)指引性。手册不仅承载了评价功能,在评价的量化考量中,更能够提醒师生,目前所在的水平层级是什么,以及可能到达的高阶思维水平层级在哪里,它更能够清楚地揭示学生的发展目标,并发挥激励导向功能,引领学生前进。

(二) 针对使用方法的训练

事实上,对于手册使用方法的训练,就是对学生思维能力成长的迁移训练。

比如上文提到的"全球航路的开辟"一课中所使用的问题,对这样的问题的评估标准可以参考如下量表:

问题记录					
答案记录					
观察视角	问题指向的思维水平层级	思维能力水平1	思维能力水平2	思维能力水平3	思维能力水平4
教师视角		简单地得出每幅地图的结论	发现地图上呈现的信息,并能够概括共性问题	能够与之前的地图信息进行比较,理解大航海时代带来的观念变迁	发现地图信息,建构关联,并能够进一步思考,观念真的从此改变了吗?
评价结果					

续表

学生视角		我知道问题问的是什么	我理解题意并能够给出简单回答	我理解题意并能够给出全面的回答	我理解题意,给出全面回答,也能够就这个问题继续思考
评价结果					

这也是对于地图信息的评价方式,在使用过程中,可以进行类似问题的变更,以重复利用此种评价方式。例如:下列两幅地图反映了16—17世纪欧洲人眼中的世界的形状。

图1

图2

请学生仔细观察图片,回答如下一系列问题。问题1:根据材料和所学,请判断这两幅世界地图,哪一幅出现得更晚?问题2:比较两幅世界地图,反映了欧洲人对世界认识出现了哪些显著变化?问题3:根据所学,你认为哪些因素导致了上述的变化?在这种类型的迁移过程中,学生在三个问题的基础上,从共性发散到差异性,同时能够以此知识背景来回答为什么出现了上述变化。这一过程深化了学生对于地图题目的观察和思考。

另外,在文字信息的理解和提取上,也可以做如下训练。

例题1:康有为的思想轨迹

康有为是维新变法的代表人物。1879年前后,他开始通过翻译的书报接触西学,并在游历香港、上海的过程中,认识到西方文明的优势,逐渐形成了改革的思想架构。变法失败后,他游历世界,思想发生了变化。阅读材料,回答问题。

材料1：

东西各国之强，皆以立宪法开国会之故。国会者，君与国民共议一国之政法也。东西各国，皆行此政体，故人君与千百万之国民，合为一体，国安得不强？吾国行专制政体，一君与大臣数人共治其国，国安得不弱？

——摘自康有为《请定立宪法开国会折》

材料2：

自戊戌至今，出游于外者八年，寝灌于欧美政俗之中，推求于中西之得失。中国数千年之文明实冠大地，然偏重于道德哲学，而于物质最缺然。百年来欧人之强力占据大地者，非其哲学为之也，又非其民权、自由致之也，以物质之力为之也。物质固形式之末，然为今日中国急务。方今竞新之世，有物质学者生，无物质学者死。吾遍览甲午前中外大臣之奏牍，其皆知讲军兵、炮舰而已。军兵、炮舰者，以之强国，在物质；工商者，以之足民，亦在物质。同光数十年来，所开之新器局所皆官办也。不奖励民厂，而欲待官厂之为之，其能与欧美列强敌乎？

——改编自康有为《物质救国论》

问题1：材料一反映了康有为在变法时期持什么主张？

问题2：材料二中康有为所说的"物质"大致指什么？

问题3：结合材料和所学知识，你如何看待康有为思想的前后变化？

在首次进行此类型训练的时候，学生通过材料能够得出康有为思想从立宪救国过渡到物质救国，发生了改变，这种改变一方面和他自身的经历有关，一方面也和当时大的时代背景有关系，更能够从康有为的转变中以小见大，折射中国近代发展历程的变迁。在对学生的思维能力水平进行界定时，可以化用如上的量表。

问题记录					
答案记录					
观察视角	问题指向的思维水平层级	思维能力水平1	思维能力水平2	思维能力水平3	思维能力水平4

教师视角	从材料中得出关键信息	从材料中得出关键信息,并能够建立关联	从材料中得出关键信息,并能够建立关联,从当时的时代背景中解释问题	从材料中得出关键信息,并能够建立关联,从当时的时代变迁、个人命运、个人与时代的关系等多角度解释问题
评价结果				
学生视角	我知道问题问的是什么	我理解题意并能够给出简单回答	我理解题意并能够给出全面的回答	我理解题意,给出全面回答,也能够就这个问题继续思考
评价结果				

当学生了解到这一层次之后,进行针对此种变化类型的迁移训练。

例题2：孙宝瑄的思想转轨

孙宝瑄出身于清末民初官宦世家,李瀚章(李鸿章之兄)之婿,父、兄均为一时政要。其日记多涉及时代大事,为后世所重视。

余当甲午、乙未之交,始谈变法,今越四五年矣,论议盖凡数变。初则注意于学堂报馆,继则主张民权,以为非先设议院,许公举,则一切法不可变,变之徒滋扰;卒又知偏于民权之不能无弊也,遂主持立宪政体,纳君权民权于法之中,而君民共治,为数年立论之归束。至于铁路矿物诸端,视为末节,不稍措意也。乃今读严译《原富》一书,始知富国之道,在畅通物产,欲物产之流通,无铁路其奚望耶?于是乃叹铁路之有益如此。……由是观之,便国利民,莫大于铁路者也。固当与学堂、报馆、议院并重,而不可轻视也。

辟民之智,莫如报馆。育民之才,莫如学校。兴民之利,莫如铁路。平民之权,莫如议院。

——辛丑 光绪二十七年(1901年)4月20日

问题1：孙宝瑄这篇日记的背景是什么?
问题2：根据材料,概括孙宝瑄思想的转轨过程。

问题3：根据材料及所学知识，你如何看待孙宝瑄的思想转轨？

对这道题所展示出来的思维水平能力评价，既和上面一道有类似的方式，同时又应该注意区分，孙宝瑄的思想转轨不是非A即B，而是从片面到全面的一个过程。

以上则是针对手册使用的部分指导训练，具体的案例详见下文。

（三）具体操作与实践案例

1.过程性评价

过程性评价是指在课程的实施过程中，针对学生的学习方式，部分无法用纸笔测验检测的学习成果，以及与学习密切相关的非智力因素所进行的评价，它主要是通过观察、访谈、记录、评语等手段来完成的。

以《资本主义世界殖民体系的形成》为例，制作如下课堂观察表。主要用于评判本节课程教学目标与学生达成度（表1）和教学过程与学生表现力（表2）。

表1 历史学科核心素养课堂观察与评价表1（教学目标与学生达成度）

历史学科核心素养课堂观察与评价表1（教学目标与学生达成度）							
班级		时间		地点			
课题	资本主义世界殖民体系的形成						
核心素养	教学目标	学习效果水平层级1	学习效果水平层级2	学习效果水平层级3	课中同行互评	课后学生自评	教师自我评价
唯物史观	运用唯物史观的立场和科学的方法看待问题	理解移民、殖民、扩张的含义	从客观存在的历史事实出发，详细地占有材料，揭示其内在联系	从唯物史观的角度理解资本主义世界殖民体系的形成			
时空观念	知道资本主义世界殖民体系建立的时间；了解拉美、亚洲、非洲被殖民化的相关史实；认识殖民体系演变的过程	碎片化知识点对应比较清楚，能够从教材或笔记中寻找到记录	可以使用时间轴等表现方式，清楚揭示殖民体系建立的进程，时间和空间联系在一起	理解殖民体系形成的背后也同样，社会生产力发展的不同阶段，殖民掠夺的不同阶段			

续 表

核心素养	教学目标	学习效果水平层级1	学习效果水平层级2	学习效果水平层级3	课中同行互评	课后学生自评	教师自我评价
史料实证	依托地图、漫画、数据、文本等多种史料,深入理解历史事实本身,强化史料实证意识	知道运用史料作为证据说明历史事件	理解各种史料的价值,并能够建立史料信息中的联系,基本理解历史事实本身	运用多重的史料,知道不同史料价值,全面理解历史事实本身			
历史解释	透过现象看本质,在思考中丰富对历史事件的解释。辩证理解资本主义世界殖民体系的形成带来了深远复杂的影响	知道殖民体系的建立是对宗主国的影响利大于弊,对于殖民地的影响弊大于利	清楚殖民体系对宗主国,和殖民地内部都有辩证的双重影响	理解殖民体系对宗主国和殖民地内部都具有双重辩证影响,理解整个殖民体系的建立对世界历史进程有复杂深远的影响			
家国情怀	同情和理解被殖民国家的历史苦难,加深悲悯之情	同情和理解被殖民国家的历史苦难,拥有悲悯之情	在同情和理解被殖民国家的历史苦难基础上,思考国与国之间合理的相处方式	理解人类命运共同体的价值观			

表2 历史学科核心素养课堂观察与评价表2(教学过程与学生表现力)

历史学科核心素养课堂观察与评价表2(教学过程与学生活跃度)						
学生活动	水平层级1	水平层级2	水平层级3	学生互评	同行评价	教师自评
课堂参与度	几乎没有举手发言,参与讨论,和老师几乎没有群体性或者个体性互动	与教师群体性互动一般,个别同学愿意举手回答问题	与教师群体性互动较多,涉及问题同学积极举手发言,表达自己看法			
问题回答质量	基本捕捉问题意图,做出简单回答	明确问题意图,做出合理回答	清楚问题意图,做出完整回答,并有新的问题和思考生成			
获取信息能力	能够从不同种史料中获得表层的基本信息	能够从不同种史料中获得表层的基本信息以及深层次的本质信息	将表层信息与深层信息相联系,并合理做出推断			

续 表

历史学科核心素养课堂观察与评价表2（教学过程与学生活跃度）						
学生活动	水平层级1	水平层级2	水平层级3	学生互评	同行评价	教师自评
合作情况	有意愿进行小组合作,在小组合作中有参与感	有意愿进行小组合作,在小组合作中有参与感,探讨聚焦主题,基本能够表达自己的观点	有意愿进行小组合作,在小组合作中有参与感,探讨聚焦主题,得出合理完整的观点			
学习效果	基本完成教学目标	正常完成教学目标	超额完成教学目标			

在以上量表中,通过水平层级的细化,依托教师自评、同行评价、学生自评、学生互评,力求构建以核心素养为指向性的多方位过程性评价。

2. 结果性评价

作为教学活动的终结,结果性评价往往是以作业或者考试的方式呈现的,作为一种传统的评价方式,在新的时代中,仍然可以发挥重要的作用,这就要求设计者以新的理念,新的模式,以核心素养为导向,进行新思路的作业命题设计,以全新理念的作业设计为路径进行结果性评价。

（1）作业设计评价

在作业设计的过程中,以《中华文明的起源与早期国家》为例设计如下问题,在作业的编排中可以进行如下的尝试,考虑实践性,突出学生主体地位,在多角度学习和探究历史的过程中完成作业。

作业设计聚焦史学方法与理论,学生在完成的过程中不仅了解到作为结果的历史是怎样的,更重要的是获得一步一步探究历史真相的能力。在这一过程中,学生作为学习的主体,通过层层深入解答问题建构学习历史的逻辑,学会历史学科的基本能力和方法,并能够依据所知信息进行合理的判断和推论。比如,在探究夏朝历史是否存在这一事件时,可以尝试以下由问题发现到解决问题的一个完整的体验过程。

以下是作业案例。

材料1：

十年,帝禹东巡狩,至于会稽而崩。以天下授益。三年之丧毕,益让帝禹之子启,而辟居箕山之阳。禹子启贤,天下属意焉。及禹崩,虽授益,益之佐禹日浅,天下未洽。故诸侯皆去益而朝启,曰"吾君帝禹之子也"。于是启遂即天子之位,是为夏后帝启。

——司马迁:《史记·夏本纪》

材料2:

孟子曰:"天与贤,则与贤,天与子,则与子。昔者,舜荐禹于天,十有七年,舜崩,三年之丧毕,禹避舜之子于阳城,天下之民从之,若尧崩之后不从尧之子而从舜也。禹荐益于天,七年,禹崩,三年之丧毕,益避禹之子于箕山之阴。朝觐讼狱者不之益而之启,曰:'吾君之子也。'……启贤,能敬承继禹之道。"

——孟轲:《孟子·万章上》

材料3:

文献记载中的夏	二里头文化遗址考古发现
"伊、洛竭而夏亡" ——左丘明:《国语·周语》	
具备国家特征	

续 表

文献记载中的夏	二里头文化遗址考古发现
"礼仪以为纪" ——戴圣:《礼记·礼运》	

(1) 材料1和2关于禹后王位继承一事的记载有哪些异同？

答案：同：启继承了禹的王位，世袭制替代禅让制；异：材料1认为虽然禹传位给益，但是百官认为启比益贤能，因而拥护他。材料2认为禹传位给益，益不接受转让给启，百官拥护启是因为他是禹的儿子，是君王之子。

(2) 上述文献记载和考古发现，可以用来从哪些角度论证夏朝的存在？

答案：二里头遗址的地理位置及考古发现与文献记载中夏朝地域和年代相近；二里头遗址中宫殿遗存等考古发现体现了当时明显的社会分化，符合早期国家特征；遗址和遗物的形制与文献记载中夏代相关内容相吻合，青铜器是礼器的代表，印证"礼仪以为纪"；传世文献与考古发现二重证据相互吻合，可以论证二里头遗址是夏时期的遗址。

材料4：

在夏代，商族有些首领曾在夏朝为官，这种"夏为君、商为臣"的历史与二里头文化的社会地位高于下七垣文化的情况相符；东夷族对夏朝时战时和的关系，与二里头文化和岳石文化你中有我、我中有你的情况也非常符合。夏末，商汤联合东夷伐夏，与下七垣文化和岳石文化融合共生的现象相合。……夏、夷、商三族的关系表明二里头文化是夏文化。

——魏继印:《从夏、夷商三族关系看夏文化》

材料5：

黄河被阻塞了6到9个月，不断上涨的河水最终漫过了碎石瓦砾，很快把大坝冲垮，形成了全新世时期最猛烈的大洪水。根据碳14元素进行测定，这场大灾难大约发生在公元前1900年。这场大洪水给我们带来了一个最为迷人的启示，那就是夏朝也许是真实存在过的。

——胡舟:《Science：夏朝真的存在，大禹治水不是传说？》

材料4、5分别从哪些角度对夏朝历史进行研究？你还能想到哪些其他角度？请尝试搜索材料，寻找新的思路。

答案：材料4从与夏同时代且有交流的其他部族入手，将夏、夷、商三族的关系与二里头文化遗存中文化交流的痕迹相结合进行研究。材料5从大禹治水传说入手，利用新的考古发现成果进行研究。新思路言之成理即可，例如对夏代具有早期文字特征的刻画符号进行整理、解读、研究等。

在上述作业设计的案例中，主要考虑给学生一定的质疑和思考空间，学生通过给定的材料进行推演研究，能够更清晰地认识教材内容背后的历史逻辑，以及学科研究的方式方法，将出土材料与历史事实联系起来，养成学生在对史料的辨析中认识历史的能力。在设计中就考量了时空观念、史料实证、历史解释以及家国情怀等方面。在作业审阅过程中可以设计如下评判标准，并根据实际情况，设定可多次申请满意评价，以此鼓励学生，发挥评价的激励功能。

对于以上作业设计可以参考如下量表。

核心素养	评价视角	水平层级1	水平层级2	水平层级3	水平层级4	自我评价	教师评价
唯物史观	基于历史事实做出合理判断	知道使用二重证据法探究这一问题	知道使用二重证据法探究这一问题，并能够得出合理结论	知道使用二重证据法探究这一问题，指出证据的合理性和局限性，并能够得出合理结论	知道使用二重证据法探究这一问题，指出证据的合理性和局限性，能够得出合理结论，尝试提出新的解决思路		
时空观念	时空的对应关系和联系	知道二里头遗址和夏文化的空间对应关系	知道二里头遗址和夏文化的空间对应关系，指出应补充时间上是否吻合这一条件	知道二里头遗址和夏文化的空间对应关系，指出应补充时间上是否吻合这一条件，在当时的时代背景下讨论问题	知道二里头遗址和夏文化的空间对应关系，指出应补充时间上是否吻合这一条件，在当时的时代背景下讨论问题，并得出合理结论		
史料实证	文本阅读能力，表层信息和深层信息的提取	具备基本的信息提取和概括能力，基本获取材料中的显性信息	具备基本的信息提取和概括能力，基本获取材料中的显性信息，挖掘材料中的隐性信息	具备基本的信息提取和概括能力，基本获取材料中的显性信息，挖掘材料中的隐性信息，构建所获取信息的联系，形成证据链	具备基本的信息提取和概括能力，基本获取材料中的显性信息，挖掘材料中的隐性信息，构建所获取信息的联系，形成证据链，能够论证证据链的合理性，并指出局限性		

续 表

核心素养	评价视角	水平层级1	水平层级2	水平层级3	水平层级4	自我评价	教师评价
历史解释	对二里头文化和夏遗址关系的说明	能够对二里头文化和夏遗址的关系进行判定	能够对二里头文化和夏遗址的关系进行合理判定	能够对二里头文化和夏遗址的关系进行合理判定，表述精准，逻辑清楚	能够对二里头文化和夏遗址的关系进行合理判定，表述精准，逻辑清楚，对于存疑的问题提出新的可供尝试的探究办法和努力方向		
家国情怀	二里头文化遗址的意义	认识二里头文化遗址所体现出来的社会形态	认识二里头文化遗址所体现出来的社会形态，认同其对于中国古代文明发展的重要意义	认识二里头文化遗址所体现出来的社会形态，认同其对于中国古代文明发展的重要意义，赞赏古人的智慧	认识二里头文化遗址所体现出来的社会形态，认同其对于中国古代文明发展的重要意义，赞赏古人的智慧，无论是否是夏文化遗址，都是四千年前中华文明的反映		

（2）考试设计评价

在考试过程中可以使用多种素材进行设计，本道题目主要指向以图片史料为基础的能力检测。

遗址中的历史信息

材料1：

临潼姜寨遗址（距今6600—6400年）布局平面图

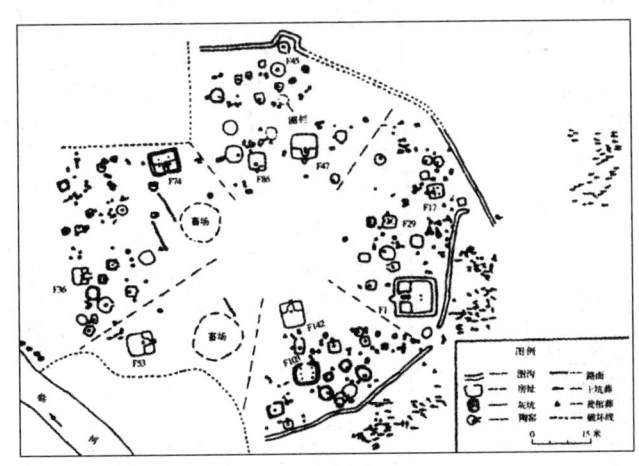

——陕西省考古研究所等编：《姜寨——新石器时代遗址发掘报告》

襄汾陶寺遗址（距今4300—3900年）布局平面图

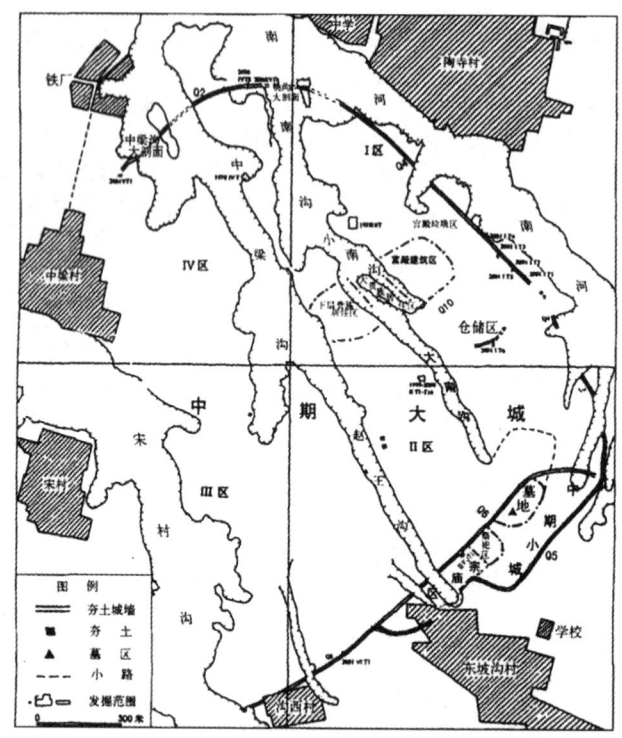

——中国社会科学院考古研究所等编《襄汾陶寺——1978—1985年发掘报告》

材料2：

姜寨与陶寺遗址中的墓葬与陪葬品

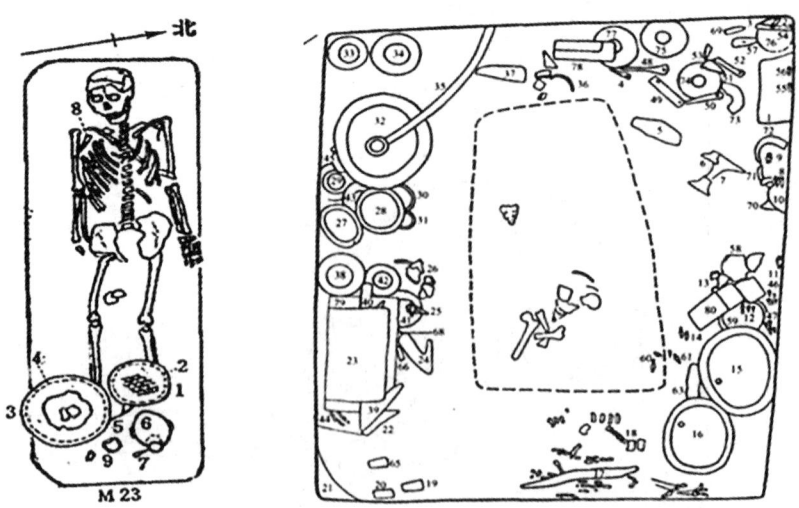

姜寨遗址（左图）墓葬与陶寺遗址（右图）大型墓葬（来源同上）

(1) 利用材料1中的两幅遗址分布图,归纳两座古文化遗址在空间和布局上的异同。

答案:同:外部有边界,内部有一定的分区。异:陶寺城址面积更大,居住区有等级分别。

(2) 从材料3中两幅墓葬的示意图中,你能发现哪些历史信息?

答案:姜寨遗址墓葬规模较小,陪葬品较少;陶寺遗址墓葬规模更大,陪葬品更丰富。

(3) 材料1中聚落空间的演变与材料2中墓葬内容的变化分别能反映新石器时代中后期人类社会哪些发展趋势?

答案:人类能够建设更大规模的聚落,生产力水平提高,随着社会的发展出现了早期的阶级分化;人类拥有的物质产品更丰富,随着生产力的发展私有制逐渐产生;对丧葬活动的关注程度提高。(答案要求能体现生产力水平提高推动社会变化的唯物史观)

对于以上考试题的设计,进行获取信息能力、历史思维品质、历史表述能力、历史探究能力四个维度的评价,评价结果作为考试成绩记录在册。在评价过程中,采用教师评价,同伴互评模式相结合。

评价角度	水平层级1	水平层级2	水平层级3	水平层级4
获取信息能力	清楚题意,知道解释图片的一般方法,获取一个有效信息	清楚题意,知道解释图片的一般方法,获取多个有效信息	清楚题意,知道解释图片的一般方法,获取多个有效信息,并能够归纳异同	清楚题意,知道解释图片的一般方法,获取多个有效信息,并能够归纳异同,在此基础上可以根据信息做出变化或趋势的推测
历史思维品质	对历史问题提出一个合理的解释或评价	对历史问题提出两个合理的解释或评价	对历史问题提出两个以上合理的解释或评价	历史问题提出两个以上合理的解释或评价,可以进行批判性思考
历史表述能力	正确运用历史概念和术语,简单表达观点	正确运用历史概念和术语,准确地叙述历史事物,完整表达观点	正确运用历史概念和术语,准确地叙述历史事物,完整表达观点,逻辑清晰	正确运用历史概念和术语,准确地叙述历史事物,完整表达观点,逻辑清晰,史论有效结合
历史探究能力	提出一种探究思路或方法并得出结论	提出多种探究思路或方法并得出结论	提出多种探究思路或方法并得出结论,并能够综合评判各种思路方法和结论	

（3）综合性评价

对于学生的评价更应着眼于综合性评价，对于学生知识、技能、情感、态度、价值观等多方面的综合评价，聚焦核心素养整体性和完整性的历史思维品质和历史探究能力的评价，有多种方式可以选择，以下将分类叙述档案袋评价法和活动评价法。

档案袋评价法

档案袋评价法随着教育评价改革应运而生，从评价内容、方式、功能、主体等方式都别于传统评价模式。档案袋是伴随学生成长的关于学生作品成就的有意义的收藏，也可以看作一个随着人的变化和成长而不断更新的关于成就和技能的具体数据。在档案袋的数据记录中，既包含学习记录，也包含评价记录，从而达成以发展的眼光对学生历史思维品质和历史探究能力进行综合评价的目的。整个档案袋数据的记录过程到评价过程，学生全程参与，充分凸显了以学生为主体的评价方式。

以下将介绍档案袋评价的简单操作模式，制作档案袋封面、档案袋学习单、档案袋评价单。

A 档案袋封面

_____学年_____学期历史学习档案

给正在学习历史和创造历史的你，历史这样东西，是人类生活的行程，是人类生活的联续，是人类生活的变迁，是人类生活的传演，是有生命的东西，是活的东西，是进步的东西，是发展的东西，是周流变动的东西。他（它）不是些陈编，不是故纸，不是僵石，不是枯骨，不是死的东西，不是印成呆板的东西。今天，让我们想尽一切办法接近这些鲜活的昨天，去无限度接近历史的真实。

在本学期的历史学习过程中，这个档案袋将成为你的历史家园，在这里，我们共同关注历史学科核心素养的培育，即唯物史观、时空观念、史料实证、历史解释、家国情怀这五个方面，本档案袋主要提供过程的积累，完成基于这五方面的成长性评价。

注意事项：

1. 档案数据的表现形式不限，可以是文字、图片、光盘等；
2. 档案数据的收集形式不限，可以使用文字史料、实物史料、口述史料等；

> 3. 除了规定要求之外，可以自主增加学习记录数据；
> 4. 请保持档案袋的整洁，清单的统计

B 档案袋学习单

档案数据记录单

提出问题：_____

问题来源：_____

收集资料：_____

主要观点：_____

你的观点：_____

论证过程：_____

你的结论：_____

记录时间：_____

记录者：_____

C 档案袋评价单

核心素养	评价维度	水平层级1	水平层级2	水平层级3	学生自评	教师评价
唯物史观	立场 观点 方法	知道唯物史观的内容	在唯物史观的指导下分析问题	科学运用唯物史观的指导研究问题		
时空观念	时空联系	清楚基本的时序观念	构建时空范围的联系	能将问题置于当时的历史背景中去考察		
史料实证	运用两种以上史料说明问题，清楚孤证不立	搜集第一手史料，第二手史料，对史料信息进行完整的概括和分类	建立不同种史料之间的联系，有效完成信息的整合，成为完整的证据链			
历史解释	能够基于所掌握的史料提出一个合理的观点	能够基于所掌握的史料提出两个合理的观点	能够基于所掌握的史料提出两个及以上合理的观点，观点的提出具有创新性			

续 表

核心素养	评价维度	水平层级1	水平层级2	水平层级3	学生自评	教师评价
家国情怀	关注该问题所蕴藏的人文情怀	关注历史问题与现实问题的联系	深入思考该问题所带来的启示或意义			
综合等级评定:						

活动评价法

在历史教学过程中,为了激发学生兴趣,同时培养自主探究能力,经常会设计部分学生活动,对学生活动的评价,也是完善教学评价的一种方式。

活动举例:

上海市西南方向方圆20多千米的范围内,分布着崧泽、广富林、马桥三处颇具特色的文化遗址,这几处遗址相互承启,将上海历史发展的源头有机地串联了起来。查阅资料了解这三处遗址,并选择参观崧泽遗址博物馆、广富林遗址博物馆、马桥文化展示馆(三处至少选择一处),仔细品味馆藏,透过遗址回到新石器时代的上海,完成实践活动报告。

活动具体要求:

1. 背景学习:(1)通过查阅书籍、上网检索等方式了解这三处遗址的发掘过程、代表性器物类型,以及由这三处遗址命名的考古学文化。(2)选定实地参观的遗址,说明选择原因以及你的兴趣所在,设定参观目标。

2. 实地参观:(1)了解遗址与博物馆的整体结构以及各功能区的主要内容,选择参观的主要目标。(2)通过馆内相关介绍和背景学习,回答问题:该遗址先后包含了哪几个考古学文化?由该遗址命名的考古学文化源于哪些考古学文化,其后又影响了哪些考古学文化?(3)参观考古现场局部展示部分和历史场景还原部分内容,描述你感受到的考古现场和历史场景。(4)参观新石器时代出土文物,总结石器、陶器、木器、骨器、玉器、青铜器六类文物(可选择其他分类方式,说明分类标准即可)各自的主要特点,选取其中一类进行详细介绍。(5)选取对你印象最深的一件展品,说明选择原因并对展品进行具体描述,找出其与馆内其他展品的异同点。

3. 总结反思:(1)对照设定目标检查完成情况,说明超出目标之外的收获和未完成的目标。(2)通过查阅书籍、上网检索等方式进一步了解对你印象最深的一件展品,寻找其他遗址或博物馆中相类似的文物展品,分析它们的异同和关系。(3)从对历史的认识和对历史学或考古学的认识两个方面分享本次活动的收获。

报告参考格式(若能覆盖活动要求内容,其他格式亦可):

1. 活动背景

(1)背景知识

(2)活动目标

2. 活动内容

(1)××博物馆整体情况介绍

(2)××遗址与××文化情况介绍

(3)考古与历史现场感受

(4)各类文物情况介绍

(5)×××(展品名)介绍

3. 活动总结

(1)目标完成情况

(2)拓展探究

(3)活动感受

活动评价表

评价维度	水平层级1	水平层级2	水平层级3	学生自评	同伴互评	教师评价
信息搜寻途径	通过单一途径获取信息	通过两种及以上途径获取信息	通过两种及以上途径获取信息,并能够通过信息之间的联系进行深度挖掘			
获取史料质量	获取一般性质的单一史料	能够寻找到多种类型史料,包含文献、实物、图像等	能够寻找到多种类型史料,包含文献、实物、图像等,合理评判史料价值并加以利用			
语言表达能力	正确运用历史术语和概念进行基本表达	正确运用历史术语和概念进行基本表达,文章逻辑清楚	正确运用历史术语和概念进行基本表达,文章逻辑清楚,论从史出			
历史认知观点	根据已获得史料提出一个合理的观点	根据已获得史料提出两个合理的观点,并进行阐释	根据已获得史料提出两个合理的观点,并进行阐释,观点具有综合性和创新性			

图书在版编目(CIP)数据

趋新　革新　续新:新旧相交下中学历史教学一线沉思/陈鑫主编. --上海:复旦大学出版社,2025. 4. -- ISBN 978-7-309-17944-6

Ⅰ. G633.512

中国国家版本馆 CIP 数据核字第 2025GM0065 号

趋新　革新　续新:新旧相交下中学历史教学一线沉思
陈　鑫　主编
责任编辑/朱　枫

复旦大学出版社有限公司出版发行
上海市国权路 579 号　邮编:200433
网址:fupnet@fudanpress.com　http://www.fudanpress.com
门市零售:86-21-65102580　团体订购:86-21-65104505
出版部电话:86-21-65642845
上海华业装璜印刷厂有限公司

开本 787 毫米×1092 毫米　1/16　印张 17.25　字数 282 千字
2025 年 4 月第 1 版
2025 年 4 月第 1 版第 1 次印刷

ISBN 978-7-309-17944-6/G·2690
定价:56.00 元

如有印装质量问题,请向复旦大学出版社有限公司出版部调换。
版权所有　侵权必究